祖先療癒

連結先人的愛與智慧，
解決個人、家庭的生命困境，
活出無數世代的美好富足！

Daniel Foor, Ph.D.
丹尼爾・佛爾 著
林慈敏 譯

ANCESTRAL MEDICINE

Rituals for Personal and Family Healing

謹以此書獻給致力於以下的所有人：努力保護及有創意地
復興古老的生活方式——敬天愛人。
願祖先帶領我們順利穿越未來的考驗。

目錄

第3部 敬拜其他類型的祖先 261

【圖表明細】

【推薦序一】

你的祖先也是神

林明謙

紀錄片〈看不見的台灣〉導演

「在與我較古老的祖先靈魂相遇之前，我從未想過要把我的家族或文化歷史視爲一股靈性力量與財富的來源。」

——丹尼爾・佛爾（Daniel Foor）

二〇一六年紀錄片〈看不見的台灣〉開拍的第一天，我才初次體驗到「看不見的朋友（俗稱：神）」的存在，同時也與我的「祖先們」展開第一次接觸。

在此之前，祖先這個名詞對我來說只是一群面孔模糊的「阿飄」。或者說，因爲我出生前奶奶便已過世，我腦中唯一存在、所謂「音容宛在」的祖先就是我的爺爺，中學的我曾親眼目睹爺爺緩緩地離開人間，停止了最後一口氣然後手腳逐漸變冷變僵硬的場景。

我不知道他去了哪裡。

有人說，爺爺去了天堂；有人說，爺爺去了西方極樂世界。我從來沒聽過爺爺提起過這兩個地方，所以就算去了他肯定也很不熟。更何況，大人們說的時候語氣都虛虛的，感覺就是沒人可以確定。爺爺的遺體火化了，我負責用筷子撿起幾根他脆脆完整的白骨，我覺得他已經不在了。

就像家裡那台壞掉的老電視機，機殼還在、木頭做的外框還在，但是訊號已經不在了。

後來我也就不再關心這個問題了。不但不怎麼關心，甚至還有點漠然。長大以後，我不想在我的家中擺設祖先牌位，我只關心我自己，最多包含活著的家人，而我從來也不覺得這有什麼不對。

我活在「人定勝天」、「科學掛帥」的時代，學校教育我們：「人類」是浩瀚宇宙中孤獨的存在，我們每一個人都是獨立自主的個體，所以我們跟萬事萬物都是分離的。我們可以盡情的享用地球的資源，所有不屬於人類的物種都是為我們的生存提供服務的工具或食品；大自然殘酷無情，而土地跟海洋則是我們理所當然、無邊無際的大垃圾場。

直到後來我接觸了量子力學跟量子生物科技，我才發現這些從小被塞進頭腦裡的知識錯得有多麼離譜。深入到原子或是次原子的層面，「萬物一體」變得如此清晰、如此顯而易見。我們的分離感、孤獨感、被遺棄感、「沒有人了解我」的絕望吶喊，竟然全部都只是多愁善感的內心小劇場而已。我們看似堅實的身體，其實只是能量、只是頻率、只是訊息。

我們從不孤單，而我們也從未真正分離過。

隨著片子的拍攝、隨著跟看不見的朋友不斷的交流，我慢慢發現向來被歸於宗教或神秘學領域的知識，正在跟最前沿的科學快速的接軌。我們跟看不見的世界越來越靠近，近到彷彿只隔了一層薄如蟬翼、一觸即破的面紗。

在紀錄片中，我們為了療癒台南古戰場地區的沉重能量，跟鄭成功以及西拉雅族祖靈之一的阿立祖產生了連結。我體驗了薩滿祝福包儀式、西拉雅族的牽曲以及道教三朝醮法會，透過這些儀式，我學習到形式是給人看的。形式不是重點，重點是「意念」、是所有參與的人灌注其中的意念。

這一路上，我的祖先「林府九千歲」跟「媽祖」伴隨著劇組踏過的每一步腳印，深入每一片土地。祖先們「引導、陪伴、不給答案」地讓我們自己選擇、自己體驗，然後自己體會。我們不是「奉神之命」去成就什麼，我們是傾聽自己內心的聲音，選擇自己的生命旅程，然後為自己的人生負起責任。

片子殺青後，有一天我突然想起我的爺爺。如果靈魂不滅，那爺爺現在到底在哪裡呢？下回有機會的話我應該順口問問，請傳訊人幫我連結一下。

二〇一八年六月〈看不見的台灣〉上映後，我們得到了很多觀眾的鼓勵跟迴響。我參加了很多場的映後座談，分享了我對看不見的世界的理解、體驗與觀察。後來，很多人因為家族有類似的困擾而找上我或片中的傳訊人，希望得到「處理」。於是我們開放了一個多月的免費諮商，忙得雞飛狗跳，希望能提供一點點的陪伴與幫助。

透過幾十個不同的案例，我對「祖先們」的認識又上了一層樓。祖先們不再是一群面目模糊、等待救援的鬼；相反的，祖先們是一個充滿愛與支持的強大靈魂團隊，前來傳訊的通常只是一個代表，數量之多遠超過大家的想像。有些祖先確實狀況不佳，但也只不過是他尚未回歸靈魂團隊而已。

我們總是擔心祖墳風水不佳、擔心靈骨塔格位的高低大小、擔心自己的事業運途會被祖先的業力拖累。但有一次我藉由傳訊人連結了某個人的家族祖先代表，他的回答讓我當場噗嗤笑出來。

「活著的子孫總是怕被祖先拖累，但事實上我們才怕活著的子孫……。我們是已經死去的人，不可能再增加新的業力；你們不一樣，你們不了解業力即是因果、不了解意念即是力量、不願意爲自己的所思所言所行負起責任，眞的有能力拖垮整個靈魂家族的人其實只有活著的人。所以你說，到底誰該怕誰？」

傳訊結束之後，傳訊人跟我補了一句：「對了，剛才你爺爺有來。他叫我跟你說：你眞的很棒很有毅力，他很開心也與有榮焉。還有，你有空的時候記得多跟你爸聊天，爺爺那個時代不懂什麼是親子關係，對你爸太過嚴厲，父子之間搞得很僵。他希望你不要重蹈覆徹喔，拜託你了。」

我當場哈哈大笑起來，心頭暖暖的。

二〇一八年十一月十一日，我參與並紀錄了嘉義朴子鎮安宮舉辦的祈安遶境。「林府九千歲」是這次遶境的主角之一，時隔十多年恰好再度於紀錄片上映的這一年遶境，自是一場別有深意的活動。現場有看過〈看不見的台灣〉的人問我說：

「祖先是神明，到底是什麼感覺啊？」

我很想好好的答覆這個問題，因爲這一路走來我知道很多廟裡的神明或是土地公，都只是一個「職稱」而已。有很多人的祖先都因爲在世品德不錯、積善有餘，選擇到地方廟宇裡「實習」並且逐步晉升。這種觀念聽起來其實一點也不新鮮，實際上就是：

「你的祖先也是神，你要不要溯源一下、自己也感覺看看？」

邊境結束以後，我思索著是不是應該把我這一路上學習到的、關於祖先們的知識整理一下，不然重覆回答類似的問題實在很沒有效率。我也試著尋找中文書籍想推薦給對於祖先／集體亡靈有興趣的人，但最妙的是，學校教育教導我們「愼終追遠、敬祖孝親」，但是除了宗教類書籍之外，市面上竟然找不到關於祖先的、合適的書可以推薦。

然後不到一個月，我就收到了《祖先療癒》這本書的書稿。這種同步性眞的讓我超級興奮，我從來沒看過丹尼爾．佛爾（Daniel Foor）的任何著作，但一開始閱讀便停不下來。這就是我想要推薦的那本書！

「我相信大多數原住民族、萬物有靈論者、薩滿、異教徒、靈性療癒師，與其他有意與亡者連結的人，都會同意以下四項主張。我進行祖先敬拜與儀式的態度與方法，就是基於這些信念，他們也形塑了書中的練習與儀式。閱讀時，請看看哪些觀點對你來說感覺很合乎常理，以及哪些地方可能與你的信念與經驗有所不同。

1. 死後意識依然存在。
2. 不是所有亡者都一樣安好。
3. 生者與亡者可以溝通。
4. 生者與亡者能對彼此產生強烈影響。」

不管運用哪一種儀式，不管你的信仰是東方或西方，不管你個人認同或不認同，這些「看不見的祖先」都會繼續存在。這四項主張，跟我這兩年來的體驗完全一致。而且，身爲心理學博士的作者，多年來仍自詡爲一位學生，書中分享的關於祖先工作的教導與練習，凸顯了跨文化的相似之處，實際操練起來彌足珍貴。

「有時人們會以爲與祖先建立關係需要辭掉工作、到埃及或祕魯朝聖、吃神奇蘑菇，或接受某種神祕的新身分。相反的，祖先工作能幫助我落實在這個現實世界與珍視我的家庭和自己，在我的生活中就像一帖對治靈性傲慢的解藥。我在其他認眞看待此事的人身上也見過類似的效應。與我們的祖先有著良好、持續的關係一點也不奇怪，事實上，那是我們所能做的、最符合人類天性的事情之一。」

如同作者所陳述，我也在對祖先有正確觀念、認眞看待此事的人身上看到類似的美好。與祖先連結不是什麼驚世駭俗的事，家族業力也不是什麼神秘的詛咒。能與祖先同行、一起分享祖先的智慧的人，通常都是身心靈平衡、家庭關係良好、樂於助人的人。這些人我一路上在台灣各個角落都能遇見，絕不罕見。

祖先眞的需要你幫他超渡嗎？或許吧。但更眞實的是，透過面對與處理家族業力/祖先工作，開啓了一個自我認識與療癒的契機，人們眞正要面對的是當前自我所處的環境及人際關係，而靈性成長的旅程往往也由此開始。

至少我就是這麼開始的。

願這本書能幫助更多亡者靈魂加入充滿愛的祖先行列，也能幫助更多的人開啓與祖先同行的人生！

【推薦序二】

平衡東西倫理觀點的槓桿

天語翻譯人　貫譽

在華人社會裡，「敬拜祖先」一直都是話題，其中受「先祖庇蔭」或拖著先輩的「人情債」、「金錢債」等諸多狀況也屢見不鮮；但是由西方人來論述對「先祖」的追溯，還眞是醒目。我第一次對祖譜傳承的深刻印象來自於「丘逢甲」的家譜、「張良」的家譜、蘇格蘭人的姓氏源脈譜，甚至是看到歷史建築上的家徽——都如同「時光」、「歷史」、「古人」在眼前召喚與傾訴著那個時代的故事。我在這些充滿過去、現在、未來所交織的思潮中，看見了能夠對應到本書作者的言語——「祖先的愛與智慧帶來血緣上的祝福與天賦」；而端得出家譜的人，彷彿也有一定的社會地位與興旺格局（但在其之後的興衰不在我的論述）。不過有一個超有趣的現象，就是在台灣政治舞台上，想當總統的人士都會回去修「祖墳」，先榮耀了「祖先」，再來求取人生的「功名利祿」。

丹尼爾博士在本書中談到與祖先同行的個人旅程，意義深度非凡。讓我回憶起每次返回出生地，只要有住上一晚的機會，在隔天早晨，我必定會到小時候祖母帶我去的傳統市場，走到市場入口時，心中不忘「喊」聲：「祖母！我們再牽著手走一趟吧！」那令我魂牽夢縈的景象，歷歷在目的回憶，如同祖母從未離開過。

在書中章節提及，當我們與祖先建立「同步性」的關聯事件，便能使彼此自然而然發生接觸——看到這裡，突然有許多內在的感覺奔騰起來。幾年前在「薩滿」的「時空旅程」中，「貓頭鷹」出現在場景裡，「貓頭鷹」近幾年對我的生活、家庭、事業與資產具有深厚的影響。對於貓頭鷹的印象，可能會先想到在「哈利波特」的學院中，每位魔法師都有自己特有的信差，就是貓頭鷹！牠是來往於家族與魔法師之間的「郵差」，帶來訊息、帶來禮物、帶來彼此的思念、帶來愛。而對我來說，「貓頭鷹」像是祖先對我的回應，十年來經由我手中建立起來的家族整理如同太空船，已經到達先祖的國度；他們派出「貓頭鷹」在務實的生活中協助我打開眼界，再創人生高峰。

書中也提到，我們能夠自行建立祖先「敬拜」與「儀式」的連結，這對身處東方的我們是既興奮卻又狐疑——興奮的是在東方處理與祖先之間的連結，總是脫離不了「宗教儀式」，因而從未思考過是「自己」來執行儀式。太多人在處理儀式的過程中，不僅花費不貲，還耽溺於儀式會否帶來後續利益，糾葛在金錢支出與是否獲得回報的惶惑不安中。而狐疑的是，這樣處理就有效嗎？如果有效的話，自己做的到底對不對？祖先眞的可以這樣處理嗎？丹尼爾博士的此著作，無疑能帶來東西方的交流！我在台灣遇過許多喝過洋墨水的人或高知識份子，對於「敬拜祖先」是缺乏認同的；當然也有正視這方面事務的關心者。

這本書對東西方之間的倫理關係有著協調與平衡的槓桿作用，支持著平凡老百姓理解「敬拜祖先」的莊嚴，也讓人們脫離了對於「超薦祖先」龐大經費的恐懼。「療癒」世族的章節更是需要有人「引導」，如果能夠在台灣開此類型的課程，影響與嘉惠到的人群會更加寬廣。蒐集祖先的故事，等同再次跨越時空去明瞭「祖先」如何傳遞著血脈，使我十分重視對靈性印記中「種姓特質」所展現的種種習性。正如同「薩滿」的祈禱文中所述：「北方的風，跨越遠程的蜂鳥，那傳承給我們智慧的祖靈，此刻請與我們同在，帶給我們您的品質與智慧，協助我們有如您一般的勇氣智慧，實現生命中的願景與力量。」

此外，我在拜讀書裡更多關於演練與實務的篇章之後，迫切感到必要邀請丹尼爾博士在東方社會帶領這樣的練習，這對當今社會擁有幾項重大意義——

一、撫慰人們在禮敬「祖靈」過程中所受到的知識性輕蔑。
二、讓所有人都能以家族特有的方式來連結「祖先」，而不陷於「宗教儀式」所費不貲的恐慌中。
三、人人從「祖先溯源」中學會敬重自我生命意義與起源。
四、東西方社會經由書中的智慧，從生命的根部開始和解與融合。

推薦此書給從未想過或者已經開始踏上與祖先同行之途的每一個人！

【推薦序三】
你，不是單獨活在人世間

宇色
《我在人間》系列作者、靈修人、瑜伽士

多年前在讀研究所時與教授暢談宗教之事，過程中一位教授大學部的女學生前來詢問事情。待她離去，我向教授表示：她的靈魂充滿空洞，沒有眞正活在人世間這個次元當中。此教授問我爲何有此看法？

「人降臨在世間必須與某種力量有所連結，人才能活著有所依。」我望著她離去時的門口，解讀她離去時最後身影氣息，「她身上缺少有力量的存在感，可以推測出她與家庭關係不睦，在課業、感情方面也難有所突破。」

教授驚訝我的解讀，他表示，此女學生從小父母離異，沒有太強烈的家庭依附關係，在感情上更談不上順利，在感情中已經墮胎多次。因爲存在感太弱，才必須以活在人世間最基本單位——身體，在感情中換得另一半的認同。我對此下了一個結語。

每一個人一生中都必須在人世間有三項基本的認同與依附感——祖先（家庭）、宗教與信仰。小時出生時，我們在家庭中已經學習最基本的人際互動與愛，而在宗教中我們已經學習靈性與更寬廣的世界觀，從以上兩者中更多元地看待自己與世界後，我們便會樹立屬於自己的信仰觀，透過信仰的力量堅定在人世間的存在感與生命終極目標。

這不是一個單一路線，是一條擇一的選擇。或許你此時此刻也對未來感到茫然，不妨靜下來思考，祖先（家庭）、宗教與信仰何者是你的重心放置之處。

在我走靈修將近二十年的歲月中，我已處理過超過千位的個案，從他們的身上我更加地肯定，每一個人都不是單獨活在人世間。

父母從小離異，非任何一方教育成人的，往往在情感上有較多的缺陷發生。父輩祖先三代中心性易怒，對大小事總是暴躁如雷，往往下一代也會承接相同的脾氣。母輩祖先中超過兩代婚姻方面楊花水性，或是較沒有強大力量教育小孩的媽媽，往往下一代情感也難能專一……。這樣的故事多不勝數。從上千個案當中我更加地確認，人要解決自身在生活方面的問題，你必須先回頭找到破損的源頭，修補他、認同他、療癒他。

在我們既定的觀念中，華人世界與祖先的連結甚深，反之歐美人士對於祖先則淡然看之。本書完完全全地顛覆了我們對東西方世界的祖先靈觀點。本書作者丹尼爾·佛爾是臨床心理學博士，更領有心理治療師執照。他並不如一般的身心靈工作者，純以單一的觀念架構單薄的靈性觀；他以自身的經驗、所學，結合扎實的學術理論，教導我們降生於人世間的第一個課題——祖先（家庭）。

在華人世界中，對於祖先的概念停留在單一溝通，當事業、家庭成員等諸事不順時，我們將祖先視爲神明一般，拿香向他們祈求庇佑與賜福消災，「以物易物」、將祖先當成護身符的祭祖態度，並不能讓家庭得到一絲絲的平靜，反而是增添了祖先靈之困擾與不安。如同作者書中所說的重要觀念：「生者與亡者能對彼此產生強烈影響」，你拿起香向祖先傳遞何種的訊息與情緒，他們便投射相對等的能量給你。我非常認同丹尼爾．佛爾所傳遞的一個重要訊息：身爲後代與祖先有一條線互相連結著。當你對於祖先靈與我們的關係仍有一絲絲的懷疑時，你只要將焦點放在愛與智慧，將此與祖先連結就好。

眞心感謝橡樹林邀約我，能爲如此重要的一本靈性手冊寫序，是我的榮幸。

致謝

感謝我頑強、幽默與獨具風格的家族祖先們，他們從北歐與西歐的古老部落生活方式，經歷數個世紀的激烈文化變革，再到近代以殖民者身分於十六世紀抵達北美洲，直到十九世紀；我也要向我的父母、手足與家人們（包括手足的家人及其他親人）表達欽佩，他們支持了我的族譜研究與深入挖掘祖先祕密。

感謝俄亥俄州北部與東南部、芝加哥與舊金山灣區附近的土地精靈，以及北卡羅萊納州皮德蒙特與藍嶺山脈的野生動植物，他們全都爲我的身體、意識與夢想提供了養份與持續的支持。這些我所知與深愛、視爲家的所在，是這份獻禮的一個重要基礎。

我也要對我的人類老師們表達敬佩之意，他們幫助我憶起並激發我對儀式與連結祖先的能力，在此只提及幾位：Ryan Bambao、Bryan Allen與團隊成員、地球療癒教會（the Church of Earth Healing）的貝琪（Bekki）與克羅（Crow）、Grant Potts、Clay Fouts、Amanda Sledz，以及其他從事自然療癒的療癒師、薩拉蘭吉爾・奧迪根（Sarangerel Odigan）、Jennifer、Marchesani-Keyvan、Paul Rubio、Linda Held、Marco與Christine、David與Cheryl、美國原住民教會，以及走在「生命正途」（the Red Road❶）的親人們、太平洋禪修研究所（Pacific Zen Institute）、

Joan Halifax與其他幫助我的法師們、馬丁・普萊克特（Martín Prechtel）、馬里多瑪・梭梅（Malidoma Somé）、Ginny Anderson、Meg Beeler、Graham Harvey、Luisah Teish、Ile Òrúnmìlà Òsun、Awo Falokun與其他傳授約魯巴族（Yorùbá）生活方式的美國教師，還有歐魯沃・法洛魯・阿德薩恩亞（Olúwo Fálolú Adésànyà）、Iya Ifabunmi，以及位於奈及利亞歐德雷莫（Òdè Rémọ）的阿德薩恩亞（Adésànyà）家族善良的人們。

感謝從二〇〇五年至今參與祖先儀式、訓練與講習的學員，你們致力於療癒與提昇，讓本書有了如今的樣貌。感謝Inner Traditions出版社同仁的信任，也感謝我的經紀人Anne Depue對我的信任，感謝Elaine Gast、Seyta Selter與Julia Bernard在編輯上的寶貴支持，以及所有協助校訂的人。我不知道寫一本書竟是如此需要團隊的工作，而我毫不懷疑最後成品比我期待的好太多了。

最後，要謝謝我親愛的妻子Sarah，感謝她的全心奉獻與鼓勵，並在創作本書的每個階段都支持著我。願來自本書的祝福，也能讓我們未來世代的家人們常保幸福、健康與長壽。

編按：註號○為原註；◎為編註；●為譯註。

❶新時代社群用語，源自不同美國原住民的靈性教導，意指一種正確的生命道途，一種活在當下，與周遭的一切連結，尊重所有的關係、大地母神和天上父神的生活方式。

前言

想到「**祖先**」的時候，你會想起誰或什麼？對每一個人來說，祖先是我們在生物與歷史上的實相，無關乎宗教、種族或文化背景。跟你有血緣關係的祖先包括無數女人與男人，他們的生命交織而成的故事，可以回溯到超過二十萬年前在非洲的第一個人類。即使你是被人領養、身爲孤兒，或永遠都不會知道你的親生父母是誰，祖先們仍會透過你體內每一個細胞裡的DNA來表達自我。他們會反映在你的外表特徵、健康狀態與許多習性上。

除了跟你有血緣關係的人之外，你也可能把任何曾在個人或文化層面上啓發你的人稱爲「先人」。這份名單可能包括那些在過世前曾觸動你生命的其他親人與領養家庭成員、摯愛的朋友以及名人。大多數宗教傳統都把其創始者視爲世代傳承的核心價值與靈性教導的化身（例如佛陀對佛教徒、穆罕默德對穆斯林教徒來說）。即使是在表面上看來世俗化的美國，人們也會共同以假日來讚頌啓發人心的人物，例如馬丁・路德・金恩紀念日、總統日、復活節、陣亡將士紀念日、萬聖節、感恩節與聖誕節。

眾人皆知，死亡有其身體與心理上的特定事實。不過，世間大多數人也相信，在身體死亡之後，還是有某種來世或意識的延續。信念本身就是件弔詭的事。一個人可能採信某種特定的觀點，然後經歷強化那些觀點的經驗；有時，新的經驗則會挑戰我們看待世界的方式。對我來說是混合了兩者。我的養成教育中並不曾意識到家族或世系祖先。然而，透過個人經驗、在心理健康領域的臨床訓練，以及二十年來沉浸於各種不同傳承的靈修方法，我終於體驗到，他們是關係與支持的重要泉源。說到這裡，我在本書中便假定某些我們在死後仍持續存在的觀點，以及祖先因此是「眞實的」，並值得我們的關注與尊重。

在接下來的篇章中，我分享了一套深入的架構，來幫助那些想增進祖先關係的人。這些資訊是提供給不清楚祖先工作的人，同時也提供給經驗豐富的工作者。我試圖以較不含宗教教義、能與大多數靈性道途相容，以及不太喜歡認同某一特定傳統的人也能理解的方式，來呈現這些素材。對於這套架構與你的個人信念和所受訓練悖離的部分，請對那些相異之處保持好奇，並相信你的直覺會引導你跨越那些隔閡。

或許你是位心理治療師、神職人員、靈媒、薩滿、祭司、療癒師、家族長輩、教育工作者，或者你能協助他人駕馭與祖先的關係。假如你最初就是基於想與自己祖先建立良好關係，在本書中將找到許多能融入你的修行的觀點與練習。若你對族譜或家族歷史感興趣，想找到崇敬祖先更長遠的脈絡，本書也提出了傳遞敬意與謝意、並強化你與他們直接溝通之管道的方法。也許你是想了解與亡者靈魂自然、主動的接觸，若是如此，你也將找到一段內容，能引導你走過可能令人困惑或害怕的經驗。若你只是想更了解那些聲稱與祖先有直接連結的個人與傳統，本書也能作爲看見祖先敬拜與儀式的一扇窗。

與祖先連結的好處

開始閱讀時你可能會想：「到底為什麼要試圖與我們的祖先連結？」根據我的個人經驗以及我身為心理治療師與祖先禮法專家，我發現與祖先連結至少在個人、家族與文化三個層面，具有療癒功效與好處。

在個人層面，研究已證實，有意識地與祖先連結，能以下列幾種方式維持身心健康：

- 緬懷祖先能提高智能上的表現與信心。①
- 對家族特性有所認識，包括行為是否健全，能促使你做出對自己與未來世代有益的選擇。②
- 家族療癒與祖先修復工作中的一個共同要素——寬恕，能促進更良好的身心狀態。③

祖先工作也能激發內省，並讓你更清楚自己的人生使命，因而創造出更多個人滿足感與人生意義。在認識與愛我的家族祖先的過程中，我感覺更有信心、更受到支持，也更自在從容。而且，我保有一種適切的、對自己根源與文化起源的驕傲感。此外，因為某部分的我們是由家族業力或意識組成的，協助需要幫助的祖先，也能增進我們個人的幸福與靈魂層面的健康。

就家庭的層面而言，持續的祖先工作有助於療癒不同世代間的家庭失能模式。透過與充滿靈性活力的祖先共同合作，一個人可以開始理解、控制與轉化痛苦與傷害的模式，並逐漸找回家庭的正面精神。我見過許多以下的情況：某個人與祖先接觸後，在目前的家庭成員中形成漣漪效應，可能是多年不和之後突然和解，或重新得到被忽略的祝福。當你與親愛的祖先接觸，就能催化家庭療癒的突破性進展，包括與還活著的親戚們建立適當的界線。此外，當你讓自己得以進行祖先修復工作，剛離世的親人就更有能力幫助在世的家庭成員，在「死後成爲祖先」的旅程中順利前行。

最後，在整體層面上，祖先是轉化種族、性別、宗教、戰爭等歷史創傷與其他形式共同傷痛的強大夥伴。表觀遺傳學❷的最新研究發現顯示，我們祖先的痛苦會以非常眞實的方式持續許多世代。耶路撒冷的一個研究團隊，在二〇一三年一項針對創傷的生物性傳播之指標性研究中指

---

① Fischer et al., "The Ancestor Effect," 11–16.

② National Society of Genetic Counselors, "Your Genetic Health."

③ Luskin, *Forgive for Good*.

❷ epigenetics，英國生物學家康納德・瓦丁頓（Conrad Waddington）於一九四二年提出的概念，認為後天環境對生物外觀的影響確實無法遺傳，但後天環境對基因的影響則有可能遺傳給後代。也就是一個人所處的環境以及他的選擇，能影響他的基因密碼，甚至影響下一代及子子孫孫。

出，納粹大屠殺倖存者的孩子、孫子與之後的子孫，特別容易有憂鬱、焦慮與做惡夢的傾向。這種傾向與他們染色體中的一個生物性標誌緊密相關，而這種生物標誌並不存在於那些非大屠殺倖存者子孫的染色體中。這種創傷的跨世代傳遞是一個新的研究領域，這在許多方面都與本書中提出的祖先修復工作有相同之處。④

當我們與曾經歷不同形式的迫害或扮演暴力與壓抑角色的祖先和解，也等於對個人心靈與家族歷史進行了修復，並因而修補了更大的人類心靈上的裂縫。這會幫助我們超越對受害者與加害者意識的認同，並活出過去所帶來的美好與益處。而轉化世代家族與文化上的痛苦，也讓我們得以利用充滿愛的祖先們的支持，幫助我們獲得在人間工作與服務的成功。

如何閱讀本書

本書分成三大部分。第一部〈祖先工作的基礎〉將爲你概述不同類型的祖先、與祖先互動的方式，以及能幫助你與祖先連結的儀式和典禮。在第一章，我分享了我認識與愛上家族祖先的個人旅程。第二章介紹不同類型的祖先，以及與其相關的挑戰。第三章探討與祖先自然接觸的類型，例如夢境造訪、清醒時的預視與同步性。第四章則概述敬拜祖先與儀式的工作架構，此架構爲後續篇章中的練習與儀式工作建立了基礎。

第二部〈療癒世系與家族祖先〉，則說明與樂於支持的祖先指導靈建立溝通管道的過程。這一部與第三部是本書的「實作」單元。在此你將學會與充滿智慧與愛的祖先們合作，幫助所有尚未加入祖先行列的已逝家族成員的靈魂。我寫作本書的動機，就是出於這個過程，以及我想把他分享出來的渴望。第五章說的是族譜學與家族研究，並提供與你的祖先進行初步接觸的方法。第六章著重在與祖先指導靈和導師的連結。在第七與第八章，我分享的是協助被遺忘或歷史上的亡者，以及較近期離世且有人記得的祖先的方式。第二部結束在落實家族療癒工作的方法，並介紹與家族祖先維持關係的儀式。

在第三部〈敬拜其他類型的祖先〉，我提出與祖先連結更廣泛的範圍。第十章思考的是祖先與特定地點的關係，包括在墓地敬拜亡者的練習，以及一些認識你家附近祖先的建議。在第十一章，你將學到敬拜與你有緊密關聯及靈性世系之祖先的方法，包括那些能協助你在世間的工作的祖先。這一章也會介紹更進一步整合與不同類型祖先的工作練習，並探索多重靈魂、輪迴轉世與前世的主題。第十二章則聚焦在葬禮儀式、死亡過程與死後第一年等主題。

本書是源自於我從人類老師們那邊所受的訓練、我個人與祖先的關係，以及指導他人從事祖先工作的經驗。跟其他老師們一樣，我分享的是對我有用的資訊，也請選擇對你有幫助的部分，其他的則不用理會。與祖先共同合作本身就存在一定的風險，我建議你在決定是否直接接觸他們

④ Kellerman, "Epigenetic Transmission of Holocaust Trauma."

之前，先把整本書讀完。若你真的決定要接觸祖先，請保持正面的態度，並在你陷入麻煩無法脫身時尋求協助。寫這本書來鼓勵我可能永遠不會遇見的人，去接觸樂於支持他們的祖先以及麻煩的亡者，這令我處於相當危險的境地。然而，我的經驗告訴我，任何心理狀態穩定、用意良善，且願意聆聽直覺的人，都能與他們親愛的祖先培養出一種加持的關係。任何人，我真的是指任何人——你不必是個傳統薩滿、能與鬼魂溝通的人，或訓練有素的靈媒；你不需要是切羅基族（Cherokee）療癒師、非洲酋長或道家法師的傳人；你也不必是基督徒、佛教徒、異教徒，或認同任何宗教或靈性傳統。我們都有充滿愛、樂於支持我們的祖先，也能利用這些關係來更清楚了解自己的人生使命、增進健康與活力，並在日常生活中得到真實的支持。

儘管會面臨挑戰，你都不應該害怕祖先甚於活人。無論最近離世的家人有多麼難搞，我們每個人都是家族世系的後裔，世系中包含了充滿愛與能賦予你權力與能力的人。這些祖先們離我們的血肉之軀並不遠，正等著我們邀請他們進入我們的人生，幫助我們發揮潛能。我祈禱本書能幫助你利用祖先的支持，展現靈魂的天賦——爲了你自己的快樂，也爲了你的家族、地球與未來無數世代的福祉。我也祈禱本書能在我們如何與人類亡者的連結上，引發更多的關注與深入思考，並在更大的神聖領域中，重建祖先的重要力量與群體的地位。

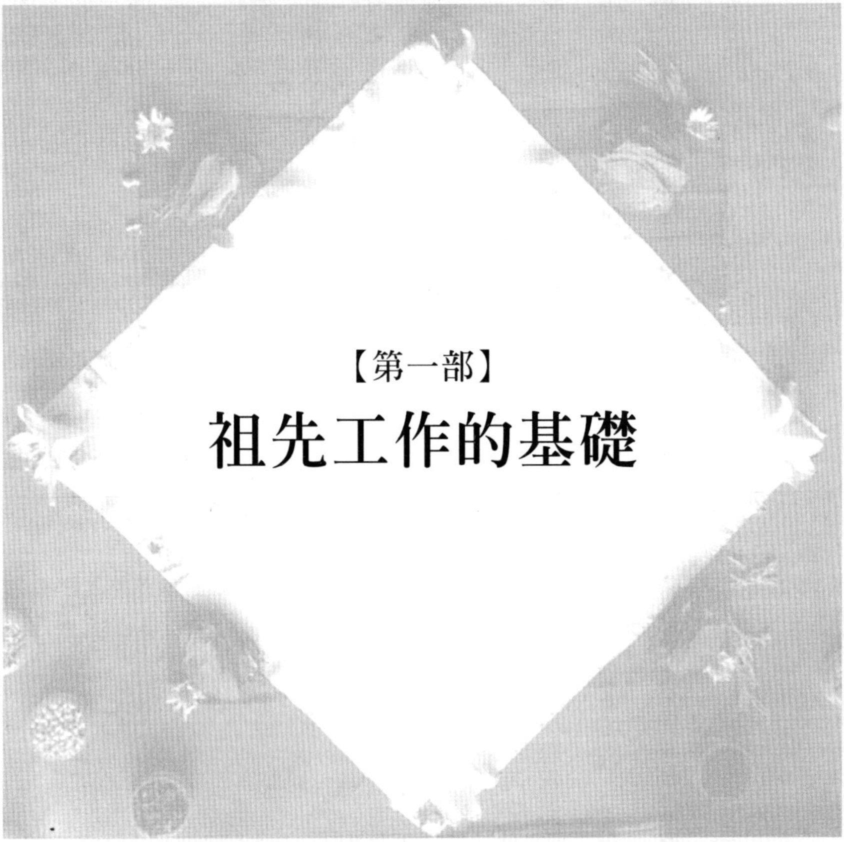

【第一部】

祖先工作的基礎

這部分介紹的是下列主題的基本教導：

- 不同類型的祖先（例如：家族的、歷史的、共同的）
- 自然發生的祖先接觸類型
- 常見的祖先敬拜習俗
- 促成與祖先接觸的儀式與典禮進行方式

我也將邀請你深思自己對血親祖先們的經驗，包括近期離世的家族祖先與其他已無人記得姓名的祖先。祖先敬拜的習俗可能令你對來世的信念與生者和亡者間的關係產生懷疑。閱讀時，請容許有個人深思的空間，並對有益的夢境或其他來自愛你與支持你的祖先們的自然接觸保持開放。

1 我與祖先同行的旅程

進行最初的接觸

我的近期祖先大多是從英格蘭、愛爾蘭與德國移居到北美洲的路德教派與衛理公會派教徒。他們全都在至少四個世代前就橫越大西洋，有些甚至更早。他們是賓夕法尼亞州與西維吉尼亞州的農夫、母親、煤礦工人，人生的焦點都放在辛苦工作與照顧家人上。在有些地方，我的家族祖先是因爲歐洲部落文化在最近的歷史層次中的大規模崩解而移居。歐洲部落文化是從大約兩千年前、隨著羅馬帝國（西元前四十年至西元二三〇年）的軍事擴張而開始的。羅馬讓歐洲的原住民族與其他許多民族認識了帝國對皇帝的狂熱崇拜。到西元四世紀，羅馬接受了基督教；接下來的八百年間，神聖羅馬帝國的查理曼大帝（西元七四二至八一四年）等基督教領袖，便在整個西歐執行軍事擴張與宗教改革行動。在我的部分血緣脈絡中，可能有超過一千年沒有實行與祖先靈魂互動的儀式了，而根據我對過去幾世紀的家族歷史與傳統的研究，也沒有任何事能簡單解釋我專注於祖先的渴望。

我早年的生活也沒有任何事能解釋我對祖先的喜好。我出生於俄亥俄州郊區一個健全且充滿愛的中產階級家庭，也並非在對祖先有強烈認知的環境下成長，更沒有接觸任何與亡者有關的組織；但我跟某些天生就有特異功能的人或靈媒不同的是，我年少時不會與亡者交談或看見鬼魂，也沒經歷過擊垮我、使我看見其他實相的重大創傷。我也不曾被閃電擊中、有過瀕死體驗，或忍受過某種眞正有死亡威脅的疾病。然而我確實知道，小時候長時間在附近森林與小溪玩耍，有助於我在大自然中感到自在；而青少年時期閱讀奇幻小說，則爲我建立了探索儀式與用其他方式觀看世界的基礎。

我第一次與看不見的世界進行有意識的接觸，是在青少年時期，我按照一本薩滿信仰入門書中的指示實際進行基本儀式。透過這些早期的實驗，我與非物質存有或靈魂有了接觸，這種體驗是很眞實的。我記得感覺到自己跌進了一道通往另一個次元的門，而我所接收到這些靈魂的負面反應，令我拚命想找到一種方式來弄清楚我的經驗。十八歲時，我偶然看到一份工作坊的傳單並報名參加，開始與我最早的正式老師們——地球療癒教會的貝琪（Bekki）與克羅（Crow），學習薩滿與土地敬拜靈性教導。結合他們的指導與我對一般異教徒文化的浸淫，以及對世界宗教的學術研究，爲我對儀式與靈魂工作的早期經驗提供了一個重要的脈絡與基礎。

我記得一九九九年那個重要的日子，那天是我第一次受訓直接與家族祖先連結。那時我已執行薩滿工作、儀式魔法與其他形式的催眠工作大約四年了。在那次訓練中，貝琪指導我與一位祖先指導靈連結，我便接觸到一位來自我祖父的世系、充滿靈性活力但年代久遠的歐洲祖先。

那天稍晚，貝琪請我去詢問這位樂於提供支持的祖先，是否有任何近期離世的人能利用這次的療癒。我立刻知道我會與我的祖父談話。我七歲時，他因舉槍自盡而死。他的死對整個家庭都造成影響，特別是我的祖母，祖父自我了斷時她就在家裡，而她的兒子們，包括我的父親，則是在地方的消防隊裡值班。當時還是個孩子的我並未受到太多衝擊。而在此之前，我從未想過把祖父當成一位祖先來接觸，或認眞思考過他的死對家人可能造成的影響。在他死後十五年，祖先指導靈與我接觸到佛爾祖父的靈魂，並認定他仍處於一種相當困惑的狀態①。他看來是碎裂成片的，能量體的腹部缺了一塊，那是他射殺自己的部位。指導靈修復了這個受傷部位，並幫助他了解我們是誰、發生了什麼事。之後祖父分享了一個給我祖母的善意訊息。後來當我們一起站在祖母墓前時，我把訊息傳達給了她。那個進行修復儀式的重要日子，就隨著指導靈與我協助祖父在支持與愛我們的祖先當中取得他的位置而結束。

家族研究與個人療癒

我與祖父和指導靈的合作，激發我想去了解更多家族歷史的渴望。此事使我展開之後八年偶

①因自殺、謀殺、意外、戰爭或其他突然且（或）暴力的方式而死去的人，有極大可能難以加入祖先的行列。

爾進行的族譜研究，以及藉由家族小旅行去與年長親戚談話。二〇〇七年，我與家人在賓州菲耶特郡鄉間的一處小墓園所共度的某個時刻，讓我看見祖先儀式、族譜研究與家族療癒能如何緊密交織在一起。在前一年與其他家族成員的交談中，我得知我的外曾祖父母被埋葬在一座沒有標記的墳墓中，只有一位仍在世的親戚記得墳墓的位置。透過儀式，我接觸了這些祖先的靈魂，並詢問他們希望用哪一種墓碑來標示他們的長眠之地。由於我很想送給他們這份禮物，也很確信有接收到他們的請求，我於是下了訂單。之後發生了一件古怪的事。沒過幾天，我注意到前幾年我檢查過無數次的線上族譜資料庫，突然充滿了這些特定的愛爾蘭與英格蘭祖先們的歷史資訊。彷彿這些世系祖先們為了回應我對他們的關懷之舉，正以前所未有的方式對我敞開心門。這個突破性的進展讓我與雙親和其他幾位家庭成員在幾週之後，站在那座墳墓旁正式安置墓碑之前，得以說出外曾祖父母的名字。這個敬拜儀式幫助我母親與年長親戚們因對家族歷史的認識，而感覺受到重視與感激，且讓我的家人感情更緊密。

我對祖先敬拜的喜好，也促使我去了解我那些活在基督教誕生與羅馬帝國之前、更古老的歐洲祖先。基督教之前的愛爾蘭/凱爾特（Celtic）與古北歐（Norse）文化都曾建立祖先敬拜的傳統。數百萬美國孩童與成人在萬聖節期間配戴的面具，可追溯到由愛爾蘭與蘇格蘭移民帶到北美洲的古老凱爾特節日：薩溫節（Samhain）。這個傳統節日在九世紀被併入天主教曆法中的「諸聖節之夜」（All Hallows' Eve），現代異教徒與基督徒至今仍一起慶祝，當作一個紀念、款待，以及可能直接與祖先溝通的時刻。古北歐異教/阿薩楚（Asatru）信仰的現代教徒們復興了名爲塞德別（seidbr）的儀式，此儀式被詳細記錄在十三世紀的《紅鬍子艾瑞克傳說》（*Saga of Eric the Red*）一書中。②在該書內文與現代的儀式中，都有一名訓練有素的祖先靈媒登上一張置於高處的座位，以傳神諭者或爲亡者發聲者的身分，藉著回答會眾問題來爲社群服務。（要知道更細節的描述，請見第九章第二三四頁）古北歐的祖先靈媒與凱爾特人爲亡者舉行的扮裝與款待儀式，幫助我體會到，我的血親祖先執行某些共同的祖先敬拜形式是距今如此近期的事，以及某些傳統是如何延續至今。

在與我較古老的祖先靈魂相遇之前，我從未想過要把我的家族或文化歷史視爲一股靈性力量與財富的來源。以無意識的小我思想來掩飾個人痛苦的我，必定偶爾爲我的家人與其他親近的人帶來傷害。在世界宗教與療癒藝術方面的訓練，則幫助我慢慢了解，年輕時曾努力想解決的那種失望感，跟我家庭的缺點較無關係，而是跟我從較大文化中所受教育中的空白比較有關。這些盲點已存在許多世代，令我感覺就像某種有系統的背叛。舉例來說，我的成長過程中沒有接觸過關於傳統歌曲、故事或儀式的知識；沒有人教導我有意識地與大自然對話的方法；我也不曾得知與靈魂或看不見的世界可以安全接觸的工作架構。但當這樣的知識大多已從文化中遺失了上千年，

② See Blain, *Nine Worlds of Seid-Magic*, and Paxson, *Essential Asatru*.

我又如何期待我的父母或祖父母會教導我這些事？不僅是家族與土地敬拜傳統斷裂、還有更大的文化也與土地敬拜傳統斷裂，透過此脈絡來看待我個人的療癒，我就能釋放過去對家庭的批判。如今我已能確實觀察來自一個較大歷史脈絡的挑戰——提醒我不是所有家庭問題都是個人問題，也不都是源自不久前的過去。

學習與傳授祖先工作

自從第一次接觸到祖先指導靈與我的祖父之後的近二十年間，我有幸能與不同的靈性導師，以及有意識敬拜祖先的傳統合作。在固有的土地敬拜傳統當中，對我影響最重要的有歐洲異教信仰、蒙古薩滿文化、北美原住民方式，還有西非與非裔移民以約魯巴語傳承的伊法／奧麗莎（Ifá/Òrìṣà）傳統。

現代的異教信仰與形式復興的薩滿文化，提供我最早期對土地敬拜教導與社群儀式的經驗。當我浸淫在儀式魔法、西方神祕學，與基督教之前的歐洲（例如凱爾特、古北歐、地中海文化）異教傳統中，幫助我培養出內省的習慣及學習與靈魂世界連結的基本技巧，並且感激自己祖先深厚的根源。我將本書中以祖先爲主的教導，視爲我古老歐洲祖先土地敬拜方式的一種延伸，我也對努力重振歐洲大陸與不列顛群島古老方式的學員們，感到無比的愛與感激。二〇一四年，我第一次造訪蘇格蘭與英格蘭的巨石遺址時，光是站在尊崇亡者的四千年石造遺址旁，就能確定祖先敬拜根本不是什麼新鮮事。

我的老師兼好友薩拉蘭吉爾・奧迪根（Sarangerel Odigan），她也是布里雅特（Buryat）蒙古族薩滿，她在二〇〇六年過世之前，很鼓勵我與祖先一起合作，也告訴我她的傳統會如何看待我的一些早期經驗。她是完整原住民傳統的第一位代表性人物，我與這種傳統有深入的合作。她也是位特別仁慈又慷慨的導師，我在全書中經常提及她的作品。向奧迪根學習拓展了我對看不見的世界的理解，她是活出原住民以心為智慧的人類典範，並激發了我盡一切所能向原住民長者與傳統學習的渴望。她的驟然離世也意外教會我，如何在一位靈性導師踏上前往祖先領域的旅程之後，繼續與她維繫關係。

過去十五年固定參與淨化活動或汗屋儀式①、荒野探詢與其他北美洲固有的傳統，讓我認識了一些民族的美好、尊嚴與適度的驕傲，他們與地方和祖先智慧的連結仍保留得相當完整。我對原住民方式的經驗大部分是來自拉科塔式（Lakota-style）典禮以及美國原住民教會。身為這些神聖空間的參與者，我學到如何發自內心地祈禱，並把傳統儀軌當成一份來自祖先的禮物般尊崇。與原住民老師和社群相處的時間，也令我學到了許多關於寬恕的事。我曾親眼目睹具有極大韌性與開放心胸的部落首領與非原住民分享傳統方式，那些非原住民當中，有許多是對原住民族

①汗屋儀式是美洲印第安人具有重要宗教意義的一種桑拿浴儀式，以滿足他們的精神需求與治療身心創傷。

執行種族滅絕的殖民者的直系子孫。當我對這個觀點的美國歷史有更多了解，也幫助我發自內心去理解我早期歐洲祖先們的痛苦歷史，以及受命參與療癒美國發生的種族歧視與壓迫的工作。

過去十年來，我也一直是個學生，最近更成爲伊法/奧麗莎傳統的入門者。起初透過橫越大西洋的奴隸交易而傳到美國的約魯巴文化，其不同的派別分布在全球，例如奈及利亞、古巴與加勒比海地區、巴西、委內瑞拉、美國，甚至歐洲等地，如今已擁有超過五千五百萬奉行者。我在三次到奈及利亞的朝聖之行中，很榮幸得以進入這項傳統，成爲下列神祇的入門者：伊法（命運與占卜之神）、巴達拉（Ọbàtálá）與歐森（Ọ̀ṣun）（智慧與愛之神），以及來自歐德雷莫（Ọ̀dẹ̀ Rémọ）的歐魯沃．法洛魯．阿德薩恩亞．阿沃亞德（Olúwo Fálolú Adésànyà Awoyadé）世系的艾貢貢（egúngún）（祖先的共同靈魂）。

受到歡迎、得以進入祖先靈媒的社會，是特別有意義的事，也可說是我多年來與自己的祖先共同合作，以及尋找能幫助我了解這項祖先敬拜使命的長者的結果。當然，入門只是一個學習與成長新循環的開始，我也持續尋求向在美國與奈及利亞的奉行者，學習其祖先敬拜方法的機會。

雖然在書中經常提到這些與其他傳統，但我並不自詡代表任何特定的傳統或家族。本書分享的教導與練習，凸顯了跨文化的相似處。他們的目的是被廣泛使用，並免於受到任何特定傳統的限制。當我利用某個特定的文化世系來強調某些祖先敬拜的觀點，參考的是那個傳統已確立的根源與代表性人物。我明白許多讀者不會受到任何一種靈性道途的深刻召喚，我也堅信身爲讀者的你，不需要接受任何特定的宗教認同，也不需要認爲自己必須是個特別虔誠的人，才能深愛與敬拜祖先。此外，我也會爲書中呈現的教導與練習中的任何缺點負起完全的責任。

除了與靈性老師和傳統共同合作之外，作爲一名心理學博士與婚姻家庭治療師所受的訓練，也影響了我從事祖先工作的方法。身爲一名治療師，我親眼見過祖先受的傷如何在世代間傳遞，以及這些循環能如何透過一些方法進行療癒。作爲一個從事內在工作的人，我也知道有多少方式，可以拖延或逃避培養智慧與一顆開放的心所需的紀律。有些傳統文化會指定一位在世的家族成員代表其他家人來處理與祖先的關係；有時則是祖先們自己挑選這個人。我自從約十年前在家庭中擔負起這個角色以來，一直試圖在我自己的人生與關係脈絡中研究毒害家庭的問題與療方。承認我對自己的心理健康與快樂、包括我與家人和社區的關係有責任，是我在祖先儀式工作的基礎。

自從在二〇〇五年第一次帶領週末祖先密集課程至今的十年間，我已帶領全美超過千人進行這項訓練上百次。同時，我也透過訪談、每月聚會的小團體與私人療程，跟其他數千人進行過談話。藉由提供一個讓他人接觸其祖先的空間，我親眼見證過、也能爲在世家庭成員帶來利益的深刻轉化。我學到的三大重點是：(1)這工作的重點是「關係」；(2)每個人都有充滿愛的祖先；以及(3)與我們的祖先連結是完全正常的事。首先，想要去認識與愛他們，需要深刻且持續去處理我們的家庭、我們所源自的文化，以及我們自己的問題。這個過程要進行數年，不是數月，當然也不會在一個週末就結束。祖先不是一個我們能精通或完成的「科目」，重點在於與家族的集體靈魂建立關係，以幫助我們自己變成有智慧且慈愛的人。在我們死後加入祖先的行列之前，我們與他們的關係永遠不會結束，甚至死亡也只是一個新循環的開始。祖先工作是極爲個人的，同時本質上也涉及關係。

其次，我們都有曾熱愛、敬拜與生活在這塊土地上、跟土地有著親密關係的祖先。認識他們能爲任何背景的人帶來療癒與力量，包括被領養者。即使我的近代家庭成員本身，沒有人實行過祖先敬拜儀式，我仍能在我的歐洲血緣脈絡中，了解到我對土地敬拜靈性學的喜好。我的重點是：你不必有某種來自祖先本身的靈性召喚；直接去敲他們的門也沒問題。以我爲例，我最初的土地靈性學老師們告訴我，去參加他們提供的祖先療癒工作坊對我會很好，我就相信他們，而我也非常慶幸自己聽了他們的話。雖然那樣說來故事會比較精采，但我不怎麼相信我的祖先們是以某種引誘的方式，來引導我去與他們連結。你甚至不必感覺到某種想認識祖先的情感渴望，有時你只要決定去接觸，一種新的連結就會開始。我們都是獨特且受到祝福的，沒有人比較特別、比較有人性，或比較值得尊敬。

最後，與恐懼和普遍的誤解相反的是，我發現與祖先一起合作，其實會讓你變得比較不奇怪，而非變得更怪。以我爲例，雖然用「與亡者交談」來幫助他人是我一部分的日常工作，但我仍是個腳踏實地、坦率正直，尊重家人、國家（大致上）與文化根源的美國中西部人。我會納稅、看新聞與投票，有時會吃速食、喜歡看電影，也要很努力才能讓自己去上健身房。我也是個受西方教育的心理治療師與心理學博士，對醫學有著深刻的愛與尊敬。有時人們會以爲與祖先建立關係需要辭掉工作、到埃及或祕魯朝聖、吃神奇蘑菇，或接受某種神祕的新身分。相反的，祖先工作能幫助我落實在這個現實世界與珍視我的家庭和自己，那在我的生活中就像一帖對治靈性傲慢的解藥。我在其他認眞看待此事的人身上也見過類似的效應。與我們的祖先有著良好、持續的關係一點也不奇怪，事實上，那是我們所能做的、最符合人類天性的事情之一。

2

祖先是誰？

遺傳、家族與血統，是處理「祖先是誰？」這個問題的方式。大多數人想到與體驗到祖先，都是從血親開始，而他們也是本書大部分的焦點所在。就像俄羅斯娃娃，我們對近代家族祖先的經驗，是位於更大的世系、文化與人類史前歷史的模式之內。我們最遠古的祖先居住在至少二十萬年前的非洲。祖先們便以這樣的方式，來表達人類共同的智慧。他們是記得我們身為人類完整進化旅程的長者，也是我們基因與文化記憶的守護者。

本章將介紹由許多不同文化所分享之關於祖先以及他們與生者關係的重要信念。你將學會區別近代的家族祖先與較古老的集體亡靈，以及分辨健康的祖先與麻煩的鬼魂之間的差異。你也將學到與祖先接觸時可能遭遇的挑戰與正面效應。第二章將會有思考家庭和古老祖先的觀點練習，此章也在此總結。閱讀時，請假設這些靈魂中的某些靈魂處於深沉的寧靜中，同時其他靈魂仍在努力度過難關。除非你受過與祖先直接連結的訓練，否則我要再次鼓勵你先讀完整本書，再嘗試刻意去接觸祖先。

死人並未死去

我相信大多數原住民族、萬物有靈論者、薩滿、異教徒、靈性療癒師，與其他有意與亡者連結的人，都會同意以下四項主張。我進行祖先敬拜與儀式的態度與方法，就是基於這些信念，他們也形塑了書中的練習與儀式。閱讀時，請看看哪些觀點對你來說感覺很合乎常理，以及哪些地方可能與你的信念與經驗有所不同。

1. 死後意識依然存在。
2. 不是所有亡者都一樣安好。
3. 生者與亡者可以溝通。
4. 生者與亡者能對彼此產生強烈影響。

死後意識依然存在

祖先敬拜的傳統習俗認爲，祖先就形而上來說跟你我一樣眞實。就像遙遠的銀河或在顯微鏡下才能看見的細菌，死者的靈魂或精神是存在的，無論你是否相信或能否感知到他們。有幾個因素會影響一個人對祖先話題的開放程度：宗教或靈性的觀點、個人的直接經驗，以及我所謂的直覺或出於直覺的信念。這其中的任何一個，就足以讓我們培養對亡者靈魂的開放態度。閱讀時，請留意你對祖先的眞實性抱持的開放度有多少，以及這種接受能力是來自何處。

想到祖先時，通常人們腦中的畫面是老人、黑白照片，以及死去的家族成員。沒錯，祖先包括那些在我們之前活過並死去的人；然而，如宗教學者格雷姆．哈維（Graham Harvey）所寫：「成為祖先就是持續連結。」①當被愛之人死去後前來探望生者，就是一個化身人類與一個之前活在世上的祖先靈魂之間，在這個當下的一個事件、一次相遇。從這個觀點看來，亡者仍然活著。古埃及人有時會稱其死去的愛人為「活著的人」，也稱管理亡者的歐西里斯（Osiris）為「生者之王」。為何要強調死者其實是活的？若我們同意死者的靈魂或精神能與生者連結，就值得去釐清我們描述某人或某物「死亡」時代表的意義。有沒有可能死亡是指這個靈魂持續存在，但我們已停止有意識地與他們連結，對我們來說，或許那樣他們就是死了？

就祖先靈魂可能持續與生者連結的意義上而言，他們「死」的程度，並不大於天使、神祇、植物與動物靈，或其他看不見的能量。與其思考生者與亡者，或許更正確的是去區別目前化身為實體（生者）的人類靈魂，以及曾經化身為實體、但可能我們現在仍與之有連結的靈魂（祖先）。跟化身人類一樣，祖先們也是活在與住在現在，即使他們有自己與我們在地球上生活不同的居住地與社區。套句塞內加爾詩人比拉戈．迪奧普（Birago Diop）在他的詩作〈靈魂〉中所說的：「死人並未死去。」

祖先靈魂的存在，取決於「某部分的我們在死後持續存在」的事實。幾乎所有宗教信仰都確認某種形式的死後意識延續。這不一定意指所有「信徒」都與亡者有過直接、個人的接觸經驗。

研究顯示有百分之六十四的美國人相信死後生命的存在，百分之四十五的人相信有鬼魂——即使大部分人不曾有過瀕死經驗，而且很多人也說從未親眼見過鬼魂。②若你的信仰告訴你一些靈魂在死後持續存在的觀點，對祖先的信念就會自然隨之而來。同樣地，若你親自經歷過來自祖先的接觸，那麼「相信」亡者靈魂就會是一種直接的知曉。但爲何數百萬的美國人，並不自認特別靈性或虔誠，以及說自己沒有直接接觸靈魂經驗，卻仍會做出彷彿祖先是眞實存在的行爲？

美國數十億美元產值的喪葬產業，是所謂對祖先的直覺或出於直覺信念的一個例子——彷彿祖先是眞實存在的。人們把錢花在葬禮、骨灰罈、墓地上，以尊崇對亡者的記憶，也對他們表達愛與敬意，有如他們當下仍持續存在。美國法律禁止褻瀆墓地與遺骸，人們也仍堅守著「不去打擾人類遺體」這普遍存在的禁忌，而這種觀點是取決於一種存在遺體與亡者靈魂間的假設性連結。好萊塢了解人們相信這個主題的力量。像電影《鬼哭神號》（*Poltergeist*）中，建造在墓地上的建築物引發了超自然的麻煩，而據信會殺死任何驚擾古埃及統治之人陵墓者的「法老王的詛咒」，就是利用亡者靈魂與其遺體間的關聯。此外，像《惡魔獵人》（*Ghost Hunter*）、《靈媒緝凶》（*Medium*）、《靈感應》（*Ghost Whisperer*）與《越界》（*Crossing Over*）等受歡迎的電視節目，也是

① Harvey, *Animism*, 125.
② Huffington Post, "Spooky Number of Americans Believe in Ghosts."

基於某種形式的靈魂或意識在死後持續存在的普遍信念。這樣的故事不斷熱賣，正因爲大多數美國人經常做出寧可信其有、彷彿祖先是眞實存在的行爲。

不是所有亡者都一樣安好

當我們接受我們的某部分可能在死後依然存在，那麼關於我們到底要往哪裡去的問題自然會發生。大多數宗教傳統都主張有個看不見或靈魂世界的存在，即物質世界無法完全定義的某個另一部分的實相（以及眞實的我們）。這與相信死後意識的延續是緊密相連的：若我們的某個部分在身體死亡後仍持續存在，那麼至少一定有兩個地方或次元，即抽象的「這裡」與「那裡」。我們在人間的生命結束後去的地方，就是眞實存在的「那裡」、其他祖先居住的地方、靈魂世界或另一個世界。

許多傳統是以整體系統結構完整性的方式，來描述「另一個世界」。奈及利亞西南方的約魯巴人與其他約魯巴傳統宗教（包括一般所知的伊法／奧麗莎）的信奉者，有時也使用球形葫蘆的意象來傳達大整體中的二元性。在可見的實相中，葫蘆的上半部是天空（òrun）的蒼穹，下半部則是大地（ayé）。通常被譯爲「天堂」的「òrun」這個字，也意指環繞與貫穿物質世界或大地之看不見的領域。從祖先領域（出生前）到化爲人體的生命，然後再回來（死後），是一個從天空到大地、再到天空的旅程。一首來自約魯巴文化的占卜詩（odù Ìrosùn-Ìwòrì）寫道：「人們將持續在死後前往天堂與回歸大地，直到每個人都到達最佳位置。」③這段詩文意味著在任何時刻，都有部分的人類靈魂居住在另一個世界、部分則在人間，但這些全都在人類意識的更大故事中扮演某個角色，正在看得見與看不見的世界的巨大葫蘆球中演出。天堂（那裡）與人間（這裡）的組合也遍及猶太教、基督教與伊斯蘭教，且能從以下的二分法用詞中看出來：

生者↔死者

人間↔天堂

這個世界↔另一個世界

可感知的物質現實世界↔看不見的靈魂世界

許多傳統也認為，亡者的狀態與人間生者的狀態是相互對照或平行的。有些人充滿智慧而仁慈，同時也有些人是危險而令人痛苦的；對另一個世界的描寫經常反映這種全面性。為了解釋這些差別，祖先領域的地圖通常會精心設計出兩個或更多地點，有些地點就是明顯比其他地點舒服。舉例來說，許多基督教文獻以完全不同的方式來描寫天堂與地獄，但兩者都是死後靈魂的居

③ Epega and Niemark, *The Sacred Ifa Oracle*, 194.

住地，或者說是意識狀態。佛教則認定有個受苦靈魂居住的餓鬼領域存在，也承認仁慈祖先導師們的存在。有時有些傳統則說，麻煩的亡者會以困在人間的靈魂與鬼魂狀態，留在生者這邊的世界，需要有人協助他們完成遲來的過渡，以加入另一個世界的祖先行列。

亡者靈魂的意識層次，從充滿愛、智慧與靈感的祖先，到危險且居心不良的鬼魂都有。透過承認這一點，本書中所呈現的教導與傳統知識就是一致的。祖先敬拜的奉行者對這個事實需展現的洞察力，就跟剛認識活生生的人是一樣的。若我們無法分辨亡者的意識層次，就可能視祖先為全然可怕且危險的，或是一種理想化的愛與光的來源，但現實的情況卻是更微妙的。在全書中，我提到的「祖先」跟「亡者」（代表所有目前沒有在世間化身為人的人類靈魂）是可以互換的，但我有時會把祖先這個詞較侷限地用在意指那些靈性上安好的靈魂。在第二種用法中，祖先可說是一種稱讚，指的是一種贏得或取得的身分，並相對於鬼魂、麻煩的亡者，或尚未成為祖先的靈。

有一個相關且重要的假設是：跟我們一樣，亡者的靈魂也會改變。當雙親之一或某位親戚死去，我們的記憶與心理過濾機制可能會扭曲那份關係，或試圖把關係凍結在過去。來自西非布吉納法索達格拉（Dagara）族的老師與儀式帶領者馬里多瑪．梭梅（Malidoma Somé）便曾提及這個問題：

> 在這個次元，你一旦犯錯，旁人就會永遠從那個錯誤的角度談論你。人類有一種心

照不宣、無可救藥的假設，那正是爲何罪犯終其一生都是罪犯，也是人們生活中一直努力避免留下壞紀錄的原因。那種假設的問題在於，這最終會自行延伸到另一個世界，如此一來，那些在生前不夠明智、犯下讓許多人付出代價的錯誤的祖先，就依然被困在那樣的框架中，彷彿即使死亡也無法救贖他們。④

在狄梭梅強調，在世時人生中麻煩最多的祖先，其實可能正是在死後非常積極做好事的祖先。在狄更斯《小氣財神》（*A Christmas Carol*）書中，雅各．馬利的鬼魂便透過警告守財奴史古基改變行事方式並避免犯下他曾犯的錯，而優美地展現出這份智慧。即使是傾向把天堂與地獄視爲相對持久狀態的基督教與伊斯蘭教，也承認死後靈魂會經歷淨化、審判，或某種形式的進一步改進或成長。

在我協助他人修復與近代祖先關係的經驗中，曾遇過這樣的情況：亡者的靈魂似乎充滿歡欣與愛，且隨時可以與他們連結，但生者（通常是亡者的成年兒女）卻無法超越對父母生前的記憶。理想上，人們會在一生中或是在某位家庭成員死後的一段時間，逐步解決與他們之間的課題。然而，源於一段過去關係中未療癒的痛苦情緒，會令一個人無法與現在願意提供支持的祖先靈魂連結。

---

④ Earth Medicine Alliance, "Voices of the Earth: Malidoma Somé Interview, Part 3 of 6."

生者與亡者可以溝通

生者與亡者之間的接觸能以許多形式出現。有時亡者會是我們夢境中一位不請自來的訪客；有時他們會透過清醒時的預視或同步性、或是在我們的心理防衛機制薄弱（例如瀕死經驗、意識改變狀態）時說話。當對此種接觸的架構毫無所知的人有了這樣的經驗，可能會感到不安或懷疑自己是否「瘋了」。在大多數的案例中，自然發生的接觸經驗，跟在世間與活人自然發生的互動是一樣的，那並非精神錯亂的徵兆。事實上，有些人從事靈性傳統研究，正是因為他們想了解與亡者之自然發生的、不請自來，或甚至不想要的接觸是怎麼回事。

許多人也會透過祖先敬拜的修行法門，來試圖接觸亡者。這些方法包括聚焦於祖先的祈禱、冥想、激勵歌曲，以及創意表達；靈媒與通靈練習；某些形式的占卜；還有其他任何有助溝通的法門。在我過去二十年參與過的幾乎每一場聚焦祖先的儀式中，參與的生者都曾試圖與亡者溝通。以自然與刻意的方式接觸祖先，兩者當然不是互相排斥的。那些刻意與祖先連結的人，也常說偶爾會經歷自然接觸（例如夢境、同步性）。對那些真的成功取得聯繫的人來說，隨著時間力求提高溝通的準確性，是很重要的。

想到生者與亡者的溝通時，要記得人類之間的溝通關係——接觸不一定是有意識或有益的。人們可能在你注意到他們之前就注意到你，他們對你也可能帶著有益或有害的意圖。舉例來說，不管是否意識到或甚至相信這些看不見的朋友與守護者的存在，許多人都樂於享受充滿愛的祖先的支持。在這種情況下，與亡者的接觸可以說是無意識但有益。但當尚未安息的亡者讓沒有意識到看不見的世界的人感到沉重時，就是生者與亡者之間無意識且無益的接觸。祖先儀式的執行者也知道，把我們的注意力轉向看不見領域的存有們，是有可能辦到的。簡而言之，我們可以刻意向祖先伸出手，或者他們也會出於意志與我們溝通。對涉及的雙方來說，產生的溝通可能是有益或有害的、有意識或無意識的。

生者與亡者能對彼此產生強烈影響

在四個主要信念中，這或許是現代西方世界最陌生的一個。但若不考慮這點，接觸祖先的做法也就不重要了。祖先敬拜的奉行者普遍認定祖先對我們有很重大的影響，而我們也以重要的方式影響著他們——有意識或無意識、有益或有害的影響，這是可以選擇的。許多儀式專注於維持生者與亡者間的正面連結，正是要確保他們的影響是有益而非有害的。在我與海地巫毒教（Vodun）祭司曼波．莫德（Manbo Maude）的一次交談中，他便給了我一個影像：一位祖先靈在挖掘你的墳墓，同時另一位則試圖填滿。祖先可以給予健康長壽的祝福，也可以送我們提早進墳墓。

首先請思考一些祖先可能爲生者帶來有益影響的方式。在最基本的層面上，健康的祖先能留給後人健康與興旺，以及地方與文化上的深厚根基。在生前展現仁慈與正直的祖先，能爲在世的親人提供源源不絕的鼓舞與動力。充滿愛的亡者還能引導、振奮與保護他們的後代子孫，無論在世的家人是否意識到這份支持。在我的經驗中，靈性上堅強而開朗的祖先，也是在世的家庭成員試圖轉化與終結世代間困難的最佳導師與盟友。我們是他們在這個次元的眼睛與雙手，他們投注許多精力在我們身上、且很在乎有好的結果。靈性上健康的祖先會爲後世子孫的人生重大事件增添祝福，像是出生、婚禮，以及生者回歸他們行列的死亡時刻。簡單說，當我們享受充滿愛的祖先的積極協助，人生就會過得比較平順，幸運、輕鬆與活力的程度也較高。

在人間的我們也可以造福祖先。跟任何次元其他形式的存有一樣，祖先也需要吃東西。當我們讚揚他們並用誠心奉獻的祭品（例如食物、飲料、花）供養他們，他們就會感受到被滋養與懷念的喜悅。當我們療癒世代間的挑戰、支持健康的家人，並在世間當個善良有道德的人，也會爲祖先帶來榮耀與歡喜。要記得，在我們的世界中死亡，對剛離世的亡者來說，是一個過渡儀式的開始。這段旅程只有等他們完全加入祖先行列才會完成。生者在這個轉化過程可以扮演重要的角色。當我們協助剛離世的亡者與那些靈性上尚未安好的祖先完成他們的過渡，就是幫助祖先得到健康。一般說來，任何支持健康家庭、孩子，以及世間人類未來的服務行爲，也會在祖先當中產生正面迴響。你還能想到其他能受惠於祖先支持、或將榮耀與祝福帶給你親族的方式嗎？

但那些「挖掘你的墳墓」、尚未安息的亡者又是如何呢？要記得，前述的三項原則主張祖先是眞實的、他們並非同樣安好，以及他們可以跟我們溝通（即使我們並未尋求接觸）。好消息是：若你曾感覺到某位親愛的祖父母或父母正在努力尋找你，很有可能他們正在這麼做。壞消息是：若你感覺到家族祖先的靈魂並未安息，或正在干擾在世的家人，也很有可能你是對的。我們無法魚與熊掌兼得，不可能相信世上只有美好、友善的人。當祖先靈性上不健康，在世的長者可能會經常感到身體與心理上的不安，諸如此類的狀況也會往下傳到數個世代。呈現出來的形式可能包括遺傳的疾病、上癮症、身體與情緒虐待、孤立、貧窮與早逝。近代祖先所做的破壞性行爲，會持續影響在世的家人好幾個世代，發揮某種祖先詛咒、沉重的世代業力，或普遍厄運的作用。對麻煩的亡者與他們對生者的影響，你的信念是什麼？鬼魂或不健康亡者的影響，在接下來的章節中會進行探討；而本書核心的修復過程，強調的就是轉化與療癒這些難處理的「遺產」的方法。

雖然在世的家庭成員經常是祖先麻煩的下游承接者，但生者採取（或避免）的行爲也會傷害到祖先。如同在許多形式的關係中一樣，生者最常做的傷害祖先行爲，就是沒有注意到基本的尊重，或是與祖先連結時不在場。許多當代社群（宗教的與其他類型的）抵制祖先的存在與關聯，這種欠缺考慮的行爲產生了家族、傳統與文化的祖先健忘症。當我們忘了根源，就更有可能上演與強化無益的世代模式，只因爲沒有人警告我們關於家族重擔的事。當祖先依靠我們療癒隨血緣傳遞下來的麻煩時，若我們不願這麼做，會使他們無法實現他們在修復工作中的角色。重複老舊的有害模式會讓祖先跟我們一起卡在這裡。而在死後不爲家庭成員設想，也會增加他們無法完全提昇並成爲祖先的危險。此外，當生者褻瀆了例如墓地、祖先神龕與自然遺跡等對亡者重要的地方，也可能爲亡者造成干擾。你還想到有其他在世的人與亡者建立不健全關係的方式嗎？

以這四個祖先敬拜與儀式的基本假設或原則爲基礎，接下來這一節要探討的是：

- 以活在世上的時間距今多久來區分不同類型的祖先。
- 個別祖先、世系祖先與集體亡者的分別。
- 與不同類型的祖先連結時常見的挑戰。

閱讀時，請思考或記錄這些觀點與你個人的信念與經驗有多麼一致或不同。本章的結尾會邀請你就你對祖先的感覺進行個人思考。

家族祖先與被記得的祖先

家人可以是極大的喜悅來源，也可以是極具毀滅性的痛苦來源；而我們的家人，無論是一直都在或缺席的，都深刻地形塑了我們對生命的定位與看法。你對家人的經驗也可能形塑你對更早期祖先的看法。

家族祖先

想到家人時，你想到的可能是你的親生父母——特別是若他們是從小養育你的人。對被領養者、那些從未見過自己親生父母，以及來自混合式或選擇式家庭❶的人來說，家族祖先的話題可能是複雜的。思考祖先最狹窄的眼光或許就是透過DNA——血緣關係。許多身體上的特徵與健康傾向，都是直接從血親祖先衍生而來，其造成的影響可能改變人生。祖先能給予我們天賦能力，像是長壽、生育力與平穩的性情，正如他們也能傳給我們身體與心理疾病的弱點。被領養、父母雙亡，或與血親疏離的人，可能不知道他們的遺傳體質。他們也可能缺乏得知他們生理上祖先故事的管道。然而，那些與血親家人沒有現存連結的人，仍可透過敬拜與儀式的法門來接觸他們親愛的亡者與血親祖先。除了直系血親中的長者（例如祖父母、父母）之外，家族祖先還可包括孩子、手足、姑姑、阿姨、嬸嬸、舅母、伯母、叔叔、伯伯、姑父、姨丈、舅舅、表親，以及任何有同樣血脈連結的人。

家人也可包括選擇式家人，即使我們不一定是那個做選擇的人。在這層意義上，遺傳上不相

❶混合式家庭是指由配偶雙方或配偶之一，因再婚而重新組成的家庭，並且至少包含配偶之一的前妻或前夫所生的子女，或者配偶雙方均帶著前次婚姻所生的子女。選擇式家庭則是指一群人基於情感上親密度而認定彼此是家人所組成的家庭，即使彼此之間並無血緣或法律上的關聯。

干的人就變成血親，通常是經過正式的領養儀式。例如，某些北美原住民部落有建立關係的典禮，之後被領養的那個人就會被認定爲家人，擁有所有隨之而來的特權與責任。法律上的領養能發揮某種在現代建立關係儀式的作用，有些被領養者也發現，他們的新家人與祖先跟他們生理上的祖先承受著同樣的心理重量。以我自己與一位兒時朋友成爲「血親兄弟」的經驗來說，在停止與他固定接觸後的好多年，我仍會持續夢見他。這種方式的血緣也具有象徵性，你選擇或被選擇成爲的家人不只可能影響你的身分認同，也會影響你的血肉之軀。家族祖先也可能包括在某個時刻從朋友轉變成家庭成員、沒有遺傳關係的所愛之人。雖然本書重點放在與我們生理上的祖先進行世系修復，你仍可以把部分同樣的原則與法門延伸到其他類型的祖先與世系上。

被記得的亡者

無論我們認爲的家人是誰，決定哪些人是被我們記得的祖先的關鍵，是我們對那些人的記憶。他們可能是近期離世或被記得的亡者，包括死去的父母、祖父母、孩子、手足，以及其他活在世間時認識我們的親人；也可能是包括經由家族故事或族譜研究而被記得的較早期世代祖先。請把他們視爲那些以姓名、面貌或事蹟而被記得的祖先。

祖先敬拜的奉行者有時會鼓勵你去上溯七個世代的祖先姓名。若你認眞看待這件事，沿著每一條血脈上溯七個世代，那需要記住兩百五十四位祖先的名字。大多數我遇到的人都只知道他們祖父母與大約一或兩位曾祖父母的名字。缺乏這樣的知識是可以理解的，因爲家族研究是件困難重重的事。舉例來說，能夠透過前幾個世代去追溯家族歷史的美國原住民與非裔人民，不可避免地會面臨到一堵歷史高牆——在那上面，奴隸、被逼迫從事的職業與集體屠殺等較不具個人意義的紀錄，取代了文獻姓名。那些在近期中斷了對祖先認識的人們（例如因領養、戰爭與混亂情勢、強暴受孕、突然的遷徙等原因），通常對家族歷史的認識更爲有限。以我爲例，經過多年研究，才揭露了沿著幾條血脈往上追溯三百多年的家族祖先姓名與知識，而其他血脈只能往上追溯到四代。即使只追溯一條血脈，若你能知道七代祖先的名字，就是很大的福氣了！要記得，任何爲了解家族歷史或研究族譜所做的努力，都有助於喚醒你與已知和未知祖先的關係（對研究的建議請見第五章）。

連結家族與被記得的祖先

連結近代祖先可能出現的阻礙是什麼呢？首先，關於他們的資訊可能很少或完全沒有。其次，你對家庭成員可能有些負面經驗與看法，阻礙了你去接觸那條家族血緣的熱忱。第三，可能有來自祖先靈魂本身的問題。

我們來一一檢視一下這三個挑戰。雖然你可能因對近代家族祖先的所知有限而感到沮喪，但你仍可在靈性上直接與他們連結。基因上的祖先就存在於我們的血肉之軀中。事實上，那些與親生家人沒有接觸的人，比較不會把對死者的記憶投射在他們與祖先現在的關係上。對被領養者與那些情況類似的人，我建議在與你的血親以及領養祖先互動時，要相信你的直覺與能力。

另一個我常聽到的問題是：「要是我在世的家人或近代祖先喜歡傷人、沒有愛心、不正常、心不在焉，或者令人不感興趣，我又爲什麼要與他們連結呢？」理由之一是要確定他們沒有跟你產生無益的連結。在亡者加入充滿愛的祖先行列之前，他們可能使在世的親戚彼此之間以及與更古老祖先之間的關係變得沉重。反過來說，他們的成功過渡也可能移開陳舊的阻礙，協助個人與家族的療癒。但與祖先連結從不是要求你敞開自己去接受來自家人的有害或傷人能量，無論那是在世或死去的家人。相反地，正面的改變會要求你建立適當的界線，包括對你還在世的親戚，以及任何精神上有麻煩的亡者。

另一個與近代祖先溝通的理由，是要幫助他們、在世的家人以及自己加速找到一個更好的方法利益彼此。在世時我們就認識的家人，也是最可能在此刻影響我們的祖先。因此確定他們一切安好，是爲我們自己的利益著想。偶爾人們會明白他們心愛的亡者在靈性上已經安好，即使我們對他們的看法仍然負面且深植於過去。（確定你的祖先是否安好的更多方法，請見第五章）梭梅曾鼓勵那些試圖透過祖先工作來進行家族療癒的人，「別讓自己再有這個想法：在這個次元有過（傷害行爲的）紀錄的祖先，在另一個世界仍帶著相同的頻率。」[5]在世間的人生中有很多麻煩的祖先，可能會投注極大心力在我們的世界裡進行修復，以作爲其療癒旅程的一部分，他們也可能在死後不久就加入充滿智慧與愛的祖先行列。當任何特定的家族祖先在靈性上恢復安好，形勢就有助於生者與這位祖先之間的寬恕與和解，我們也有機會建立或許在一生中都不可能建立的彼此支持的關係。假如你所有近代祖先在靈性上都已變得光明安好，你就能與他們一起合作，維護你家人與社群的健康與活力。

可惜的是，不是所有亡者都已完全適應作爲支持家庭的祖先。若沒有適當的預防措施，與麻煩的或尚未成爲祖先的亡者連結，可能會造成生者精神上的崩潰或失調。除非你對「任何已知的家族祖先在靈性上都很安好」極具信心，否則請先考慮改與較古老的祖先指導靈連結，並啓動第五章到第九章所描述的世系修復過程。這樣的話，任何尚未安好的近期亡者，可能會自行隨著時間「畢業」而被提昇。

這個互動過程「有效」的一些跡象包括：你與在世家庭成員的關係變得更有意識、更常連結到世系與祖先的支持，以及被記得的亡者靈魂得以提昇。感覺到充滿愛的祖先的支持，能幫助你更新舊觀念、建立適當界線、原諒過去的傷害，並以更有意識的方式與你的在世家人相處。即使你與親生家人沒有聯絡或對他們毫無所知，或者你是世系中的最後一人，還是能邀請充滿愛的祖先的協助，並隨著時間強化這份關係。去寬恕與愛我們近代的血親祖先，也有助於他們平靜抵達彼岸，並因而能從他們的世界提供我們更好的支持。

⑤ Ibid.

較古老的祖先與集體亡靈

我們用一根蠟燭與一堆營火的光來做對照的話，若對家族歷史的認識很少，那樣的記憶就像一根蠟燭的光，記憶之外的黑暗便距離現在很近；然而，若有大量書面紀錄或口述歷史，記憶就像一堆營火，會燃燒得更明亮，並觸及更久遠的過去。即使如此，所有世系都有一個門檻，越過那裡，姓名、臉孔、家族故事都會被遺忘。較古老的集體亡靈之中，包括任何已知世系中名字已無人知曉的最近代祖先（通常是上幾個世代的某人），他們的血緣可穿越過去數千年歷史，上溯到至少二十萬年前第一批活在世上的人類。那些名字已被遺忘的亡者涵蓋了我們絕大部分的祖先。

這些不再因姓名或存在的記憶而被束縛在世間的較古老祖先，通常在生者看來似乎是一個群體或一股集體能量。但是，你可以把來自任何時期的祖先當作個別的靈魂、一個與眾不同的世系，或一個集體的存在去體驗。理想的情況下，你會感受到較古老祖先的愛與支持；然而，要得到他們的支持，就需要與在世的家人及近代的祖先一起進行療癒與修復。若你感覺與名字已被遺忘的較古老血親祖先有所連結，會是回溯到多久以前呢？即使是祖先敬拜的奉行者，似乎大多也是連結到兩至三千年前的祖先。我們可以把下列四個分類視為區分祖先名字已被遺忘的普遍起點：

- 古代人類祖先：一萬至兩萬年前。
- 第一代農耕者與城市居民：兩千至一萬年前。

- 歷史上的較早期祖先：五百至兩千年前。
- 歷史上的近代祖先：五百年前至知道名字的家人。

上述註釋的用意並非暗指農耕者、都市人，或那些寫下歷史的人就某方面來說比較優秀，或暗指人類歷史是朝任何特定方向發展。我反而要強調，隨著記憶退回到過去，特定知識會被越來越模糊的歷史與史前時代史所取代。接下來的章節將陳述：與較古老祖先連結時的一些阻礙與需要療癒的指標。

古代人類祖先

演化生物學家與古人類學者一般認定，我們以一個明顯物種出現的時間，是遠及二十萬年前的西非；⑥而我們出現完全的行爲現代性，則大約是在五萬五千年前，也是在非洲。⑦這指的是人類建立語言、故事、藝術、工具製作、烹飪、舞蹈、笑話與音樂等文化共通性的時間。根據這個主要的「來自非洲」理論，我們所有人類祖先都源自古代非洲，我們與人性最相關的特質也不例外。大約一萬至五萬年前，部分人類從非洲移居到地球其他大部分地區。數千年來，幾乎我們的

⑥ Hetherington and Reid, *The Climate Connection*, 64.
⑦ Mayell, "When Did 'Modern' Behavior Emerge in Humans?"

所有祖先，都居住在全世界幾百到幾千人的社群中，並實行某種形式的狩獵——採集、半遊牧，或小規模農業的生活方式。你對你的祖先在這段早期時代的生活，知道多少？以我為例，我知道已知歐洲最早的人類遺骸可追溯到約四萬五千年前，⑧以及至少我個人的某些祖先是在那之後的某個時期從北非移民到南歐。我也知道，跟其他有歐洲血統的人一樣，我在基因結構上是百分之一到四的尼安德塔人，意思是我的部分早期人類祖先與我們在歐洲的尼安德塔人親戚生育過孩子並住在一起，直到後者在約兩萬五千年前滅絕為止。

在過去一萬年當中（這只佔了我們作為一個物種歷史的最近百分之五的時間），經由適應大規模農耕、書寫語言，以及密集的採礦與冶金，全世界的文化都經歷了重大的變革。這些創新導致了更大型城市與現代文明的出現。直至二〇一四年，全人類有超過一半都居住在都市區域。⑨雖然我們的一些世系數千年前就離開了部落的生活方式，但有一小部分的原住民文化至今仍缺乏書寫語言，且以較傳統的方式過著親近土地的生活。你的親族過著部落文化生活或採行原住民生活方式，是多久以前的事？你對血親祖先在部落、前帝國、前殖民時期身處的社會階層，又有什麼樣的了解？

我擁有北歐祖先，因此我的親族大約在一到兩千年前就不再實行敬拜祖先的部落生活方式。雖然我在精神上與這些以今日的標準看來曾是「原住民」的較古老祖先有關聯，但我並不聲稱自己是原住民，倒寧願自稱是個培養敬拜土地智慧的萬物有靈論奉行者。

過去兩千年的祖先

在你對歷史的認知中，你較古老的祖先首次以明確的民族出現，是在什麼時候？對我來說，這種轉變是以羅馬人與後來的基督教帝國，對西元前歐洲的征服與改造爲中心。在此之前，我的祖先們大體上是過著部落、原住民族的生活，這也是我對家族歷史中最有共鳴的部分。若你是非裔美國人，對於在橫渡大西洋的奴隸交易瓦解之前的世代祖先，你所知或想像中他們的人生是什麼樣子？那些活在基督教與伊斯蘭教傳到撒哈拉以南非洲之前的祖先，又是如何？若你是北美洲本地數百個國家的人民，你對親族在歐洲人抵達這塊大陸前的生活，是否有所認識及某種預感？若你的親族來自亞洲，在十六世紀歐洲人開始熱衷與亞洲接觸之前，你對他們的歷史又知道多少？

在心理上最具影響力的亡者，通常是在名字被記得的亡者的範圍之外。你可以把他們視爲雖然名字被遺忘、但仍存在於歷史上的祖先，其影響力遍及共同的文化與習慣、歷史與國家認同，以及身體層面的表觀遺傳影響。對多數世人來說，過去五世紀以來歐洲殖民主義影響的程度一直都頗具挑戰性。就這個意義上看來，這段動盪時期仍持續影響並形塑現在許多人對他們祖先的經

⑧ Highman et al., "The Earliest Evidence for Anatomically Modern Humans in Northwestern Europe."
⑨ United Nations, "World's Population Increasingly Urban with More than Half Living in Urban Areas."

驗。但即使你的親族在過去幾個世紀曾經歷巨大艱難，請一定要記得那些活在動盪時期之前的人，同時別讓你對祖先的看法只有艱難二字。我們的每一條血脈都包含數千年的人類歷史，其中有大量時間都是身為壓迫者、受壓迫者，以及其他所有型態。

個別、世系，與集體祖先

個別的祖先靈魂最常是其在世時我們就認識的親人。我已經過世的祖父母與幾位朋友，對我來說就是這類的祖先。當人們聲稱與亡者說話時，通常就是他們感受到祖先（即死於上世紀某個時刻的個別靈魂）的方式。任何祖先靈都可能處於充滿愛與和平，或焦躁不安與痛苦的狀態。麻煩的亡者通常會以個別靈魂的方式出現。他們可能被視為祖先、也可能不被視為祖先，因為有些人只保留祖先這個詞給那些知道自己已經死去且靈性上相當安好的靈。在此重要的是，要去識別你連結的是某個特定祖先的靈魂，而非集體的祖先。

你可能會感受到「世系」是由已知血緣中的許多祖先靈所組成的集體意識。近代家族祖先可能會呈現出世系的特質，例如一位已逝的父或母，似乎在靈性上與他們的父母和祖父母有所連結。而當一位近代祖先融入更大的世系時，透過那位祖先的溝通（比如在夢境中），會顯得充滿了世系的重量或權威感，以及置身於一股更大能量中的感覺。

世系祖先也可以包括以個別靈魂呈現的古老祖先指導靈。本書核心的家族世系修復過程（見

第五至第九章），就需要連結祖先指導靈，並與他們一起合作，在集體與被記得的家族祖先中進行所有需要的修復。例如，我連結過一位我祖父那支血脈的祖先，他曾活在兩千年前的北歐。對我來說，這位指導靈作爲一個群體意識的世系化現，他是「世系」爲了協助與我對話而戴上的一張面具。在那張個別祖先的面具背後，是那整個世系的精神。

正如個別靈魂能以一個較大世系的面具來呈現自我，不同的祖先世系也能進一步被融入一個祖先意識的集體化身中。這樣，世系就能在近代、個別的祖先，以及集體亡者的靈魂間發揮居中協調的功能。當你的家族血脈中的個別祖先們都活力充沛且在靈性上很安好，你就有可能在身體與經驗中協調這些不同的世系（見第九章）。在全書中，我頗隨性地穿梭在個別靈魂、祖先世系與集體亡者的焦點之間。不同的傳統與奉行者有不同敬拜祖先的方式與儀軌。若你的家族在近代歷史中有祖先敬拜的傳統，你是如何理解不同類型的人類祖先？若你所實行的傳統習俗中包含祖先敬拜，你又是如何看待如今名字已被遺忘的祖先？

連結世系與較古老的祖先

與較古老的祖先連結時，我們可能會經歷挑戰。這些挑戰包括：懷疑我們與他們安全溝通的能力、對歷史的負面看法，以及祖先自身當中未解的課題。

由於現代西方人很少是在連結祖先的思想體系下長大，我便經常聽到類似這樣的問題：「我怎麼知道這一切不是我自己編造出來的？」這是個很重要的問題。即使是經常與亡者交談的人，也承認有可能編造事實、以為有取得連結但其實沒有，或單純出於直覺地偏離目標。人們普遍擔憂怎麼區分想像、幻想或白日夢與靈魂接觸的不同——那種細微的差別，我發現唯有在信心與適度的懷疑中取得平衡，加上長時間的練習，才能分辨得出來。與看不見的領域連結時，要在逐漸學會信任直覺時保持耐心，並參考第六章以獲得進一步的建議。

另一個常見的擔憂是，害怕一旦開啓那扇門後就無法關上——擔心與亡者談話會讓別人把你當成瘋子，要不就是會眞正顚覆你的人生。與亡者談話確實很容易引人側目，即使他們是你的親人。而雖然事情通常不是這樣，但這種工作完全有可能顚覆你的人生。若有某些特定的心理狀況或背景，可能就不適合從事直接的祖先工作；然而，我很少看到有人的人生只因練習敬拜與認識自己充滿愛的祖先而被顚覆。

試圖與較古老的祖先連結，可能會讓你意識到之前對家族歷史上痛苦時期無意識的、多世代的逃避。這可能會顯化為對個人歷史與過去的摒棄或貶低，包括將某些群體視為未受到原諒、甚至是不可原諒的。對祖先（例如：傷人者、站在歷史錯誤一方的軍人、奴隸主人、狂熱份子、征服者）抱持負面看法，會彰顯出一個療癒個人與文化的機會。那些我們有所批判或輕視的人，或許靈性上已經安好了，在這種狀況下，寬恕與和解的工作比較容易進行。若你有理由相信這些你不苟同的祖先或許正處於受苦的狀態，就先連結充滿愛與智慧的祖先指導靈（見第六章）。

我們與集體祖先的關係有了療癒與改善的跡象是什麼？首先，你可能會比較能夠用更清晰的眼光與同理心去理解他們的人生。在你自己的生活中，你可能會感覺到祖先更強大的支持，以及去處理與修補家族和共同創傷的意願。請記得：你充滿愛與已被提昇的祖先可以從你的幸福中得到好處，你越能開始本著寬恕的精神去認識他們，就越能得到（或利用）他們的支持。

敬拜這些較古老祖先最好的方法之一，就是轉化你所繼承的痛苦與失調，並改用從你親族之中所繼承而來的福氣與天賦去落實這樣的轉化。這包括修補共同的創傷，彷彿他們就住在你的家庭與社群裡，也在你自己的身體與靈魂中。承諾要進行內在療癒的人們已經知道，家族模式（包括最無益的那種）有時可能看似「一份不斷給出的禮物」。舉例來說，我父親這邊家族的男人一向都不善於表達情感，我有時也會被提醒需要更常表達我的感受。暴力或上癮的傾向也會成為跨世代的遺產。若你的祖先曾爲酗酒所苦，有可能你家族中的某人，或甚至是你，就會遭遇到相同的問題——而且也會克服或屈服於那個問題。

本章開始於這個問題：「祖先是誰？」總結來說，我們的祖先包括了有人記得的亡者以及名字已被遺忘的祖先。我們近代與較古老祖先的集體祖先，都影響了我們在世上的身分認同與地方感，理想上我們會將兩者都納入我們的祖先敬拜實修中。儘管本書的焦點是與家族祖先的關係，但重要的是要記住，我們都是一家人，都有著共同的非洲祖先。

你對祖先的感覺如何？

- **意圖**：自己私下或與朋友一起思考：你對祖先有什麼樣的認識與感覺？
- **你需要什麼**：一本日誌、可以談話的對象，或某種可表達思考的方式。

給自己充足的空間去思考每一組問題，也要偶爾暫停，留出空間給感覺、直覺與洞見。這個思考與「盤點」的過程，是與祖先進行任何後續接觸的基本工。

近代的家族祖先

- **你知道祖先的名字嗎**？你知道幾個世代的祖先名字？知道或不知道的感覺如何？

從家族成員身上或透過研究，你能否得知他們的名字？

- **你聽過哪些近代祖先的故事**？在家族中有誰曾跟你分享過近代祖先的故事？這些故事如何影響你對這些祖先的看法？
- **你造訪過近代祖先的墓地嗎**？若你知道他們被埋葬（或紀念）的地點，並造訪過這些地方，你也曾利用機會在精神上與他們連結嗎？若有，感覺如何？

- **你有任何來自他們人生中的物品嗎**？你家裡或倉庫裡有任何能與近代祖先連結的東西嗎？若有，你對這些物品以及他們在你現今生活中的地位有什麼感覺？
- **你對親族過去幾世紀的歷史了解多少**？你是否曾嘗試多了解近代祖先的生活與時代？就你所知，近代祖先的歷史以何種方式形塑了你的家族、環境與世界觀？
- **你與近代祖先之間，有任何需要寬恕的事嗎**？你對祖先的感覺大多是正面、負面，或介於兩者之間？對於直接與他們相聚的機會，你的感覺如何？有什麼是未解決的、未被原諒的，或其他需要修復的議題嗎？

歷史上與史前的祖先

- **你對兩千年前的祖先故事有什麼了解**？你祖先的姓名紀錄是在什麼時間點，被一個個群體與世系的歷史推測所取代？你對自己聲稱爲祖先的人的故事知道多少？你曾探究過祖先以傳統、部落方式生活的時代嗎？
- **你對祖先的傳統習俗與生活方式，有什麼樣的了解**？你曾在直覺的、心的層面上，連結你親族在工業化與現代化之前所採行的生活方式嗎？在大型組織化的宗教出現之前的時代又是如何？這些古老方式中，有任何一種至今仍形塑你對靈魂或人生的態度嗎？

• **你曾造訪較古老祖先的土地或正住在那裡嗎**？若你曾到祖先生活過的土地上旅行，你的感覺如何？若你仍住在那裡，那又是如何形塑你對家的感受、你的地方感與根植感？

• **你的日常生活中，有任何讓你連結這些祖先的事物嗎**？除了你體內每個細胞中的DNA之外，還有哪些物品、習慣、符號、電影、歌曲或興趣，仍連結著你與這些較古老的祖先？

• **你對於身為這些人的後代感覺如何**？你對較古老祖先感到驕傲或羞恥？深受啓發或者漠不關心？你目前所處的文化、社群與家族，是如何看待你的親族祖先的？若能選擇祖先，你會選擇同樣的祖先嗎？

• **你與較古老的祖先之間，有任何需要寬恕的事嗎**？有什麼歷史上的行動導致你批判他們？你會因爲這些評斷，而對某些祖先較有認同感嗎？若是如此，你是否探究過跟那些較不受敬重的祖先達成寬恕與和解的可能性？

3 自然發生的祖先接觸

生者與亡者之間的溝通，可以是刻意建立的，也可以是自然發生的。兩種類型的接觸都可能有益、有害，或兩者皆是。祖先會接觸很確定他們眞實性的人，但亡者也會在那些不相信祖先或來世的人面前出現。

本章中，你將學到不同類型的亡者主動接觸，包括：夢境造訪、同步性，以及在意識處於平常與非平常狀態下清醒時的相遇。實例的部分則包含有益與有害類型的接觸，此外還有回應他們的一些方法。本章末尾的練習，能幫助你評估祖先在你生命中的角色，以及跟他們接觸的經驗與信念。

夢境接觸

許多失去所愛的人最後都會夢見他們心愛的亡者。這些夢境有的會出現眞正與亡者靈魂相見的印象。令人開心的夢會環繞在與祖先重新連結、個人療癒，以及接收到對目前有益的訊息上。可惜的是，並非所有夢見亡者的夢境都是令人開心的。若你接受有些亡者（很有可能包括某些你自己的祖先）尚未安息，以及他們也可能在夢中與你接觸的想法，就很有可能做到一個跟死者有關、令人毛骨悚然的惡夢。

若你曾夢見一位離世的所愛之人，並感覺在夢境中與他們的靈魂有接觸，可能你確實接觸到了他們。若他們似乎在靈性上是安好的，只要對這樣正面的接觸敞開心門，就有助於與他們建立持續的關係，那也是一種敬拜他們的方式。你可以在清醒時以某種方式對那種相遇表示感謝，並繼續用此方式與夢境一起合作。舉例來說，你可以對他們獻上一份簡單的祭品（例如祈禱、蠟燭、獻酒）或遵循他們的指引做個實驗，只要不是強烈違反常理都行。若你對於在夢中接觸充滿愛的祖先保持接受的態度，你將至少保有一個對他們開放的溝通管道。

並非所有夢見亡者的夢都會有眞正遇見亡者的感覺。當你做了這種夢，醒來後可以問問自己，那個夢境是否伴隨著直接接觸亡者的感覺？若不是，那個夢境可能要你看見的是什麼？是要你去了解、原諒，或慶祝你與亡者連結的什麼事嗎？此人的出現是要反映某個面向的你嗎？若是，你的夢邀請你去了解的，是你自己與你跟此人關係的什麼事呢？

要是你夢見那些尚未加入祖先行列的麻煩亡者（或做了惡夢），會發生什麼事呢？令人不安的夢境可能包括亡者正在迷路、受苦，或以某種方式在威脅生者的感覺。與某個特定地點有連結的陌生人或靈魂，看來也比較像是鬼魂，而非被提昇的祖先。若是這些類似的夢境帶著一種接觸感出現，在思考你自己與夢中人物可能有什麼未解的議題之後，你可以選擇進行祈禱、供奉祭品、導引正面能量，甚至爲這些祖先的提昇進行療癒儀式（見第八章一九八頁）。若你是進行冥想或祈禱，就觀想亡者身處清晰與慈悲的光中，有療癒之光環繞著他們，從他們樂於提供支持的祖先那裡接收到任何他們可能需要的療癒。若你做了這些事或類似的實修後，可留意你的夢境，並試著憑直覺去感覺什麼樣的行動或祭品有助於解除這種狀況。若你選擇對此類靈魂獻上祭品與儀式，則要重視你自己的能量界線與私人空間；需要時，也要知道如何關閉通往他們能量的門。協助亡者成為被提昇的祖先是光榮的工作，但你要用對亡者有效、也對生者安全的方式來做這件事。當你有需要時，可尋求經驗豐富的引導者協助。

同步性

因瑞士精神科醫師卡爾．榮格（Car Jung）而廣為人知的名詞「同步性」，指的是兩件或更多事件產生有意義的關聯，但這種關聯在其他狀況下是不可能發生的。①舉例來說，假設你死去的伴侶很愛紫丁香，在她週年忌日那天，你正悲傷地在屋子前廊喝著飲料。那一刻，剛搬來的鄰居突然走過來，跟你說她正在考慮種一排紫丁香，問你是否喜歡紫丁香。你感到一股能量流經你的身體，並察覺到某件神奇的事正在發生，一次不同世界的短暫靠近。你回答是的，你喜歡紫丁香。即使你不曾感受到以靈魂形式存在的伴侶，但在對話結束後，你只有一種違反所有邏輯的感覺：她剛剛伸出援手來安慰了你。

① Jung, *Synchronicity*.

在這個例子當中，祖先是透過不可能卻含有某種顯著意義的聚集事件來說話。收音機裡播放的歌曲、書寫的徵兆與訊息、與動物的不期而遇，以及大自然裡的跡象，只是周遭世界能回應我們內在生命的某個面向、並引發一次有意義事件的幾種方式。對我來說，留意到某種同步性好像是一種似曾相識，從來不是我會預料到的事，而且一開始的感覺也不久。然而，我比較傾向於把意義歸於同步性，而非似曾相識的經驗。對我來說，同步性也同樣比較像是伴隨著從另一種存在或能量而來的接觸或溝通，例如從祖先而來。

有時夢境接觸與同步性會混合在一起，或者也可能在一段很短的時間內出現一連串的同步性。在我逐漸熟悉母親的祖先的那段時期，我收到一本我舅公約翰的舊《聖經》，裡面還有一份他外甥女茉德的死亡證明。這使我與家庭成員進行了幾次對話，也得知了因這兩位相關祖先的複雜結合而出生的一個孩子。此事促使我爲他們的福祉進行了儀式療癒與祈禱，他們似乎也完整接收到了。大約在此時，我也夢到這位約翰舅公的父親——我的外曾曾祖父萊森·利頓（Ressin Litton）。在那個夢中，他留著別具特色的八字鬍。令我驚訝的是，幾天後信箱裡躺著以前在賓州的親戚們所寄來他的照片。打開信封之前，我停了一下，回想那個夢。看見萊森留著八字鬍的照片時，那眞是神奇的一刻——那一刻，我曾做過的家族研究，與我的夢境接觸、祖先儀式，當然還有同步性的經驗都結合在一起了。

透過同步性來協助接觸祖先的一個方式，就是與他們建立共同的象徵語彙。例如，若你把最愛的祖母聯想成烏鴉與渡鴉、紅色、聖母瑪莉亞、南方，還有數字六，就能創造祖母可以用來吸引你注意的共同符號或連結。你無法強迫同步性發生，但與祖先建立這種共同的符號語言，能鼓勵你對這類型的接觸長久保持開放。

要記住，過度解讀周遭世界中的徵兆與事件，或太專注於同步性，也會有風險。降低混淆風險的一個方法，就是擁有幾個能與祖先進行可靠溝通的不同方式（例如：夢境接觸、清醒時的冥想、占卜）。這能讓你更容易交叉比對你收到的指引與訊息。例如，若你認爲祖先告訴你去買間新屋或離婚，首先要用自己的常理去審視一下這個建議；與可信賴的朋友與顧問談談、要求祖先給你一個確認的夢，或在行動前用任何其他方式詢問第二意見，也都會有幫助。

非正常狀態下的清醒接觸

你可能大多數時候都是處於正常清醒的意識狀態，那讓你能從容應對現實世界，像正常人那樣運作。在正常與非正常或意識改變狀態之間，其區別有時是模糊的，清醒意識中的非正常狀態也有很多類型。這些意識中的改變可能跟身體的勞動（例如運動、訓練、舞蹈）、麻醉物品（例如酒精、抗精神病藥物、藥品）、冥想、產生藝術與科學靈感的狀態、性、獵捕、戰鬥，與某些類型的儀式有關聯。此類狀態偶爾會伴隨與某種存在或能量的相遇。有時能明顯辨識出這種存在就是祖先的靈魂。

臨床上的死亡是非正常狀態的一種類型，經常與自然發生的祖先接觸有關。曾有過瀕死經驗者的描述顯示，大腦活動與其他生命跡象停止後，意識與記憶可能繼續運作——有些人也將此視爲死後意識持續存在的證據。許多有瀕死經驗的人會描述遇見光、天使，或某種仁慈的存有，其中某些描述也包含了與家族祖先的會面。

若有祖先曾在你處於某種非正常或意識改變狀態時前來造訪你，首先要知道的是，這是相當常見的經驗（而且通常不代表你瘋了）。其次，要確定你接觸的主要是充滿愛、已進化的祖先，而非麻煩的亡者。要如何分辨其中的差異？若你對那種相遇的感覺是正面的，就有可能是連結到樂於支持的祖先或已進化的亡者。之後你可以透過重新與這些祖先或最初相遇時的正面感受連結，試著把那份能量延伸到一種正常清醒的意識狀態中。例如，若你有過瀕死經驗，如今已能平靜看待死亡，你就能利用那個經驗去安慰其他害怕死亡的人。當你能把美好良善從一種狀態或經驗延伸到你生命中的其他面向，透過改善你與他人的人生，就有助於落實你與靈魂的連結。

若你意外遇見了亡者的靈魂，而且之後感到矛盾或心神不寧，可能就是遇到了麻煩的亡者。要確認任何一個靈魂是否基本上是充滿愛與善意的話，可依詢你個人的直覺。一般的原則是，若你對與某個靈魂接觸直覺上的感覺不太對，或覺得那似乎在阻礙你成爲更好的人，就要考慮從那份連結中後退一步，並尋求第二意見。同樣地，與尚未成爲祖先的靈魂建立清楚的界線很重要，因爲他們的能量可能是一種干擾的根源。要知道做到這一點的更多方法，請見第五章的「直接與祖先合作前的考慮事項」（一一〇頁）。

正常狀態下的清醒相遇

有時在最奇怪的時刻，即使是對不相信靈魂的人來說，亡者就是會出現。沒有盛大的出場，他們只是清晨躺在我們身旁的床上、在車裡坐在我們旁邊、工作時在一旁陪伴我們。有時這些相遇可能很微妙，因而被人們當成想像或幻想而不予理會。他們通常甚至不是看得到或聽得見的——僅僅是有片刻感覺到他們的存在。對那些與看不見的領域有強烈連結的人來說，此類造訪或許相當常見，差不多等於一通朋友來電的意義。但是對那些沒有習慣與死人談話或不相信他們存在的人來說，祖先不請自來的造訪卻可能很嚇人。

眾所週知，孩童特別會像沒什麼大不了似地跟亡者說話。像《靈異第六感》（*The Sixth Sense*）、《鬼哭神號》、《鬼馬小精靈》（*Casper*）、《羊男的迷宮》（*Pan's Labyrinth*），以及《哈利波特》系列等電影，還有《兒童靈媒》（*Psychic Kids*）、《靈媒緝凶》之類的電視影集，都以年幼孩童與亡者間的對話爲特色。許多靈性圈的人都認爲孩童對另一個世界更具直覺力與接受度，因爲他們才剛來到人間不久。這些孩童有些長大後就成了天賦異秉的通靈者與靈媒，許多知名的直覺通靈者（例如喬治・安德森〔George Anderson〕、蘇菲亞・布朗〔Sylvia Browne〕、荷西・歐提茲〔José Ortiz〕、丹尼爾・艾格紐〔Danielle Egnew〕）都聲稱他們的天賦在年紀很小的時候就出現，即使他們並未從周遭的文化中得到什麼支援。

在某些文化中，社群長者會在早期就認出孩童與祖先溝通的能力，並鼓勵那些孩童在人生過程中發展這份天賦。《哈利波特》系列的魔力之一，就是有魔法天賦的兒童爲了建立與其他領域的關係，而受到召募與訓練的方式。這系列書也警告不要壓抑孩童與我們自己生命中有魔法的那一面。若你發現自己身處一個會譴責你與祖先溝通經驗的環境，你可以繼續尊崇你個人的眞理，然後尋求能提供協助的人類與靈魂盟友。若你是爲人父母或工作與孩童有關，假如他們說到與亡者談話的事，請對此保持開放與好奇。

另一群指出在清醒時接觸到亡者的人，是那些知道或相信自己即將死亡的人。對死亡過程的報導通常會提及臨終病人與已經死去的人對話。在神智清醒狀態下死去的人，有時會在過世之前，說已離世的所愛之人和祖先正前來與他們會合。那些罹患失智或衰竭性疾病的人，也可能經歷到與亡者或爲亡者說話的時刻，有時說出來的話精確度極爲驚人。

若你發現亡者在跟你說話（而你並未服用很多藥物），以下是我建議的進行方式：

1. 一開始先排除任何心理或身體疾病，並確定你對探索這種連結的感覺良好。
2. 至少要在生活中找到一個能與之分享經驗、不用擔心會受到批判的人。
3. 要記得，與祖先接觸在許多不同宗教系統中都是受到認可的。若你遵循的傳統有這麼做，那可能就是與祖先建立良好關係的一個支持來源。
4. 若你與祖先接觸的感覺是充滿支持、愛與幫助，請找到敬拜他們的方法。

5. 若與你接觸的亡者並不友善，或你希望停止那種接觸，你可以清楚地要求停止。通常那就足以關上那扇門了。
6. 若這麼做沒有效，請向外尋求支援，並在處理你與祖先關係的同時，去做所有能幫助你保持踏實、健康與平衡的事。

雖然你可能不會親身經歷自然發生的祖先接觸，但可能會發現自己在支持著其他有這種經驗的人。例如，各種健康專業人士都可能接觸到孩童、臨終者、處於意識改變狀態的人，以及敬拜祖先傳統的奉行者。當某人向你透露此類經驗，你越樂於提供支持與敞開心胸，對他們就越有幫助。

練習 2

你跟祖先接觸的經驗是什麼？

- **意圖**：自己私下或與朋友思考你已經與祖先連結的方式。
- **你需要什麼**：一本日誌、可以談論的對象，或某種可表達你思考的方式。

給你自己充足的空間去思考每一組問題，也要偶爾暫停，留出空間給感覺、直覺與洞見。這個思考與「盤點」的過程，是與祖先進行任何後續接觸的基本工。

自然發生的祖先接觸

- **你是否曾夢過亡者，並好像與他們有接觸**？若是，是什麼幫助你辨別有接觸亡者的夢，與個人的、未接觸亡者的夢？那些夢境的品質是令人開心、煩惱，還是兩者皆有？
- **你是否曾感覺祖先們在透過事件吸引你的注意**？若是，他們有沒有透過某些連結來表達（例如：歌曲、動物、植物、地點）？當你感覺他們正在跟你說話，你會回應並進行對話嗎？或只是注意到而已呢？這些時刻的感覺是平靜的、惱人的，或摻雜兩者的？
- **你是否有過伴隨著祖先接觸感的瀕死經驗、嚴重意外或致死疾病**？若有，你覺得祖先們在過程中扮演的角色是什麼？你是否曾感覺祖先在保護你避開危險？有沒有任何親近的人曾跟你分享此類經驗？
- **祖先是否曾在你生活中的清醒時刻主動接觸你**？若是，你是處於意識改變的狀態？

還是意識正常的狀態？這對你來說是害怕的、安心的，還是正常的？你是否曾感覺祖先在指引你去到某個地點，或在採取某些行動影響你人生中的事件？

理解自然發生的祖先接觸的方法

- **你對於不請自來的祖先接觸的可能性感覺如何？**基本上，你可以平靜看待亡者接觸的可能性嗎？關於此事，你從家人、宗教傳統與原生文化所得到的訊息是什麼？
- **若你認為他們曾接觸你，你是如何回應的？**在最初的接觸之後，你有向他們表達更進一步接觸的開放態度、設定一個清楚的界線，或兩者都沒做？若你要求停止那種接觸，原因是什麼？若你歡迎更進一步的接觸，你曾主動進行嗎？
- **你曾跟任何人分享過與祖先接觸的經驗嗎？**若有，得到的反應如何？有需要的話，你有可以分享的朋友或導師嗎？有任何人跟你分享過此類經驗嗎？若有，你是如何回應的？
- **你有學過與亡者接觸的引導技巧嗎？**有人曾親自或透過書籍與你分享安全回應祖先接觸的方法嗎？若有，這些技巧幫助你了解如何回應自己的經驗嗎？

4 祖先敬拜與儀式

與祖先連結有很多方式，其中許多是屬於祖先敬拜的範圍。祖先敬拜指的是在更大關係網絡中，承認並尊敬人類亡者是一種重要類型之人或能量的生活與敬拜方式。祖先敬拜的傳統在萬物有靈論者、薩滿教徒與原住民社群中特別普遍。例如基督教與佛教（此外還有許多世俗文化）等宗教，也會對亡者的靈魂表達尊敬，即使這些團體不一定認爲自己本身是祖先敬拜的奉行者。

祖先儀式通常表示能把生者與亡者帶入一種高度接觸狀態的習俗或活動。這些儀式或典禮經常由那些有興趣且懂得某種與祖先連結之共同儀式語言的人來引導。雖然接觸自己的祖先不需要你去接受任何特定的信仰或身分，但研究已或立的祖先敬拜傳統與儀式，能讓自己在進行接觸時擁有更多對背景的理解與支持。

進行祖先儀式的常見動機

我們與祖先的連結，就如同生與死、光與影的連結。我們能做的選擇，不在於是否與他們建立關係，而是那些關係是否是有意識且互惠的。聚焦祖先的儀式是更有意識地與亡者連結，以及主張我們的利益與家庭、世界的幸福的方式。接觸祖先的理由之一，是要在我們的日常生活中得到他們更完整的支持；另一個理由則是要把支持延伸到麻煩的亡者身上。此外，祖先能在維持宗教或世俗傳統以及引導人類生命的過渡上扮演重要角色。不過，不同文化中的祖先儀式有不同的風格與形式，甚至相同傳統的奉行者之間也有所不同，此章節概述的是部分最常重複出現的類型。

尋求與維持祖先支持的儀式

充滿愛與智慧的祖先（又稱為祖先指導靈或被提昇的祖先）都希望他們在世的子孫一切順利，許多祖先儀式也都著重於把來自這些祖先的祝福、療癒與指引帶到這個次元（第六章與第九章可找到這些儀式類型的例子）。連結我們與祖先指導靈的儀式，能促進療癒並與個人天命校準。對祖先保持開放態度，也會發揮提前警告的功能，來保護生者免於不必要的困難、疾病或過早死亡。維持這些關係的儀式，會在例如凱爾特的薩溫節（Samhain）、墨西哥的亡靈節（Day of the Dead），或日本的盂蘭盆節（Obon festival）等這類節日中，扮演著重要角色。在一年的其他時候，各社群也會在通靈、附身與化身、神諭工作或占卜等等儀式中召喚祖先的指引與療癒。而在這些例行的維持儀式中，或在有危機或慶祝的時刻，便可能會招來（或喚醒，若你較喜歡這種說法的話）我們親愛的祖先。召喚他們最常見的理由，或許就是想要持續關照與祖先指導靈的這份關係。

協助麻煩亡者的儀式

鬼魂、麻煩的亡者、地縛靈，以及其他尚未成爲祖先的類型，可能是生者病痛、苦惱與其他問題的根源之一，因而會有儀式來處理這些擔憂。第七與第八章詳述了在亡者靈魂尚未恢復靈性上的安好時，可以提昇與協助他們的方法。若是鬼魂執著地依附在某個地點，生者可以進行淨宅祈福與其他儀式來處理這種煩惱。這些儀式也能幫助亡者靈魂加入充滿愛的祖先行列。

在狀況較極端時，當麻煩的亡者把自己依附在某個生者身上而非某個特定地點，就可能需要舉行一次完整的驅魔，來解開亡者靈魂與生者的糾結。在這之後通常會接著進行一個讓亡者完成過渡的儀式，必要時可能要淨化與修復生者當事人的能量體。基督教、伊斯蘭教、印度教與其他許多傳統裡的驅魔方法一般都承認，常見的麻煩靈魂之一，或許就是人類的鬼魂。像是傳統中國文化中餓鬼節之類的共同儀式，就是試圖透過紀念、祭品、祈禱與其他習俗，將關懷與慈悲傳遞給那些較不平和的亡者。

與世系和地方祖先一起進行的儀式

我對血緣與家族的重視，使我認爲與非家族祖先的互動，在儀式上是有區別的。然而，有些人可能認爲家族祖先、靈性世系祖先與地方祖先的區別，是模糊或甚至無關緊要的。

大多數宗教都有某種靈性世系的元素，這種世系不一定是基於血親祖先（例如：佛教的法脈傳承、伊斯蘭教蘇菲教派的傳承鏈、印度教的古魯傳承）。這些祖先活出了該傳統的教導。在定期的靈性修行以及重要的過渡與入門儀式中，他們可能會受到召喚。相較於宗教認同，世系也更可能圍繞在職業上，例如，木雕師需要從知名木雕家身上得到靈感；科學家可能夢見死去科學家的造訪；還有在世的領導人可能感覺自己是一連串前任領導人中的一員，他們如今大都是祖先顧問。（要了解敬拜靈性與職業世系祖先的儀式，請見第十一章）

地方祖先包括曾居住並死在某一特定地區之任何人的靈魂。即使這些祖先在血緣或文化上沒有關聯，也會因爲與土地的親近和關係而產生關聯。墓園與墓地是自然就能接觸地方祖先的地方。舉例來說，在舊金山灣區，地方祖先包括加州印第安民族（例如：歐隆族〔Ohlone〕、海岸米沃克族〔Coast Miwok〕、海灣米沃克族〔Bay Miwok〕、瓦波族〔Mishewal Wappo〕），此外還有西班牙人、俄羅斯人、英國人、非洲人、亞洲人與其他過去兩百五十年來的移民。與此類祖先一起進行的儀式工作，可以包括尊敬地召喚曾在某地居住然後死去的人，把他們當作解決那片土地的當地醫療與其他問題的智慧泉源。也可以在曾發生歷史動亂的地方進行儀式，邀請當地祖先來參與治療與修復的行動。（在第十章分享的和平樹儀式就是一個例子，那是來自布里雅特蒙古〔Buryat Mongol〕文化的一種聚焦於地方祖先的儀式。）而且，對任何進入一個新地方、尤其是要定居或進行儀式的個人或團體來說，原住民的規矩是，鼓勵人們盡可能有意識且直接跟早期與目前的人類居民建立關係。這些規矩可能包括去找當地社群仍在世的長者，假設沒辦法，則要謙卑地直接向祖先尋求儀式的許可。至少最基本的，你必須謙卑地感謝那些早期人類居民的靈魂。

生命過渡儀式

生命過渡包括出生、成年禮、結婚、轉變為老年人，以及死亡。幾乎所有文化都會用儀式來對這些過渡表達感謝。人們會召喚祖先來祝福或主持這些過渡儀式，因為每一種過渡都是某種共同狀態象徵性的（或真實的）死亡與改變。孩童是剛剛從看不見的世界或祖先那邊來到世間的生命，就這件事本身而言，跟誕生有關的祝福可能包括一場公告新生兒從祖先領域進入這個物質次元的儀式。婚姻則是一種拉近兩個世系關係的行動，若那對夫妻或家人有諮詢雙方祖先並獲得他們的祝福，這份結合會進行得比較順利。死亡或許是最普遍會進行儀式、來明確祈求祖先保佑的時刻。生者可以召喚祖先們護衛剛離世的亡者穿越死後領域，並想像或感覺亡者將與已過渡的所愛之人團聚。第十二章收錄了為臨終與剛離世亡者精心安排召喚祖先支持儀式的建議，以及把祖先的支持融入葬禮習俗的方式。

與祖先維持連結的實際做法

祖先儀式中會包括活著的人、亡者的靈魂，以及許多可能出現的其他存有。這個章節概述的是本書大多數儀式中一些最常重複出現的實際做法。在祖先敬拜的廚房裡，這些是我視爲主食的食材，他們會出現在我烹調的大部分儀式中。

祖先祭壇、神龕與神聖空間

爲祖先建立神聖空間，包括爲他們在餐桌安排一個位置，或在對他們開放的圈子裡保留一張椅子或一個空間。此外，就象徵的意義而言，這也是在告訴他們：「我們（活著的人）承認你（祖先）存在，我們也歡迎你。」這種神聖空間可能是個別或共同的，也可能是永久設置或只存在於一場儀式的期間。爲敬拜亡者而永久存在的共同空間，包括墓園與任何環繞某個名人祖先遺體而出現的神聖空間（例如在沙烏地阿拉伯麥地那〔Medina〕的先知清眞寺〔al-Masjid an-Nabawi，見彩頁圖10〕，或在斯里蘭卡康提〔Kandy〕的佛牙寺❶〔Temple of the Sacred Tooth

❶佛牙寺因供奉佛陀的一顆牙齒舍利子而聞名，成為全球佛教徒朝聖的聖地之一。

Relic〕）。此外，為重要的祖先群體（例如在橫跨大西洋的奴隸交易中死亡的人、戰爭的無名死者、死於納粹大屠殺的人）建造的紀念建築，也可作為安置或懷念祖先的地方（見第十章）。

在個人或家庭層面，祖先神龕或許是像一個密閉小櫃子裡一層特別的架子那樣樸素，也可能是如一個獨立的儀式房間或建築那般精美。儀式上來說，家庭神龕可作為與家族祖先溝通的一個焦點，以及他們存在於日常生活中的一種提醒。以我個人來說，我已照料一張小桌子大小的祖先神龕超過十年。我的祭壇上有像是火、香、花與水之類的祭品；祝福包與祖先翁剛（ongons）（更多相關內容請見第六章一五二頁）；一些占卜工具（例如：塔羅卡、盧恩符文、殼甲）；樂器；以及其他各式各樣的療癒藥品。若你決定要把某個空間用來敬拜你的祖先，盡量避免把神龕放在你的臥房；如果你沒有其他選擇，就試著設法在睡覺時限制那股能量（例如：一個可以關上的櫃子、在神龕上蓋一塊布）。若你有亡者的照片，我個人只建議在下列條件下才把他們放在你的祭壇上：你知道那些祖先在靈性上很健康、那些照片裡沒有生者，而且你的祖先說想把他們的照片放在神龕上。最後，對於什麼東西會啓發你與充滿愛的祖先連結，則要相信你自己的指引與直覺。

至於社群儀式，其必要性經常會激發創意，且會受到當時可取得的材料影響。在我曾參與的儀式中，我們曾使用一張簡單的桌子，或一小塊鋪著亡者圖像的土地，加上蠟燭、香、祭品與其他神聖物品，當作祖先的敬拜之地。在大自然中，特別的樹木、石頭，或其他特殊的天然構成物，可以給好幾個世代當作回溯過去的現成神龕——或只用於一個下午。在任何情況下，原則都是一樣的：生者告訴祖先他們是受到歡迎的，以及他們仍繼續活在這個次元與表達他們的想法。

啓發人心的演說、祈禱、祈請與歌曲

沒有賓客出現的宴會不算是宴會，因此有效的祖先儀式，需要亡者的靈魂以某種形式參與。最基本的程度是，只要請求他們在場就夠了。即使我沒有神龕，也沒有任何實質的東西可供奉給他們，但只要我直接開始跟祖先說話，告訴他們我有多愛他們、若能請到他們來加入我的儀式該有多好，這眞誠的邀請就能大幅增加他們到來的機會。當感覺到他們的精神與我同在，或甚至當他們只是如記憶般存在於我的意識領域，我就能以一種自然且受到啓發的方式大聲說話。（當然必須記住身邊聽到我與亡者說話的人對我的反應。）

涉及祖先的祈禱可能包括讚美與感激的語句，以及特定的請求。有些祈請是遵循某種說出世系祖先名字的既定模式，也可能包括傳統、公式化的呼喚亡者方式，這些方式是一個儀式接著一個儀式、一代接一代地被重複使用著。爲祖先創作的歌曲與唱誦也有相同的潛在意圖。歌曲會召喚他們出現，並可作爲一種直接的祈禱，或只是增加與親愛的亡者間的親密感與連結。許多傳統有大量敬拜祖先的歌曲。包括我在內的許多奉行者都相信，祖先會回應情感的能量與眞誠的意圖。因此，耳熟能詳的歌曲、亡者可能知道的歌曲，以及眞心即興的聲音表達，都能打開與祖先連結的管道。

實質而美麗的祭品

供奉祭品的重點在於互惠與紀念的精神：我們透過給予，以感謝生命的恩賜，並確保祖先的支持是持續流暢的。許多文化都會用食物與飲料來敬拜祖先，無論是透過精心製作的盛宴，或只是把飲料倒一點點到土地上作爲奠酒。其他傳統祭品還包括：蠟燭、香、花、石頭、貝殼、灰、花粉、種子、籃子、骨頭、現金、照片、美麗的布，與其他手工創作。對祖先敬拜有既定做法的文化傳統，經常在能加強與祖先接觸的地方擺放祭品，例如個人祭壇、社區紀念碑、死亡地點（例如路邊的神龕）或埋葬地。較不實質的祭品可以包括歌曲、故事、詩、祈禱、受到激勵的行動、誓詞、儀式表演、用心的服務行爲、慈善捐獻，或任何其他表達美、愛與尊敬的舉動。與給生者的禮物一樣，給祖先的祭品也經常包含某種形式的解釋、個人分享，或對亡者說話的其他方式。

我邀請團體儀式參與者向祖先獻祭的一個特定方式，是透過南美洲的「祝福包」習俗。祝福包的儀式源自於祕魯、厄瓜多與玻利維亞安地斯山脈地區說奎楚亞（Quechua）語的原住民族，其包含了誠心的祈禱與分層堆放在祝福包裡的豐盛祭品，並透過把祝福包放在聖火中燃燒將之傳送給靈魂。祝福包儀式的意圖可以很多樣化，根據我使用祖先祝福包的經驗，與祖先以及爲祖先進行的特定祈禱，再結合滋養的祭品與儀式性的美好，似乎特別受到親愛亡者的歡迎。可能的話，在你的儀式工作中多使用當地的、體貼的，以及具環保生態性的祭品（見彩頁圖2～5）。

透過冥想、催眠與直覺的溝通

如第三章所述，生者會在事先沒有接觸意圖、也沒有與亡者說話的背景之下，隨時經歷到與亡者靈魂的直接接觸。與其等待祖先來接近我們，奉行者有時會試圖用各種不同方式與他們接觸，任何一種方式都可以與前文探討的儀式元素結合。我們的策略包括把心與頭腦靜下來，以激發意識的轉換，如此能讓我們更清楚聽見祖先靈魂的聲音。能幫助這種轉換的實際做法有冥想、沉思、靈視探尋（vision quest）❷、禁食、閉關，以及其他移除外在干擾的方法。感官超載（sensory overload）也能達到類似的目的。偏向狂喜的實際做法包括聲波旅行（sonic driving）❸（例如鼓聲、搖鈴聲）、激烈的歌曲與舞蹈、心理與身體的嚴峻考驗，以及有意圖地使用精神活

---

❷一種美國原住民的成年儀式。「vision quest」只是英文的概括說法，各原住民文化有他們自己的用語。這種儀式通常是一連串由長老帶領的典禮組成，過程包括四天四夜完全禁食，獨自在由長老挑選的大自然神聖地點度過。儀式進行期間，年輕人會向神靈祈禱呼求，他們可能出現靈視，幫助他們找到自己的人生使命、在社群裡應該扮演的角色，以及服務人群的最佳方法。

❸薩滿用來進入出神狀態的方法之一，利用一些重複的韻律，來誘發意識改變狀態。

性物質①（psychoactive substances）。

我建議可以試驗不同的做法，以更了解你最強的天生感知管道——以及那些有益於更進一步發展的做法。以我爲例，我天生就是視覺型的人，而且相當擅長做夢，有適度的同理心，我也常透過某種「直接知曉」獲得資訊，若是不小心，我可能會忽略那種知曉，只把他們當成胡思亂想。透過努力與練習，我已培養出讓頭腦安靜下來的能力，並且把我的身體當作另一個直覺管道，更完整地獲取他的智慧。

能固定與祖先連結的人，會比較容易投入於注意力的轉換，同時在他們與亡者交談時維持意識的正常狀態。通靈者、靈媒與擁有多年經驗的人經常說，與靈魂接觸時，他們的基本的意識很少改變、甚至沒有改變。就像我不需要進入很深的出神狀態才能跟朋友講電話，我也不一定要處於意識改變的狀態，才能與我的祖先談話。要到這個程度，實際的做法只是長期去留意、測試與信任連結的清晰度——然後，在那一刻，只要拿起話筒接聽與說話。具直覺力的身兼多職者，可以一邊與祖先進行沉默的對話，一邊與生者談論世俗的話題。具備這種能力的人，通常偏愛較簡單、較不拘泥形式的儀式風格。

占卜、夢工作②與解讀跡象

圖1：瑞典烏普薩拉（Uppsala）維京聖地的古墓塚，是紀念亡者的一種古老建築形式，整個歐洲、美洲、亞洲與部分非洲地區都可以找到。

圖2：祝福包是安地斯地區奎丘語民族共有的祭典形式，可根據各種儀式目的加以調整。這個在科羅拉多州尼德蘭（Nederland）製作、以祖先為焦點的祝福包，是用白楊來當作肯塔斯（kintus，用來承載參與者的祝福禱告的樹葉）。

圖3：這個供養祖先的祝福包，是於北卡羅萊納州艾許維爾（Asheville）舉行的祖先療癒應用師訓練課程中，由學員精心製作而成。

圖 4：為祖先進行的祝福包祭典可以涵蓋當地植物、要敬拜的世系所熟悉的供品，以及安地斯地區的傳統食材。在這場於加州柏克萊舉行的祖先訓練課程中，東亞世系的不同學員們受到某種感動，於是加入了柑橘與金紙作為供品。

圖5：猶太傳統的祖先敬拜包括了儀式化的哀傷、朗誦哀悼祈禱文（Kaddish）、點一根忌辰（yahrzeit）紀念蠟燭，以及前往摯愛亡者的墓地朝拜。這場獻祭與禱告只使用猶太傳統熟知的要素。

圖6：西非約魯巴語地區與鄰近文化知名的「艾貢貢」，祖先靈媒必須把全身從頭到腳包覆起來。他們提供的方式，讓亡者可持續連結生者的事物。

圖7：在奈及利亞歐德雷莫的艾貢貢祖先靈媒。

圖8：泰國拉差汶里（Ratchaburi）華人墓園的掃墓習俗，涵蓋了供品、真誠的對話，以及與祖先共度的美好時光。

圖9：香港石澳太平清醮中的祖先供品。

圖10：位於沙烏地阿拉伯麥地那的穆罕默德之墓，是規模更大之先知清真寺的一部分，也是全世界一億六千萬穆斯林心目中最崇高的聖地之一。

圖11：靠近華盛頓特區的阿靈頓國家公墓裡的無名戰士墓，是以幾位身分不明的軍人遺體作為焦點，來紀念數千名死於戰爭的無名祖先。守墓衛兵一天二十四小時、一週七天都駐紮在此聖地。

圖12：墨西哥的亡靈節（Dia de los Muertos）結合了基督教之前的祖先敬拜傳統與天主教的諸聖節（All Saints' Day），其中可能涵蓋設立祖先聖壇、供奉祭品，以及造訪摯愛的墳墓。

圖13：一九九四年，超過八十萬名盧安達人在一百天內遭到殺害。納塔拉馬天主教堂（Ntarama Catholic Church）就是五千人遭到屠殺的地點。

圖14：在峇里島人的火化儀式當中，焚燒亡者之前會把他放在石棺內，一般會做成公牛或寺廟的形狀。

圖15：羅馬尼亞色奔撒村（Sapanta）的歡樂墓園（Merry Cemetery），呈現了美與藝術性也能在紀念亡者上扮演重要的角色。

圖14：許多文化都會認定某些樹木是可以跟靈界與祖先搭建連結的地方。這裡神聖之樹便矗立在西伯利亞靠近貝加爾湖（Lake Baikal）岸邊。

圖17：東京靖國神社在仲夏的御魂祭（Mitama Festival）期間，會點燃三萬個燈籠來敬拜祖先。有超過兩百萬位神道教的神（kami）被供奉在靖國神社，包括將近四千名在二次大戰時身亡的神風特攻隊飛行員。（圖片來源：植木隆， Wikimedia Commons）

圖18 19：靠近捷克庫特納霍拉（Kutna Hora）鎮的人骨教堂（Sedlec Ossuary）存放著四萬到七萬人的遺骸。這在墓地不足的地方很常見，歐洲有些人骨教堂就是為了死於一次世界大戰戰場上數以千萬計身分不明亡者而建造的。

占卜可能有各種意義。有些人把這個詞用在任何向靈魂盟友諮詢的過程，有些人則把占卜與預測未來聯想在一起。還有一些人認爲，占卜是個精心設計的符號系統，目的是診斷與治療各種人生的挑戰。祖先們則可以用其中任何一種方式來表達。無論如何，我們可以與亡者透過具有文化預定意義的符號溝通，包括既成的占卜系統。舉例來說，要詢問「是／否」的問題，西非的約魯巴語伊法／奧麗莎傳統奉行者與非裔移民經常使用四瓣可樂果（一種含有咖啡因的堅果）的切片或某種替代物（例如椰子殼或瑪瑙貝的碎片）。當占卜者決定某個問題最好由祖先來指引，在請求他們降臨並釐清問題之後，占卜者便丟擲可樂果的四瓣切片或其替代物，一般會得到一至五種可能的結果（全部朝上、全部朝下，或三種混合組合中的一種）。有些結果或投擲數會被解讀爲代表「是」，其他的則是代表「否」。其他較常見的「是／否」占卜法的例子有：投擲硬幣、靈擺、某些石頭、骨頭或牌卡系統，以及拔花瓣（「她愛我，她不愛我」）。

多數占卜系統牽涉的都是比「是／否」問題要複雜得多的事，而更詳盡的做法可能包含祈

---

①改變意識的物質對儀式工作或祖先接觸並非必要。除了在法律與健康上的風險之外，宗教致幻劑、致幻植物與類似物質，對某些性格的人與環境來說不是個好選擇。

②關於夢的釋義、解析與多面向的應用範疇，統稱為「夢工作」（dreamwork）。

請、祈禱、祭品、神龕，以及自然發生的祖先接觸。舉例來說，塔羅牌有七十八張卡，易經有六十四卦，北歐神諭有常用的二十四個盧恩符文。來自中美洲的馬雅、阿茲特克與其他原住民傳統則使用複雜的日期記錄與宇宙秩序系統，有些有兩百六十個（十三×二十）主要的能量行星印記。伊法/奧麗莎系統是運用兩百六十五個（十六×十六）不同的能量模式或結果。每一種系統都有與祖先更強烈連結的某種模式。當這些能量體說話，就要由占卜者去理解祖先想傳達的意思。

夢也可能引發豐富的解讀方式與儀式。榮格與其他深層心理學家都認同原住民長老的看法，認為我們可以培養夢境，以成為得到洞見以及與祖先直接溝通的有效方法。除了學習在象徵意義的層面上解讀夢境之外，有些教師會鼓勵培養做「清醒夢」（在夢境中能意識到自己在做夢）的能力，以及實踐在夢中與祖先或指導靈相遇的做法。出現亡者的夢能用來確認在清醒時進行的儀式工作、注意到清醒時需要去處理的要事，或單純作為另一種形式的祖先接觸。

正如在第三章所提及的，祖先可能會透過不請自來的同步性（即含有亡者存在感之充滿意義的事件）來說話。在夢工作中使用的相同技巧也適用於解讀這些跡象與事件。想尋求祖先接觸的人，可透過在某些時間或地點加強「我彷彿是在做夢」的意識，讓自己在意識清醒的時候更能利用此類的同步性，因為儀式空間原本就會吸引此類充滿意義的事件。舉例來說，荒野或靈視探尋在北美洲越來越風行，那通常包括在大自然裡獨自閉關好幾天，還要經歷幾個階段的禁食、禁水，以及（或）禁止與人接觸。在探尋期間，像是偶遇動物、天氣，或其他大自然動靜之類的事件，經常會呈現出顯著的意義。當一名探尋者想到某位已逝的家庭成員，一根落下的樹枝或一隻出現的鳥兒，或許就是讓那位祖先表達他的存在、並展開一場具啓發性對話的方式。造訪對祖先來說有特別意義的地方（例如埋葬地、之前的住所、聖地）、投注時間在家人身上，以及與家庭成員生死相關的事件，都更可能吸引祖先的接觸。若一個人以一種較輕鬆且允許與祖先進行象徵性溝通的方式去留意，則任何時刻都能直接而親密地與祖先接觸。這種在清醒時的事件中解讀靈魂之蛛絲馬跡與祖先之存在的能力，得要經過多年的儀式、夢工作與內省，才能慢慢培養出來。

練習 3

與祖先展開接觸的儀式

- **意圖**：獻上儀式，以感謝祖先並邀請他們跟你進行更有意識的接觸。
- **你需要什麼**：一個安靜的空間，以及任何能幫助你與祖先連結的東西。

設定儀式的動機

跟任何儀式一樣，**釐清你的動機**非常重要，且會形塑接下來發生的一切。既然如此，我建議這麼設定：以在此時對你有幫助的強度，與充滿愛與樂於支持的家族祖先展開有意識的接觸。若你感覺已與祖先接觸，可以把動機更改成更新你們的關係，以及邀請他們的持續支持與指引。我建議對這種來自近代或較遙遠祖先（或兩者皆有）的接觸保持開放；然而，還是要很清楚，你在此時只尋求來自有愛心與有益之祖先的接觸。

設定好儀式的動機之後，我通常會遵循一個能協助自然發生、創意與靈魂接觸的**基本進程**或計畫。對這個儀式，我的建議如下：

1. 選擇一個神聖空間。
2. 直接跟你充滿愛與樂於支持的祖先說話。
3. 獻上供品。
4. 花點時間處於開放、接受的意識中。
5. 結束儀式。

你可以在專注的半小時內完成這個進程，或延長到半天。你可以獨自或與家人和朋友一起獻上這個儀式。

展開接觸

1. **選擇一個神聖空間**——在大自然中的一處安靜地點，或某個在你家中或附近的乾淨、私密、寧靜之處。若你已經有個敬拜祖先的地方，可以把儀式集中在那裡進行；若沒有，你選擇的空間不需要成爲永久的祖先神龕。那裡可以只是用來作爲在儀式進行期間的一個聚焦點。你可以用一塊彩色的布、蠟燭、盛水的杯子、香，或一顆特別的石頭來構成一個簡單祭壇的基礎。你也可以加上祖先的照片，但若你不確定照片裡的祖先在靈性上是安好的，此部份省略就好。
2. **把身體及情緒的意義拉回**。方法包括冥想、個人祈禱或隨性的身體擺動，或者只是暫停一下回想你的動機。等你覺得準備好的時候，**直接與你充滿愛與樂於支持的祖先說話**，盡可能大聲，必要的話就小聲地說。若你不確定近代祖先在靈性上是健康的，就只呼喚較古老的世代祖先（他們的名字現在已被遺忘）。接著介紹你自己，然後誠懇地說出你尋求他們幫助的原因。你可能會想邀請他們在你與家人的生活中提供支持、請他們幫助療癒家族的困擾，或協助剛離世的亡者提昇。或者你只是爲了與祖先建立關係和親密感而希望認識他們。你的祈請可以包括即興歌唱、發出特定音調或吟誦，持續到你覺得完成或感覺他們已聽到你的呼喚爲止。

3. 現在與祖先一起，在你剛建立的祭壇空間或附近**獻上祭品**。常見的祭品包括任何你相信他們會喜歡的食物或飲料、花、香、個人的藝術作品或工藝品，以及自然界的物品。可以在祈禱之前、一場儀式進行中間或快結束的時候獻上祭品。依此特定順序，你就是先祈求祖先，再做出善意與誠懇的舉動。展示祭品時，你可以分享帶這些東西過來的原因。要記得，一杯發自內心獻上的水，會比爲了儀式所做出、但卻缺乏情感連結的精緻餐點更具影響力。

4. 獻上祭品之後，**花點時間處於接受且開放的意識中**。這可以包括閉上眼睛躺在地上五分鐘、進行某種創作半小時，或獨自身處大自然一個下午。重點在於採取開放與好奇的心態，允許任何來自祖先的回應。若靜定對你來說是個較新的實修法，我建議可以花一點時間什麼也不做，只做白日夢，同時溫柔地聆聽你的直覺。若有訊息出現，可以記下他們以供日後回顧。

5. 當你覺得完成的時候，用簡單的祈禱、感謝或認可，來**結束儀式**。這個步驟可以包括熄滅蠟燭，或將所有自然的、可生物分解的祭品歸還大地。若你有個固定的神龕，可以把祭品放在那裡幾天，或直到你感覺他們已完成任務，如果可以，再把他們回歸土地。在儀式後的數天或數週之內，對來自祖先的進一步溝通——透過夢、同步性與其他各種接觸，保持開放。有時候一場儀式或許看似相當簡單，卻能啟動未來幾年出現在我們生活中的能量。

【第二部】

療癒世系與家族祖先

第二部所介紹的架構和練習，是在支援與愛及智慧的祖先直接的合作，來幫助個人、家族及世系的療癒。在第二部中，我將邀請你：

- 問候祖先指導靈與其他已被提昇的祖先
- 練習轉化祖先的包袱與取回祖先的禮物
- 試著在情感上療癒與原諒你的祖先
- 協助尚未安息的亡者加入充滿愛的祖先行列
- 為在世的家人祈禱，同時使祖先指導靈的支持落實

本書中間三分之一的部分，是一本與祖先以及麻煩的亡者直接且安全連結的指導手冊。請閱讀第二部的所有內容（第五章至第九章），並看看你自己的直覺如何反應，再開始世系修復的工作或嘗試那些練習。若你真的選擇用這個方法工作，請慢慢來、腳踏實地，並在需要的時候尋求幫助。若有所懷疑，只要把焦點放在與你充滿愛與智慧的祖先連結就好。

5 家族研究與啓動祖先療癒

在直接與祖先靈魂互動之前，先蒐集已知的家族歷史會很有幫助。第一步可從在世的家庭成員、族譜研究與（或）個人想法中開始蒐集資料。用任何可取得的知識作爲基礎，之後你就能利用直覺去判定主要四條血脈祖先們的靈性健康狀態。到那時，你就可以選擇要把世系修復工作的焦點放在哪裡。

蒐集人們記得的事

首先，評估你目前對家人與祖先的經驗與知識。你對他們的感覺如何？（若你還不確定的話，請見七十頁的練習一。）你了解你親族的文化、技能與習俗嗎？你了解什麼事在你的家族裡是行不通的嗎？

西方心理學與神經科學教導我們，早年的深刻記憶會導致可能持續一生的人格模式。透過思考你的關係與家族動態，就能深刻有力地了解你所繼承的天賦與挑戰。要記住：當你採取行動去療癒任何祖先具傷害性的遺留（包括你個人生活中的模式），你就是在榮耀祖先，也可望爲自己帶來更多幸福。

準備好開始你的研究了嗎？可以著手的方式很多。首先，尋找關於你在世家人與祖先的資訊。這可以包括：他們的全名（包括女性婚前的姓名）、出生與死亡日期、照片、信件、故事、剪報、法院紀錄、家族象徵或傳說，以及所繼承的物品。獲得這種資訊最好的方法，就是與家族成員交談，並做一些基本的族譜研究。這過程可能要花很多年，但卻不需要任何特別的技巧；要開始做這件事，你需要的只有想更了解自己與家族的真誠渴望。

與在世的家人互動

你若有即將離世的長輩，現在正是向他們詢問祖先之事的時刻。可惜的是，我的外祖父母與祖父都在我對家族歷史感興趣之前就過世了。有好幾次，我的外祖母曾在夢中試圖給我看一張她母親的黑白照片（我至今仍無法在夢醒後的生活中找到任何同樣的圖片）。我的祖母於二〇〇八年過世前，一直是我獲取她與我祖父親族知識的絕佳來源。與她長時間的談話使我開始踏上一條八年的族譜與家族研究之路，其中包括與我祖父母的手足和其他親戚相見、造訪墓園，以及大量的線上研究。這過程最後成就了一本自費出版的書，透過那本書，我分享了我所得知關於親族的事。

我很幸運，有在世的家人支持我的研究。但有時詢問家族歷史也可能激起家人們的防衛反應，或想保護年輕世代免於承受過去的痛苦。此外，領養、因性暴力導致的懷孕、親生父母之一是精子或卵子捐贈者，或者其他各種造成世系中斷的原因，也會造成人們無法直接詢問親戚有關祖先的事。

若你的親戚已經實行某種形式的祖先敬拜，要恭敬地接近那些已經與祖先一起工作的人，看看他們在做什麼，以及他們是否開放合作。其他的在世家族成員也可能聲稱自己在為祖先說話，他們的看法也值得考慮。有機會的話，提議與他們一起祈禱與舉行慶祝儀式。我發現以下指導方針在與家人談話時很有幫助：

- **尊重在世家人的界線與要求**。若帶著敬意去找他們，親戚們通常願意分享對家族歷史的個人經驗與知識。然而，有些人會沒興趣或不相信跟亡者談話這回事。若家族成員不想聽到關於這個主題的事，尊重他們的要求。若你覺得把來自祖先的訊息傳遞給他們很重要，你可以把那個訊息用「我夢到了……」的方式去表達（例如：「我夢到某某人要我告訴你……」）。
- **找到其他家人**。有時，姑姑、嬸嬸、阿姨、伯母、叔伯、舅舅、表親與祖父母們是擁有豐富知識且樂意幫忙的。他們也能提供對較年長世代的某種新觀點，像兄弟姊妹可能對同樣的父母有完全不同的記憶。
- **盡可能面對面接觸**。面對面接觸能允許較深入而微妙的討論。去找家族長輩時，一份簡單的禮物有助於開啓對話。一定要重視你的個人安全，以及感知到其他新的家族成員的文化差異。

- **記下家族成員的全名**；出生、死亡與結婚日期；埋葬地點與所有人生故事。眞實的資訊可作爲骨架，故事與意義就是掛於其上的血肉。若仔細檢視，看似枯燥的事實也能顯露關係模式、家族天賦與豐富的故事。仔細記錄你得知的事，包括所有照片的副本，並爲你自己與未來世代另外保留一份這些資料的副本。若你爲現有的家族知識增加了新資訊，可考慮跟有興趣的親戚分享。
- **追查線索與同步性**。進行家族研究的過程中，出現意外的同步性與線索將是無法避免的。要對「追查這些線索」以及「接收夢境和清醒時事件的指引」保持開放。
- **留足夠的時間去整合情緒與照顧自己**。當我們開始去認識其他家人與研究祖先時，可能會發現需要在情緒與精神上花時間去整合密密麻麻的資訊。對自己要仁慈、有耐心，分階段展開過程，並且一定要從尊重、正面與健康的出發點，去從事研究以及與家人互動。
- **在研究中邀請充滿愛的祖先支持**。可考慮獻上簡單的祈禱與供品，邀請你充滿活力的祖先們的支持（請見九十七頁練習三的建議）。請求他們在對的時候、以對的方式，並爲了所有相關人士的最高福祉，讓你看見你需要知道的事。

使用線上與專業資源

族譜研究已蓬勃發展爲歷史研究的一門獨立學科。雖然美國的族譜研究在歷史上偏重於歐洲裔美國男性與摩門教家庭，但目前也有大量且可取得更多歷史紀錄的資料庫（經常是免費），是針對母系血統與有著非歐洲人祖先的個人。也因此即便我的祖先是早期歐裔美國移民，我已能回溯大部分的血緣到一七〇〇年代，其中幾個世系還能回溯到在那之前的好幾個世紀。而我一八五〇年代之前的家族祖先資料來源，也幾乎全都是從免費的線上資料庫中找到的。

若你在世的親戚是不安全或有問題的，或者會在其他方面妨礙你的探索，線上研究能提供一個繞過他們的方式。只要記得，在使用線上資料庫時，正確度可能差異很大，因爲不可能總是有辦法證實主要的來源。可考慮交叉參考其他資料庫中的名字，注意他們的參考文獻，如果可以，也把主要來源涵蓋進來。

長期蒐集資訊下來，你對家族祖先的認識可能比任何其他在世的人還要多。這些知識能授予你某種家族記憶守護者的地位——若你比許多親戚年輕的話，這可能是個尷尬的角色。你也可能因大量資訊而感到無法招架。我在進行研究的時候，發現每隔一或兩年把我蒐集來的資訊（例如：全名、出生與死亡日期）整理在一大張紙或一張海報板上，會很有幫助。而用視覺方式呈現姓名最常見的方式稱爲家譜（見一一二頁）。

以個人而言，我偏愛用曼陀羅、時輪或其他放射性對稱方式，來組織從族譜研究中得到的寶藏，因爲這種幾何圖形意味著不同血緣的重要性是一致的。一一三頁所列舉的曼陀羅圖，就包含了放上八位曾祖父母的姓名的空間。若你的祖父母仍在世，就不用把他們的名字放在祖先圖表上。若你的父母已過世，可以把他們的名字加在小的世代環中，是位於中心的你與四大方位的四位祖父母之間。這個結構也能幫助那些之前就有敬拜四大方位與元素之習俗的人，建立新的聯想與連結（見二四五頁的練習十一）。

即使你在研究上遇到困難，也別氣餒。永遠無法遇見或得知親生父母姓名的人，仍可以和祖先享有深刻且轉化的關係。祖先會透過我們的骨頭與體內每個細胞中的DNA來表達，而只要你是物質界的化身，就與他們有著不可分離的連結。如今，現代的基因科技爲祖先研究提供了第三條康莊大道：DNA檢測。有幾種相當昂貴的檢測能提供有用的資訊，特別是在母系與父系的直系血統上（分別使用粒線體DNA與Y-DNA檢測）。

直接與你的祖先合作前的考慮事項

下一步就是直接與你的祖先們互動（意思是：我要在此邀請你開始跟亡者說話，並聆聽他們的回應），因爲大多數讀者跟我一樣，可能不曾從小就接受過從容應對靈魂的訓練，因此我收錄了我認爲在這個領域很有用的六項重要技巧與提醒。

建立並尊重個人的界線

「個人界線」在關係中是必要的，即使是在與祖先一起進行的儀式工作中也不例外；此基本前提是，祖先們跟我們是一樣眞實的，因此我們必須尊重他們的實相與空間，而非把我們的身分強加到他們身上。建立適當的界線能預防來自麻煩亡者的能量入侵，同時也讓你有能力拒絕充滿愛的祖先邀請你與他們融合。我們若要保留對自己個人空間與身體（物質上與能量上）的全部選擇權，就必須有能力向祖先們對我們的請求說「不」；而當我們對他們提出問題或請求時，也要對聽到「不」的回答採取開放態度。如同在所有關係中一樣，拒絕祖先們的邀請，可能對彼此的信任與親密度產生不良後果。然而，重要的是要知道我們有所選擇。相對地，關於我們自己的計畫，也要認可他們的選擇。

多數我遇過的傳統奉行者都一致認爲，模糊自己與祖先的區別並不恰當也不可取。或許這在一個有明顯開始與結束的儀式環境中是個例外，但與祖先有長期關係的人，也要爲自己的行爲負起百分之百的責任。「祖先要我這麼做」或「當某事發生的時候我是被祖先附身的」不是藉口，也不能減少個人的責任。若你對該在哪裡結束、祖先又該在哪裡開始感到困惑，這些模糊的界線就可能帶來麻煩，也可能代表你在接觸祖先之前，需要進行更多自省、實際與內在的工作。

我們透過許多感知管道（例如：視覺、聽覺、觸覺、味覺、移情覺知、直覺）來接收資訊與發展關係，與非物質的存有連結時也是一樣。我們所偏愛的管道，大多取決於個人的作風與性格，而某些習慣或作風可能需要額外的關注。特別的是，高直覺者的共同特徵之一，是其個人界線是鬆散或開放的——若你符合這個描述，在展開與祖先的工作之前，理想的狀況是要學會用別

圖 5.1　家譜圖表

你可以加入出生、結婚、死亡等日期與地點。

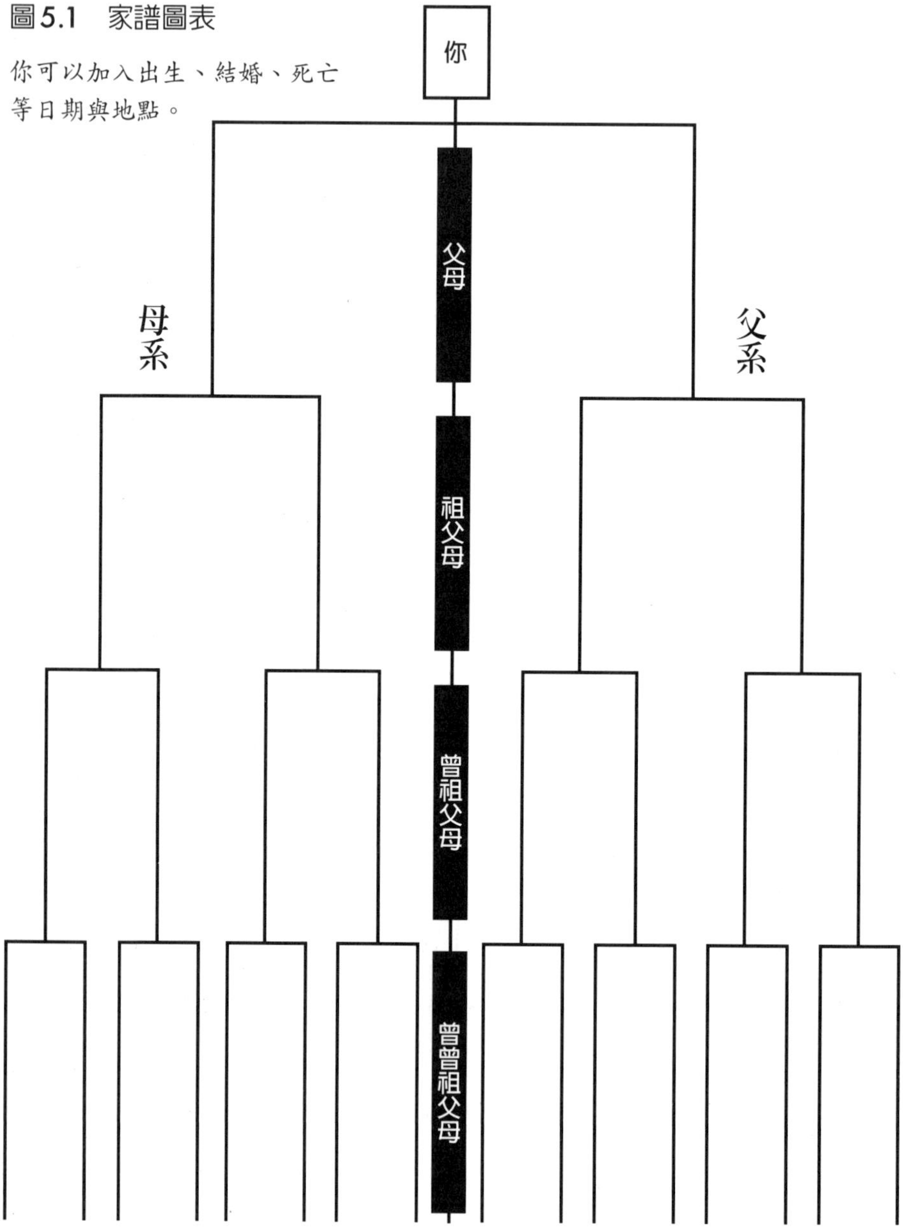

圖5.2　家譜曼陀羅

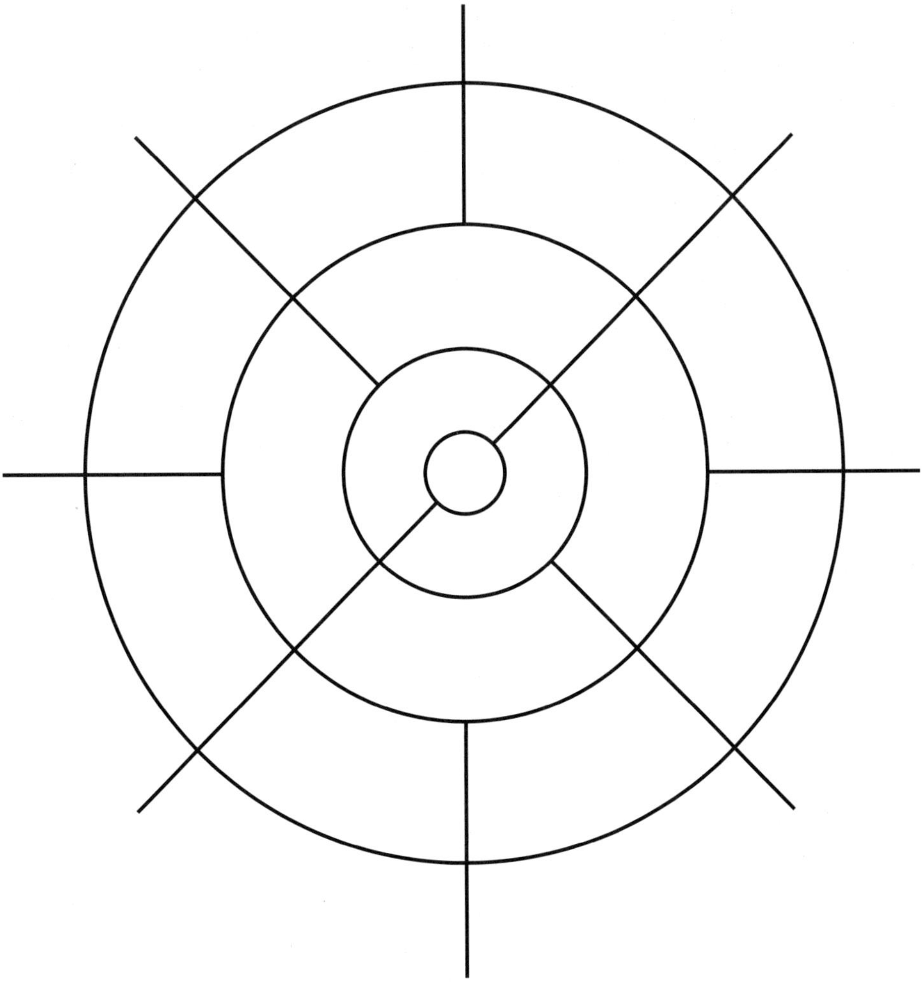

種方法來取得直覺的資訊，那一樣有效，但較可控制且確認界線。如我們已知的，並非所有亡者在靈性上都同樣安好。把問候你的祖先想成像是去認識森林裡的菇類，吃掉任何你發現的菇類，會獲致直接而深入的認識，但也可能獲致快速而痛苦的死亡。

我們在與活生生的人類和靈魂這兩者的新關係中，可以用來建立界線的一個工具，是想像一道介於自己與他們之間的保護屏障——仍然可以看見與聽見彼此，但有一道界線可以防止自己與任何可能的有害能量融合，特別是當彼此還在逐漸認識的過程中。

保持目擊的狀態

另一個相關的技巧，是保持情緒中立的狀態，即使是在所得知的內容很難令人保持情緒中立的時候。這種目擊或「看，但不接觸」的能力，跟與物質世界中的生物溝通時所需的能力是相同的，但說起來可能比做起來容易。有些常見反應，可能會讓你無法保持一種目擊意識，例如：對有害的靈魂或能量的恐懼、對目擊到的事有強烈的批判，以及感覺需要去幫忙或介入。

若你已建立適當的個人界線與清晰的意圖，也尊敬地對待靈魂，你就能大幅降低吸引有害或危險能量進入你個人領域的風險。然而，「恐懼」卻可能是一種重要提醒，告訴我們某些情況具有潛在危險。必要時，要學習謹慎，保護你自己，與靈魂脫離關係，並向可靠的朋友或向精通看不見的世界的人尋求支援。

儘管強烈的批判會危及你從事祖先工作的能力，然而這個事實並不代表你應該把識別能力丟出窗外。那只是代表你能見證某事，但沒有容忍或急著想改變他的想法。舉例來說，我很清楚就在我寫這些文字的此刻，全世界有很多人正遭到殺害，我也很清楚我個人的角色不是實際去阻止這些事情發生。這麼做會使我無法專心去試著完成我在世間短暫生命中的獨特使命。更何況，那根本就是不可能的事。

換句話說，專注在個人的責任上，將產生比狂亂地東奔西跑更好的長期效果，否則最終只會增加危機的能量。世上的壞事總是不經我們允許就發生，而就像有惡意的人一樣，也會有惡意的靈魂存在——有些剛好就是我們的祖先。無論我們最鄙視的人類行爲是什麼（例如：性暴力、出於種族或宗教的迫害、傷害兒童），先假設自己某些祖先在歷史上某個時刻曾從事過那些行爲，這是安全的做法。若你不願接受黑暗元素存在的現實或未開化的行爲形式，你可能就還沒準備好去認識你的祖先。

另一個在某些方面比批判或恐懼更潛藏危害的常見反應，是想幫忙的衝動。像這類因爲僞裝成樂意幫助他人而完全被合理化的入侵他人私人空間（無論是物質的或精神的），會是個問題。我說的不是自然而然想對他人提供關懷與愛的渴望，而是想當然耳地認爲我們是受邀幫忙的、或我們在任何特定情況下都了解眞正的協助是什麼的傲慢。想像一名醫生覺得看著人們受苦太心痛了，於是未經清楚診斷，就把強效藥物分給甚至不知道自己被開了藥的人。在祖先工作中，遇見較不平和的亡者靈魂時，人們有時會立刻跳進去爲他們進行某種能量療癒或儀式修復。雖然這在某些情況下或許會有幫助，但用不經思考的方式去干預，仍是跨越了一道界線。

若你發現自己想去幫忙或「做一些事」的傾向越來越強，可以轉而努力去增加陪伴他人受苦的能力，並再次確認你有讓古老的祖先指導靈與教師開始去對應麻煩的亡者。試著尊重所有經由儀式而遇見之存有的自主權。

避免心理崩潰

祖先與我們是分離的、但同時也是不可分的。當我們透過儀式供養與提昇他們的集體靈魂，我們也提昇了自己的意識與振動頻率。這樣一來，爲了得到療癒、圓滿與轉化，很多個人議題便會浮現。當源自好幾世代的家庭傷害或分離的糾結根源開始解開，有些人會重新經歷過去的創傷，或對過去的創傷感受更劇烈。這可能會是件嚴重的事，但只要你有充分的心理支持與韌性，或許就有辦法以療癒與淨化、而非無益又難以承受的方式，去調整這份工作的強烈程度。當與看不見的存有一起工作而激起超出人們可以應付的強烈情緒時，就可能需要向外求援。「心理崩潰」與「不穩定」一點都不令人嚮往。若你發現自己將失去重心了，就要減少靈魂工作的分量。專注在讓你保持踏實、清醒與安住在身體中的修行中。然後，再說一次，要向外尋求可靠的幫助。

好消息是：我從過去十年幫助他人與祖先連結的經驗中，發現在生命中的任何特定時間，祖先靈魂通常只會給出人們有能力去應付的議題。

我也建議在你的工作中找到一位盟友——一位精神上的夥伴。可以的話，在世系修復過程的前期就找到某個你能談話的對象，若有需要，就去向他尋求情感與精神上的支持。這個對象可以是一位親近的家庭成員或朋友、一位精神上的導師、一位樂於支持的心理治療師或療癒師，或任何願意幫忙的長輩。在工作過程中要追蹤你個人的身心健康狀態，並記得要完全依照你自己的節奏來進行。若有機會，試著與當地敬拜祖先的團體、教師與其他奉行者連結。若你夠有福氣，在你的領域中就會有志同道合者，要對身爲健康社群的一份子保持敞開態度。

取得傳統教導

有許多社群仍維持堅定的祖先敬拜與儀式習俗。這些圈子裡的教師知道許多在培養與祖先的直接關係時所可能發生的挑戰，因爲與看不見的世界連結就是他們日常生活中的一部分。若你有辦法接近這樣可靠的長者與教師，要好好利用這種機會。不然，也可考慮對你親族的歷史文化進行研究。你的祖先如何與他們的祖先連結，有什麼已知的事？這些繼承而來的知識財富中，哪些能在今日協助你照料祖先？

即使如此，我仍要在此提出一些警告。首先，並非所有傳統祖先敬拜習俗對現代來說都是恰當的。舉例來說，跟許多人的祖先一樣，我的部分祖先是生活在活人獻祭的文化中，有時還加上儀式性地食用部分獻祭後的人體部位。如果那些習俗是你無法接受的，這也是說明爲何相信自己的判斷很重要的許多例子之一。其次，我發現靈性教師就跟其他任何人一樣容易犯錯、複雜，以及可能有道德缺失。若你眞的與某位在世的教師或社群一起工作，可以的話，請在這個社群之外保有支持的力量，也務必要維持自己的識別力、專注，以及個人的責任感。若你發現任何教師或傳統在內心和直覺上，與適合你的想法背道而馳，要運用你的識別力、尋求可靠的外部意見，以及需要的時候，離開那位教師或傳統。最後，一個人與他或她祖先的關係，原本就是很個人的事。一定要遵循你的直覺，並努力在堅守傳統與找到你獨特的表達方式和風格之間求得平衡。

保持謙卑

人們通常不認爲自己傲慢或誇大，但有些人類史上最殘暴的行爲，卻是顯化自我所謂的「祖先自我意識膨脹」，或是心理學用語中的「對祖先原始自戀（primary narcissism）的轉移」。①用較不專業的語言來說，這聽來就像「我的族人比你的族人優秀（而我只是較優秀的祖先團體中的一個謙卑成員）。」相反地，有個更錯綜複雜的態度是「你的族人比我的族人優秀（而我試圖認同你較優秀的祖先團體或獲得他們的認同）。」無論哪一種，都是個大問題。

不管是歷史上建構、還是生物學上猜測而成的一個類別，種族經常是祖先自我意識膨脹的一個因素。因種族至上的錯覺而激發的暴行包括：歐洲人對北美洲的殖民、橫跨大西洋的奴隸交易，以及二次世界大戰期間的德國與日本民族主義。光是二十世紀因種族引發的戰爭與謀殺所造成的全球死亡人數，估計可輕易超過一千萬人。除了種族之外，祖先也會形塑宗教、國家、民族與部落的身分認同，其中每一種都可能引發合理化的暴行。近幾十年來圍繞著部分這些其他因素而發生的祖先自我意識膨脹的例子包括：

- 兩伊戰爭中什葉派與遜尼派之間的緊張情勢（一九八〇至八八年，估計有一百萬人被殺）②
- 波士尼亞戰爭中基督徒與穆斯林的嫌隙（一九九二至九五年，估計有十萬人被殺）③
- 盧安達大屠殺中胡圖族與圖西族之間的種族緊張情勢（一九九四年，估計有八十至一百萬人被殺）④
- 斯里蘭卡內戰中泰米爾人與僧迦羅人之間的緊張情勢（一九八三至二〇〇九年，估計有八至十萬人被殺）⑤

① Moore, *Facing the Dragon*.
② Abrahamian, *A History of Modern Iran*.
③ BBC News, "Bosnia War Dead Figure Announced."
④ BBC News, "Rwanda: How the Genocide Happened."
⑤ ABC News, "Up to 100,000 Killed in Sri Lanka's Civil War: UN."

在這些以及其他許多例子中，一個或更多團體編造了某個鄰近團體的故事，然後就開始貶低與剝奪這些他者的人性，作爲侵略與暴行的藉口。換句話說，就是「我們的族人原本就比你們的族人優秀」。若沒有某些祖先優於其他祖先的評價，此類暴力完全是可以預防的，也不會受到什麼注意。

雖然我遇到的靈性追求者並未參與游擊戰爭或集體屠殺，但許多人確實有某種程度、大多是無意識的祖先偏愛。在美國，認同歐洲身分的人經常不重視或拒絕接受美國原住民、非洲或亞洲祖先。同樣地，有非歐洲人祖先的人也會貶低他們的歐洲背景。就個人層面來說，這代表拒絕接受自身某些感覺不符合自己文化認同的部分，而那份認同是來自一種「我的族人（我讚揚的祖先）比那些其他族人（我自己拒絕接受的血緣祖先）優秀」的信念。

我聽過一些祖先大多是歐洲人的人，拒絕接受他們的身體與文化有部分是遺傳自非洲人或美洲原住民的事實證據。同樣地，在由著名學者與教育家小亨利・路易斯・蓋茲（Henry Louis Gates Jr.）創作、極具影響力的PBS電視台影集《非裔美國人的生活》（*African American Lives*）中，部分非裔美國人來賓也會分享在得知他們的歐洲祖先時可能生起的複雜感受。無論如何，在選擇需要某部分祖先的同時，又拒絕接受其他祖先，這樣的做法，不僅形成了自我膨脹感，同時也否認了在歷史上的此刻、許多人（即使不是大多數人）亦是多重種族的事實。

反向的／負面的自我膨脹，或「你的族人比我的族人優秀」症候群，也在美國出現，而這種態度也有問題，因爲這時一個人的自我意識可能已縮小，而非「大小剛剛好」。舉例來說，血緣大多源自歐洲、特別是那些奉行原住民傳統或薩滿學的人，有時會理想化或認同原住民或其他非歐洲文化。這種認同，在被模仿的文化眼中看來是很奇怪的事，可能包括取新的名字、選擇穿衣風格，以及對自己的歐洲祖先態度不佳。例如，一位奉行原住民生活方式的知名靈性導師，本身只有很小一部分切羅基族（Cherokee）血統，而且是在長大成人後才發現她這部分的祖先。但在廣告文宣中，她聲稱自己是切羅基人，而沒有提到其歐洲血統。雖然這樣的主張不是完全虛假，但爲何要珍視切羅基血統甚於歐洲血統？是什麼理由讓一個人的切羅基族祖先在某方面比他的歐洲祖先還要優秀（或反之亦然）？

然而，當你越來越熱衷某種不同的文化，甚至到了被那個文化接納與准予入門的地步，不一定就代表是在表現對祖先的偏愛。在我參與過各種不同文化的儀式之後（從逃避我的過去與內在工作的境地，以及從尊重自我與我的祖先的境地），我知道對我來說這種區別的感覺是什麼，以及釐清一個人的動機有多麼重要。所有人的祖先中都有了不起且值得讚揚的人，但任何一個人或團體的祖先在某種程度上比其他人祖先優秀的傳說，則是一種會引發種族主義、民族主義、戰爭的觀點，以及造成人類苦難的原因之一。

保持意圖清晰

最後，在與亡者溝通方面，若你有任何遲疑，就慢慢來，尊重你的探索與內省過程，去思考向祖先傳達敬意的簡單實修法，能如何與你個人的家族傳統與關係達到更大的和諧。若你決定要用更專注的方式與他們溝通，請盡可能想清楚你的理由，有幾個有益的動機：想療癒你自己、想療癒你的家人、想學會與亡者溝通的技巧、想滿足對你的祖先或傳統的好奇。無論進行祖先工作的動機是什麼，都要很清楚你的初衷，一開始就告訴你的祖先，並在需要的時候再度肯定與提及。

爲世系修復工作選擇一個焦點

我們若試圖同時與所有祖先世系連結，可能會感到很混亂或難以承受，特別是如果才剛認識他們的話。我找到了一種關注四條主要血脈的方法，能爲認識與欣賞不同世系提供足夠的喘息空間。無論你的祖父母或外祖父母是否仍在世，把他們想成是在他們之前的世系中、距今最近的面孔。以你的祖母與外祖母爲例，世系在此特別指的是她們之前的女性世系；對你的祖父與外祖父而言，指的則是在他們之前的男性世系（例如：祖父父親的世系、祖母母親的世系，以及外祖父母類似的一條男性世系與一條女性世系）。當然，這些只是許多血脈中的四條特定血脈，然而，我發現關注這四條血脈，就足以作爲祖先敬拜的基礎。只要這四條血脈是充滿生氣的，你當然就能把另外四條世系血脈（像是你外祖母的父親等等）或更遠的世系涵蓋進來。就算你已知道想把焦點放在哪一邊的家人，還是可以試著等到直接聯繫之後再做決定，因爲你感覺最親密的那一邊家人，不一定是最有利的起點。若長期持續祖先工作，你會進入與你的四條主要血脈更有意識的關係中，所以不用著急。

在決定從哪一邊開始工作時，還有兩個要謹記的重要問題。首先要考慮的是祖先們在靈性上有多安好。我用的是一個一到十分的評分標準，分數越高，祖先或世系處於和平中的程度就越高：

- **一到三分**指的是麻煩的鬼魂——明顯支離破碎或黯淡無光的亡者。在此範圍分數最低的是令人害怕與潛藏危險的靈魂。若你遇見這個範圍裡的靈魂，就請求充滿愛的指導靈協助你守住一道隔離他們的堅實界線，直到他們走過自己療癒與提昇的過程。要記住，雖然許多亡者可能處於困難的狀況，但這不代表他們就是壞人。
- **四到六分**指的是那些靈性上大致完好的靈魂，但他們尚未發出光彩或跟充滿愛與生氣的祖先連結。至少在美國，許多死去的人似乎都處於這個在人間生命與完全被祖先接受的中間狀態。由於他們尚未靠自己的能力成爲祖先，因此可把他們視爲善意或一般的鬼魂。
- **七到十分**適用於安好的亡者、「眞正的祖先」，他們如今已是生者的支持、愛與指引的來源。要是這些親愛的亡者來造訪你的孩子或在你睡覺時站在床腳邊，你在直覺上會感到很安全；他們的個性可能很多樣，但都是源自於愛，且與其他安好的祖先有強烈的連結。我鼓勵人們跟所有低於七分（在這個一到十分的標準上）的靈魂保持界線。

記得，這個練習只是要觀察祖先的狀態是什麼，沒有批判或者去修補或療癒的需要。正面的改變，要從培養客觀理解亡者如實樣貌的能力開始。

在此階段另一個重要的因素，是每一個祖先世系對你與你家人的影響程度。可用基本的高、中或低的說法來仔細思考祖先的影響，而這種影響可能是有害或有益的。最糟的情況是：你的祖先是麻煩又具影響力；最好的情況是：你的祖先是靈性上安好又具影響力。要決定療癒工作最重要的焦點位置時，祖先影響的程度可能比其安好的程度來得重要。舉例來說，某個世系可能相當麻煩（例如是一到十分標準中的兩分），但對你目前的生活只有普通的影響力，同時另一個世系可能較不麻煩，但由於某種緊密的連結而對你有較大的影響力。雖然做這些區別看似有點冷漠，但祖先在靈性上的安好程度與對生者的影響程度，可以是追蹤長期改變的一個方式。

在繼續進行之前，請花一點時間思考你對生理上的性別、性別認同與祖先世系之間的關係所可能抱持的假設。雖然本書中所呈現的祖先療癒方法著重於兩條母系與兩條父系血脈，但這並不意味著對你任何特定世系祖先的性別認同、性傾向，或甚至性器官的任何看法。你可能是身爲女性獵人、建築工人、旅行者或戰士的後代，而或許現代社會通常會把你祖母與外祖母曾從事的職業或呈現的許多其他人格特質，與男人聯想在一起（反過來對男性也是一樣）。男性與女性祖先都可能與另一個性別、同一個性別，或有點兼具兩者的人有偏好的長期性關係。而歷史上你幾乎一定有某些親族是陰陽人，意思是他們生來就有不明確或反常的性器官，因而甚至模糊了男性與女性的二元區別。在他們活著的時候，這種多樣性可能受到歡迎、批評，或兩者兼具。換句話說，你的親族祖先會包括我們今日認為的男同性戀者、女同性戀者、雙性戀者、跨性別者、酷兒、陰陽人，或其他不同於異性戀者與正常順性者的人——開始認識你的祖先時，保持開放的心是很重要的。

接下來的練習，是個評估你四條主要血脈狀況的引導式觀想，你可以隨著進行到的不同祖先工作階段來修改（見第九章）。以目前來說，目的是要讓你對每一條血脈的健康程度有個初步的了解，以及幫助你決定從哪裡展開世系修復的過程。

練習 4

深入了解四條主要血脈

- **目的**：問候你的四個主要世系，並決定把祖先修復過程的焦點放在哪裡。
- **你需要什麼**：一個安靜的地方，與任何能幫助你與祖先連結的事物。

為了做這個練習，首先你要錄下自己（或一位朋友）朗讀下列引導式觀想的聲音。或者，你也可以請一位朋友大聲念給你聽。念的時候要緩慢且清晰，加上下方建議的「暫停」。錄完音後，就去找一個有助於儀式工作的空間。到了那裡，就去做任何能幫助你**建立神聖空間與儀式動機**的事（例如：點一根蠟燭、上香、祈禱）。可能的話，找出四大方位（東、西、南、北），然後舒服地安頓在靠近那個空間的中心位置。重新播放錄音，或請你的朋友開始敘述。

1. （開始錄音）首先，花幾分鐘**安頓並專注精神**。閉上你的眼睛，或眼睛放鬆地凝視某一點，然後讓你的靈魂之光充滿身體並照耀出來，知道在這整個觀想中，你會與身體同在，也將在之後記得所有你意識到的一切。把呼吸帶到腹部中心，感覺骨頭，以及心臟的跳動與血液的流淌。（暫停一下）當你感覺與身體同在，**呼喚所有已經很享受你們之間的關係、且樂於支持你的指導靈**。若你不確定誰是你靈性上的指導靈，只要請求神聖的愛、光與正面的特質。當指導靈或對神聖支持者到來的預感出現，**再次確定你**想更了解你的四個主要祖先世系**的動機**。（暫停片刻）

2. **集中意識到身體上**，你的靈魂幫手正與你同在，**請指導靈在你個人空間的四周建立一道保護層**。你可以把這個空間想像成一個保護範圍或一間圓形房屋，裡面有牆壁或像一面雙向鏡的窗户，你可以從那裡往外看，但外面的人看不進來。記得你的動機只是觀察，不要與你的祖先連結或去改變任何事物。看能否在整個練習中去觀察，而不去注意到你的存在。再次確認你的指導靈與你同在，保護也就定位了。（暫停片刻）

3. 在你的保護圈中，把你的意識錨定在身體中，在指導靈的支持下，**把你的注意力轉向東方**。你可以身體保持不動然後觀想東方，或眞的轉動你的身體面向東方。（暫停片刻）若你的祖父已經過世的話，在東方，你看見他，以及歷史上在他之前的男性世系。塑造出這些祖先的第一印象，彷彿他們存在於現在，沒有批判或去改變任何事的需要。（暫停一分鐘）這裡的能量是光明還是黑暗的、存在或是缺席的、和平還是衝突的？有出現什麼顏色、符號或影像嗎？即使出現的祖先似乎在靈性上是安好的，目前也只要觀察。要允許世系中近代亡者與較古老祖先之間的差異。若你的父親已過世，現在也把他納入你的考量中。試著用一到十分的標準，爲你祖父這個世系的整體安好程度評分。（暫停一分鐘）現在，帶著好奇去審視這個世系對你與其他在世家人的影響。若有沉重的能量存在，影響你或其他親戚的程度有多強烈？（暫停一分鐘）等你感覺完成了，要**徹底清理你個人空間中所有沉重或引起混亂的能量，把你的注意力**

從你祖父的親族身上移開，帶回到中立的狀態中。（暫停一分鐘）

4. 在你的保護圈裡、指導靈的保護下，**把你的注意力轉向南方**，並注意你的祖母與在她之前的女性世系。塑造出這些祖先的第一印象，彷彿他們存在於現在，沒有批判或去改變任何事的需要。（暫停一分鐘）這裡的能量是光明還是黑暗的、存在或是缺席的、和平還是衝突的？有出現什麼顏色、符號或影像嗎？即使出現的祖先似乎在靈性上是安好的，目前也只要觀察。要允許世系中近代亡者與較古老祖先之間的差異。試著用一到十分的標準，爲你祖母這個世系的整體安好程度評分。（暫停一分鐘）現在，帶著好奇去審視這個世系對你與其他在世家人的影響。若有沉重的能量存在，影響你或其他親戚的程度有多強烈？（暫停一分鐘）等你感覺完成了，要**徹底清理你個人空間中所有沉重或引起混亂的能量，把你的注意力從你祖母的親族身上移開，帶回到中立的狀態中。**（暫停一分鐘）

5. 在你的保護圈裡、指導靈的保護下，**把你的注意力轉向西方**，並注意你的外祖母與在她之前的女性世系。塑造出這些祖先的第一印象，彷彿他們存在於現在，沒有批判或去改變任何事的需要。（暫停一分鐘）這裡的能量是光明還是黑暗的、存在或是缺席的、和平還是衝突的？有出現什麼顏色、符號或影像嗎？即使出現的祖先似乎在靈性上是安好的，目前也只要觀察。要允許世系中近代亡者與較古老祖先之間的差異。若你的母親已過世，現在也把他納入你的考量中。試著用一到十分的標準，爲你外祖母這個世系的整體安好程度評分。（暫停一分鐘）現在，帶著好奇去審視這個世系對你與其他在世家人的影響。若有沉重的能量存在，他們影響你或其他親戚的程度有多強烈？（暫停一分鐘）等你感覺完成了，要**徹底清理你個人空間中所有沉重或引起混亂的能量，把你的注意力從你外祖母的親族身上移開，帶回到中立的狀態中**。（暫停一分鐘）

6. 在你的保護圈裡、指導靈的保護下，**把你的注意力轉向北方**，並注意你的外祖父與在他之前的男性世系。塑造出這些祖先的第一印象，彷彿他們存在於現在，沒有批判或去改變任何事的需要。（暫停一分鐘）這裡的能量是光明還是黑暗的、存在或是缺席的、和平還是衝突的？有出現什麼顏色、符號或影像嗎？即使出現的祖先似乎在靈性上是安好的，目前也只要觀察。要允許世系中近代亡者與古老祖先之間的差異。試著用一到十分的標準，爲你外祖父這個世系的整體安好程度評分。（暫停一分鐘）現在，帶著好奇去審視這個世系對你與其他在世家人的影響。若有沉重的能量存在，他們影響你或其他親戚的程度有多強烈？（暫停一分鐘）等你感覺完成了，**要徹底清理你個人空間中所有沉重或引起混亂的能量，把你的注意力從你外祖父的親族身上移開，帶回到中立的狀態中。**（暫停一分鐘）

7. 在把你的注意力完全帶回來之前，再花一點時間確定你的個人能量沒有問題，所有之前可能對祖先開啓的好奇心通道此刻也都已關閉。並且，停下來對所有支持你的指導靈表達謝意。（暫停片刻）準備好的時候，睜開眼睛，把注意力錨定在你的身體與周遭環境中。爲了確保能想起所有呈現在你面前的事，可考慮把你觀察到的事物記錄下來。（錄音結束）

在做完練習四之後寫下可供日後參考的筆記。包括以一到十分來評分四個主要世系各自的相對活力指數。若你有已逝的孩子或手足，可考慮改天再從頭到尾進行這個練習一次，也去詢問他們的靈性狀況。在關注你祖父的世系時，連帶詢問兄弟或兒子的狀況，以及在關注你外祖母的世系時，連帶詢問姊妹或女兒的狀況。雖然差異性很大，但在我協助過的美國個案當中，我認爲一般的祖先基本樣貌，在四個主要世系之中，都是其中之一相對而言比較光明而健康，另一個極度麻煩且具破壞性，其他兩個則是處於大約中間的範圍。要記住，世系修復過程的主要目的，是要確定你所有的近代祖先與他們之前的世系在靈性上是光明的（在這個架構下，至少要七分以上）。此外，理想中你會希望他們的影響力是高度而正面的。如果工作一開始就已經有一個或更多個世系是如此，那就要恭喜你了！

有些例外則是，我發現爲了在可控制的階段完成世系修復工作，把焦點放在一條血脈上是理想的。決定先把焦點放在四個主要世系的哪一個時，請考慮幾項因素——從狀況最糟的開始，通常會產生最大的效益；而若幾個世系都同樣不好，可考慮先把焦點放在對你目前生活影響最大的那一個。如果你的世系對你的生活都沒有造成主動的有害效應，你就會有一點喘息的空間。若你是男性，可考慮從你祖父的世系開始；若妳是女性，可考慮從妳外祖母的世系開始。最後，請信任光明的祖先、所有指導靈與你的直覺指引你去開始的地方。

一旦你選擇了一個世系，可考慮記住這個世系的祖先們的名字。舉例來說，若你選擇專注在你外祖父或祖父的世系，就記住這條血脈中能提供的男性名字。此外，也背下你祖母與外祖母之前的世系中女性的名字。記住他們的名字是對他們表達尊重，也有助於在修復與重新連結的儀式中祈請祖先。在進行下一個步驟之前，花一點時間對其他三個世系表達一點敬意。當然，在專注於某一個世系的同時，也可以在有所感動的時候，對所有的祖先表達敬意與感激。

6 會見祖先指導靈

在第一個階段，你從在世的家人與其他形式的族譜研究中，搜集到了容易得知的祖先資訊，也決定了在世系修復過程中要把焦點放在四邊血親祖先中的哪一邊。第二個階段，你將學到如何與充滿智慧與愛的祖先更直接地連結，以及如何更直接獲得這些祖先們的祝福與禮物。本章也會介紹透過催眠工作與引導式觀想，與光明、已提昇的祖先們對話的方法。這個階段結束時，你將能與你所聚焦世系中那些樂於支持你的祖先指導靈連結，也將能與他們合作，把療癒的意圖導向你世系中所有已逝但尚未安息的靈魂。

祖先指導靈

那麼這些祖先指導靈是誰？又要如何與他們接觸？

在世系修復工作中，指導靈是那些像我們的血親祖先一樣曾活在人間，並且願意又能夠支持我們的人生，以及協助任何可能有麻煩的亡者的靈魂。指導靈是人類化身的重要生命——也可說是主角，在任何特定血緣中都具有標竿性，指導靈也是我們靈性上的長輩。把他們想成是我們DNA纏繞線上的亮點——在那些點上，人類的潛能最能明確跟愛、智慧、美與服務達到和諧。這些身爲祖先的指導靈，反映了我們自己成爲模範人類的潛能與責任。

既然這樣的祖先是我們世系的一部分，爲何還要努力找出他們？爲何不召喚仁慈、有能力且容易找到的其他非血親祖先的靈性能量？此外，若人的家庭是源自近代祖先，而我們的家人又常是某種痛苦的來源，爲何要去向問題的來源尋求解決方案？作家馬丁．普萊克特（Martín Prechtel）是儀式帶領者，曾與瓜地馬拉的蘇杜旭族（Tz'utujil）馬雅人一起受過訓練，他曾寫道：

> 儘管我們的血親祖先是眞實的，與其聯繫也有其必要，但除非你的祖先是以完整的原始方式生活、且是心靈很開放，否則多數人想從祖先來尋找身分上的認定，通常在背後隱藏許多造作、沒有化解的悲傷，及無用的、慣性的特意遺忘及心理閉鎖。就大多數可能性而言，你的祖先在過去一千多年，大概也跟你一樣，都掙扎於不知自己的來處，這些是「近」祖。①

① Prechtel, *The Unlikely Peace at Cuchamaquic*, 404–5.

普萊克特明確表達了大多數現代人需要更進一步回溯自己的血緣，才能接觸到活在文化崩解與殖民主義之前（二者導致我們與自然世界分離）的祖先。談到這些早期的祖先，他繼續說道：「眞正『古老的』是那些原住民祖先，而他們不會是部落主義者，因爲他們就身在神話故事中，他們的意識已經超越物質界，並活在所有的生物血液裡，一直到現在。他們也不重視自我設限的孤立主義者對祖先的偏見。」這些古老祖先指導靈光是做他們自己，就比任何其他類型的指導靈有更大的權威，能修復血脈的活力與尊嚴。身爲祖先與家族系統內的一份子，他們能在源頭理解並處理失能的家族模式，無論那些麻煩是源自多久以前的歷史。

只是，你需要回溯血脈到多久之前，才能與足夠覺醒程度的祖先連結呢？答案是需要回到多久之前，就回到多久之前。靈魂領域中的時間，並非如我們日常生活意識引導我們去相信的那種線性時間，而活在數百甚至數千年前的祖先，也可能很自然且帶著權威地在二十一世紀說話——透過認同上千年前死去之啓發人心的人類靈魂（例如：穆罕默德、耶穌、摩西、悉達多、老子），無數人類毫無疑問地確認了這個事實。我個人通常是與活在西元前一千年到西元一千年間的祖先指導靈合作。在幫助他人進行這種連結時，我見過有些人甚至接觸到歷史上更久遠以前的指導靈，其他人則是遇見較近代的祖先（例如從西元一千年到一千八百年間），但歷史上仍未記載他們的姓名。任何特定世系中的紀錄在越久遠之前中斷，你需要往回觀想的時間就越久遠，才能與活在那些麻煩之前的祖先會面。

若你的近代祖先有執行祖先敬拜，或他們是覺知與進化程度特別高的人，就能自在地活出他們之前世系的活力。在這種情況下，你可能就不需要接觸更早期的祖先指導靈。例如，西非療癒師馬里多瑪．梭梅在他的自傳中描述他的祖父是位極爲成熟的達格拉族巫醫，那麼他很可能就可以靠他的祖父去落實他父親世系中更早期祖先的祝福。

在觀想實修中，祖先偶爾會降臨，不論基於什麼原因，他們要不是有意願、就是有能力幫忙，但不會是兩者兼具。最常見的狀況是，他們是善意且樂於提供協助的祖先，只是缺乏世系修復工作所需的活力（可把這些祖先視爲一到十分標準中的七分：即大致健康但沒有活力）。人們在尋找祖先指導靈時，對於是否感覺到這位祖先有化身爲一種眞正廣大、覺醒且充滿愛的存在這一點，我會請他們實際些。這不是你是否喜歡那些指導靈的作風的問題；他們的個性可能不合你的意，但他們可能相當覺醒。另一方面，你可能很喜歡他們的能量，但他們提昇的程度可能並不特別高。祖先們或許是遲鈍的、狡猾的、浮誇的與咄咄逼人的，也可能展現其他各種人類的品質。但對世系修復工作來說，指導靈確實需要基本上是有智慧、有愛心，且能發揮某種程度的活力。若你不確定你接觸的指導靈是「符合標準的」，有個可用來測試的方式：要求看看那位祖先指導靈與他較早期祖先的關係。要記得，靈性上安好的亡者通常會以一種集體能量的方式運作。若你對這位祖先有任何懷疑，就帶著敬意繼續沿著那條世系進一步回溯，直到你遇見一位不僅樂意、也有能力提供必要協助的祖先。

當一位祖先指導靈似乎兼具風度與活力，但卻不願意協助世系修復工作，可能就是在反應你過度的目標導向或世系能量。換句話說，若你要求指導靈的關注，或帶著催促或需索關懷的能量接近他們，可能會讓最初的相遇變得令人恐懼。祖先指導靈在實質上與精神上都是我們的長輩，接近他們時要帶著敬意與耐心。假如你正與一位真正有活力的血親祖先合作，要盡量放慢腳步，並試著在請求協助之前，按照這位祖先的意願來認識他。如果你得到的訊息是你個人還沒準備好從事世系修復工作，就尊敬地向祖先指導靈請教敬拜與讚揚充滿活力祖先們的適當方法。在某些情況下，你可能需要沿著同一個世系去找到一位更早期的指導靈，並試著去理解最初遭遇到的困難的本質。

用儀式接觸祖先指導靈

雖然不一定如此，但與有益的非人類力量或靈魂連結，通常發生在儀式或典禮中。如何精通與執行儀式，是個值得用好幾本書來說明的主題，然而最終也只能透過直接體驗才能學會。首先，這種工作仰賴於建立一個安全且能提供支持的儀式空間。本書中的幾項規則，包括本章中的練習五，將幫助你有能力去做到這件事。但如果你即使在讀完本章後，還是對設置儀式工作所需的空間沒有信心，可考慮向值得信賴的老師求助，並花時間去培養你對基本儀式做法的舒適度，再去做這個練習。

這個章節探討的是儀式架構、能量的保護、非正常意識狀態的運用、區別想像與幻想跟眞實的靈魂接觸的方法，以及如果「什麼都沒發生」要怎麼辦。實用勝於完美。事實上，在與充滿愛的祖先溝通上，凡是適合你獨特的性情與風格的方法，就是完美的。

儀式架構

一開始，先找一個乾淨、安全、不會受到干擾的空間，在那裡，你可能需要的一切都要隨手可得。若你是帶領儀式的新手，請考慮下列的基本進程：

1. 清理、淨化（自己、儀式空間與其他參與者）。
2. 開場祈禱與祈請。
3. 儀式的核心。
4. 向一起合作的力量致謝，並進行結束的祈禱。
5. 解除儀式禮器。

實體的儀式空間安排好之後，你可以用煙（例如燃燒鼠尾草或香）、聲音（例如發出音調或喀啦喀啦聲）、液體（例如噴灑祝福過的水），或其他任何有助於清理分心的事物與聖化空間的方法，來進行一次淨化。

接下來，儀式的開場可以包含如對祖先的一段很長的詳盡祈請與召喚，或者簡單如點一根蠟燭與獻上一次祈禱。我向來推薦用某種聲音來歡迎祖先，並大聲說出或唱出你請求他們到來的理由。持續你的開場祈請，直到感覺你的召喚得到了回應，祖先已經降臨，空間裡的能量也是光明的。你的祈請越有效，你越會發現接下來的工作是由靈魂所引導，也將進行得很順利。

能量的保護

在儀式進行當中，參與者有時會以非正常的意識狀態工作或進入強烈的情緒中。這可能導致一種無力抵抗外在干擾的情況，就像某人在深海中潛水、沉浸於冥想狀態，或正在做一個強烈的夢的狀況。因此，大約在開場祈禱或祈請的時候，儀式帶領者通常會在神聖空間四周建立某種形式的能量封鎖或保護界線。他們一般會清理或淨化那個空間與參與者，然後把那個空間侷限在這種保護狀態中。若你要帶領一個儀式，最好透過確保這個地方相對不受外界干擾，以在物質層面上保護那個空間，可能的話，也邀請一位精通靈魂工作的人類夥伴在場協助。在精微的層面，你也可以觀想保護的光與靈魂盟友們圍繞著那個空間，來增加防護的程度。若你感覺你的儀式空間需要更多限制，可考慮用一圈石頭、鹽、灰或其他防護性的藥草來環繞他。在此要信任你的本能與直覺，持續到你在儀式空間裡感覺到必要的安全與靈性保護爲止。

用非正常意識狀態工作

儀式開始時，有個明確的動機很重要——既是爲了形塑儀式的內容，也是之後判斷儀式是否成功的一種方式。若你打算與祖先指導靈或其他亡者的靈魂溝通，那麼你很可能需要進入一種有助於進行此類對話的意識狀態。正如我們在第四章提到的，這可能發生在正常的意識狀態中，也可能包含進入某種輕微的意識改變狀態。進入這些狀態通常是透過讓意識進入靜定中、感官超載的狀態，或以上兩者的某種結合。有些奉行者會透過強化身體的活力、平衡感與直覺力的練習，或是較罕見地透過攝取改變意識的物質，在進入儀式空間之前改變他們身體的生理機能。你能連結看不見的世界，以及把你的注意力轉移到有助於靈魂接觸之狀態的方法越多，就越能在任何狀況下輕鬆進行有效的儀式。

有很多不需改變意識的作法，即能在進入儀式空間之前改變你身體生理機能的方式，例如：帶著覺知且在醫學上是安全的斷食或輕食、儀式前確保睡眠充足（或者相反地，刻意放棄睡眠），以及從事像瑜伽、舞蹈、氣功與武術之類的運動或訓練。強化你的健康與活力會提高你的直覺力。

若你眞的在儀式之前服用改變意識的物質（例如酒精、大麻、烏羽玉、死藤水、致幻性蘑菇），請小心：除了醫學併發症的風險與法律上的麻煩之外，沒有證據能保證任何這些藥物眞能提高你與祖先連結的能力。我曾幸運地以感覺有益的方式在工作時使用部分這些藥物，但它們不是我實務工作中固定存在的部分。無論如何，在進行這類儀式工作時，這些都不是必要的，甚至是一種潛在的障礙。許多原住民文化具有高度發展的祖先敬拜習俗，都沒有使用精神性藥物。

若你眞的使用這些物質來工作，請注意適當的防範，試著尊崇那種藥物在其傳統脈絡中的意義，並交叉比對你的儀式工作在沒受到那種藥物影響時的結果。若你變得會依賴任何物質，請將此視爲一個強烈的請求——去培養不需進入極度興奮狀態就能與靈魂溝通的途徑。

我推薦給初學者的兩種改變意識的做法是冥想與擊鼓。如同我在第四章提到的，這兩種做法都能讓理性、思考的頭腦退居次要位置——不管是透過冥想的靜定或鼓聲對感官的刺激。冥想或許是較具挑戰性的方法，除非你已培養出一種固定習慣，並發現你日常的心理活動能相當容易就平靜下來。用手鼓擊出重複的節奏在當代薩滿行者中很盛行，而且是在現場擊鼓或錄音播放（如果需要的話）都有效。除了擊鼓之外，我發現某些沙鈴與原住民長笛或直笛的聲音，也對進入輕微催眠狀態有幫助。可實驗看看什麼方式對你最有效。

區別想像與靈魂接觸的差異

回到對靈魂工作不熟悉的人最常問的問題：「我如何知道這不是我編造出來的？」我的第一個回答通常是拆解兩種不同的擔憂。首先是「我如何知道這一切都不是我編造出來的？我怎麼知道我是否眞有可能與靈魂連結？」這點要回到第四章中概述的核心假設：死後意識有某種延續性，而至少在某些情況下，在世的人類與祖先的靈魂可以直接溝通。不接受這些論點可能為眞的人，就不太可能嘗試祖先接觸，除非他們正奮力想了解某些亡者不請自來的接觸。但是，我們與所謂的另一個世界以及特定祖先連結的能力，是與生俱來的，這是一種古老且普遍的人類天賦。

第二種擔憂是差別更細微的、類似這樣的問題：「我要怎麼區分我內心的喋喋不休、個人的幻想與想像，跟眞正靈魂接觸的不同？我要如何分辨在任何特定時刻我是眞正連結到、還是在『編造事實』？」這裡是正確性的問題、一個合理的擔憂。長期下來，我發現了幾項對分辨「眞實的靈魂接觸」與「僅是個人想法」很有用的指導方針，包括：

1. 信任你的直覺與身體的智慧。我們有時能感覺到某人在監視我們。不論好壞，我們也能察覺到一些我們所遇之人的事。同樣地，在儀式中，當有個眞正不同的存有與我們同在，我們通常會直覺地知道。若我們聆聽身體的智慧，通常就能開始注意到某種出於身體的、連結到個人想像的感覺，以及另一種連結到眞實靈魂接觸的不同感覺。

2. 交叉核對你的資訊。即使你對從祖先那裡聽見或看見的事很有把握，偶爾重複確認你的資訊仍是好事。這可以包括用任何可靠的「是或不是」占卜法來確定你的結論、要求一個確認的夢、向某位可信賴的靈性朋友或導師諮詢，或只是等到隔天再記錄一次，以確定你聽到的訊息是正確的。這等於是我們與在世的人互動中會做的「我想確定我沒有聽錯你的意思」。

3. 帶著信任去實驗並追蹤結果。可考慮在評估後冒險去信任你接收到的訊息。若把祖先的指引付諸實行，是有助於你與周遭的人感覺更幸福、更健康，也更能與靈魂一致，你可能就是真的接觸到他們了。即使你是位專業的通靈者、薩滿，或其他精通儀式的人，唯一能保證你真正與看不見的世界連結的，就是在這個物質世界獲得實際利益的證據。天賦極高的靈媒有時也會狀況不佳，也可能完全不準確，即使他們真心相信自己感應到與看見的事。與祖先溝通的時候，對犯錯保持謙卑與開放態度是必要的。

要有耐心、有創意且堅定不移

人們在儀式中偶爾會經歷到「什麼都沒發生」的情況，這是很正常的，原因很多，但不需要因而覺得氣餒。若你覺得在做下列的練習或本書中的任何儀式時發生這種狀況，首先請回頭看看到底眞正發生的是什麼。通常人們指稱「什麼都沒發生」的時候，事實上他們都有接收到大量資訊。特別是對「靈魂接觸」所知有限的人來說，內在知曉的聲音可能會從像是一陣耳語或「微小的聲音」開始，隨著時間，我們慢慢就會越來越懂得去信任那個聲音。②

有時人們會因過度重視視覺與聽覺的感知管道，而對直接接觸靈魂抱持懷疑。我們每個人都有較強與較弱的直覺管道，而這也會隨著時間改變，即使只相隔一天。舉例來說，有些人會透過身體的感覺、夢境，或只是一種直接的知曉來體驗接觸靈魂。一定要放下「會發生什麼事」的壓力，並留意你在儀式過程中正在經驗的一切。

有時也確實眞的沒什麼特別的事發生，這種情況的原因很多。可能你只是分心了或想睡覺、過了難熬的一天，要不就是沒處在直覺力最強的狀態下。對自己仁慈一點，不用把這看得太嚴重，然後改天再試一次。而且，祖先可能需要花點時間去回應你想直接接觸的要求。要記得，自從上次有在世的親戚試圖進行祖先接觸以來，可能已經過了數個世紀，因此給你的親族一些時間來回覆是很合理的。當他們眞的回覆時，與你的接觸可能發生在清醒時的儀式過程中，或者透過一次夢境造訪、清醒時的同步性，或某種自然發生的接觸。如果你是保持樂於接受與堅定不移，但長期下來並未產生結果，就再次確認你有跟你要聚焦的世系同在，以及你個人有全心參與儀式工作。需要的話，可考慮尋求支援，但要保持希望，因爲我們都有充滿愛的祖先，即使他們是在世系中很久遠以前的地方。

下列練習介紹的是與祖先指導靈連結的儀式進程。除了前文所提的較一般性的指導方針之外，也請將接下來的考量謹記於心：

---

② 1 Kings 19:12.

- **在當下與祖先連結**。試圖與祖先指導靈連結時，你不只是在想像過去或探索個人記憶。即使祖先們可能會透過他們在人間經歷過的人生與時代來現身，但這種表象也可能只是爲了我們好。連結的本身是在此時此地發生，就在當下這一刻。
- **迴避較近代的沉重能量，與較古老的指導靈連結**。我們線性的頭腦會建議我們穿越近代世系的階段、去接觸較古老的指導靈，但在這種情況下，刻意迴避那些靈性上尚未安好的靈魂是很重要的。往上、往下，或從旁繞過他們——用任何能達到目的的方式——一定要迴避那些尚未安息的亡者。
- **尋求一種明確已療癒而有活力的連結**。你要尋找的，是一位不只是安好、還要特別安好的世系祖先——在一到十分的標準中達到八分以上。指導靈應該要清楚活出在他們之前的祖先（應該是先前世系的代表或化身）的祝福。我們要把這位指導靈視爲是這條血脈最近一次處於良好、自我覺察狀態下的具體化身。
- **對來自更早期年代的祖先保持開放**。若近代的祖先與家人已經充滿活力且得到療癒，我們一開始就不用從事祖先修復工作了。記住，要與祖先的祝福建立夠堅強且有益的連結，你可能需要把視野延伸到姓名與歷史被人們記載的數百或甚至數千年之前。

練習5

尋找一位祖先指導靈

- **意圖**：與你所聚焦的世系中一位光明且樂於支持的祖先指導靈連結。
- **你需要什麼**：一個安靜的空間，以及任何能幫助與你的祖先連結的物品。

跟練習四一樣，首先你要錄下自己（或一位朋友）朗讀下列引導式觀想的聲音，然後重新播放。你也可以請一位朋友大聲念出來給你聽。等做好這些準備工作，就去找一個有助於儀式工作的空間。到了那裡，就去做任何能幫助你**建立神聖空間與儀式動機**的事（例如：點一根蠟燭、上香、祈禱）。可能的話，找出四大方位，並考慮坐在儀式空間中靠近中心的位置。重新播放錄音，或請你的朋友開始敘述。需要的話就重複整個過程（一般是改天再做一次），直到你覺得能夠建立穩固的連結爲止。

1.（開始錄音）首先，花幾分鐘**讓身體與情緒集中專注**。方法可以包括冥想或呼吸、回歸個人中心的祈禱、隨性的身體擺動，或者只是暫停一下回想你做儀式的動機。做任何放下頭腦、與你的心連結所需的事。（暫停一分鐘）

2. **如果你已有任何與你一起合作、樂於支持的指導靈（們），現在就祈請他們。**邀請指導靈的支持，並感覺到他們是充滿愛的存在。他們將是支持你靈性的主要來源——你的盟友。有些人會祈請天使、神、動物或植物靈助手；有些人可能只是觀想自己被靈性之光環繞著。（暫停一分鐘）

3. 當你感覺精神集中，且在精神上得到充分支持，就**把你的意識帶到你決定要一起合作的特定世系，並設定這個儀式的動機**：連結你選擇的世系中，一位願意且有能力幫助你進行祖先修復工作的指導靈。在繼續進行之前，確認你的指導靈在這份工作中是支持你的。（暫停片刻）

4. 要與一位光明且聯繫得上的祖先指導靈連結，就得**沿著你選定的世系往前追溯**。或許你就想像沿著一條回到過去的小徑、河流或絲線，來追隨這條特定的血脈。在你想像這條特定的家族血脈時，運用你的直覺，然後看看會如何呈現自我。回溯的時候，一定要迴避（用任何最簡單的方式）所有可能在較近代世系中出現的沉重能量。你很可能需要回到名字被記得的祖先之前的時代，有時會回到一千年或更久以前。盡可能地往前回溯下去，**直到你感應或看見一位清晰、光明且充滿愛的指導靈為止**。（暫停約三分鐘）

5. **展開接觸時，問問你的直覺對這位指導靈的感覺如何**。以一到十分的標準（十分是最光明、安全、有益的祖先），你會給這位特定的祖先幾分？尋找一位八分以上的祖先，那會是一種巨大、光明且有活力的能量。若你遇見一位有益但靈性上不是很光明的指導靈，就再往前回溯，以連結一位狀況更好的指導靈。要確定你對指導靈很清楚。在此要相信你的直覺與心，如果不確定，就請求你那樂於支持的指導靈再次確認你的選擇。若有需要，就沿著這條世系再往前回溯。（暫停一分鐘）

6. 等你得到了一位祖先指導靈清楚正面的印象，就帶著敬意與謙卑去接近他，知道你正在問候一位受人尊敬的長者。介紹你自己，並讓這位指導靈知道你所爲何來。確認這位是你所選擇世系中的祖先指導靈，他願意且有能力在修復工作中提供協助——若非如此，就帶著敬意地離開他，並再往前回溯觀想；若是如此，就不用著急或驅策這個過程，讓指導靈引導這最初的相遇。**花一些時間，單純地處在彼此的存在中，互相熟悉。**（暫停一或兩分鐘）

7. 可考慮詢問指導靈與之前祖先的關係。把這位指導靈視爲是那條世系最近一次處於絕佳狀況時的化身。（暫停片刻）對這位指導靈生前的任何資訊保持開放。對他的人生是什麼樣子，以及對這位指導靈帶來的任何特定療方、祝福或品德抱持好奇。再說一次，不要急。放鬆，然後接受那份連結的優點。**如果感**

覺對了，你可以向指導靈要求來自那個世系的祝福，並確定真的接收到那份祝福。（暫停約三分鐘）

8. 你也可以詢問：**我能獻上什麼表達敬意的簡單供品或動作，來向這次的連結致謝？**可能是某種物質上的供品——水、酒、食物、花、火、香，或者是一首歌曲、一些鼓聲，或只是用更多寶貴時間與他們相處。聆聽任何出現的訊息，如果有的話。（暫停一分鐘）

9. 在把你的注意力轉回來之前，花一點時間去**看看那光明而安好的祖先指導靈，他們在於你與所有尚未安息的近代世系祖先之間**。如此一來，已完成療癒的祖先就能持續扮演你與靈性上尚未安好的較近代祖先之間的緩衝器。邀請指導靈協助維持你需要的健康能量界線，直到整個世系都眞正安息爲止。（暫停片刻）最後再花一點時間感謝這些祖先與所有其他幫助你完成連結的指導靈。（暫停片刻）

10. **把你的注意力完全帶回到你的身體與環境中**。（暫停片刻）等你的注意力完全在你的身體與目前所處的環境中，就睜開你的眼睛，花一點時間去留意你剛剛接觸的指導靈能量。要知道，即使你人不在儀式空間中，任何時候仍都能取得這份連結。想確保你記得所有曾呈現在你面前的事，觀想之後立刻記下一些筆記通常會有幫助。（錄音結束）

就跟任何新工作一樣，如果你無法在第一次嘗試時就明確接觸到祖先，不用氣餒。要有耐心並堅定不移，修改這個練習來適應你的個人性格，同時保留基本原則，並對祖先用意外的方式（例如夢境或同步性）所做出的回應保持開放。

深化與祖先指導靈關係的方法

等你成功接觸到祖先指導靈，且能把這份連結當作一份真實而有意義的關係般崇敬，你可能會想知道要如何才能長期滋養這種關係。就像所有與物質界存有的關係都有其獨特的輪廓與需求，與祖先指導靈的關係也是如此。在第四章已提及幾種滋養關係的重要作法包括：獻上具啓發性的言語（例如祈禱、歌曲與祈請）、建立一個祖先神龕或其他可供敬拜的地方、主動與夢境合作，以及獻上物質供品（可能是在你的祖先祭壇上）。下列是四項額外的建議。

與祖先指導靈共度有品質的時光

在最初的接觸之後，可考慮透過冥想或想像，更完整地去重新認識這位指導靈，並對這位祖先生前的人生以及他的天賦與靈性良藥能如何幫助現在的你保持好奇。若你能接受聆聽這位祖先的觀點，就請教他是如何看待你與你在世的家人；或可考慮告訴這位祖先指導靈你人生中的某些考驗，尋求他的支持。你也可以詢問如何敬拜與傳達敬意給這位祖先與這個世系。如果你遵循這位祖先的引導，並發現很有幫助，之後一定要向他們表達認可與某種感恩之意。或許最重要的是回去請求來自這位指導靈的祝福，並開始習慣去感覺這份支持的資源與來源。

認識與此世系有關聯的有益靈魂

你可能會發現，你能召喚看不見的盟友，是因爲他們與你古老祖先之間的關係。這些非人類的靈魂可能包括動物與植物的集體靈魂、神、元素精靈的力量，或是地方的神靈。舉例來說，如果你的某些祖先是穆斯林，他們很可能一生中有很多時間都在閱讀與背誦由先知穆罕默德從大天使加百列那邊傳訊下來的經文（即《可蘭經》）如此一來，這就不只是與身爲祖先導師的穆罕默德之間的關係，也有可能是與更容易來到你身邊的大天使加百列之間的關係。許多北美洲的部族都認可沿著家族血緣傳下來的特定良藥、天賦或靈魂連結，而與血緣有所連結的靈魂也會要求被認可，或爲生者帶來初步的考驗。歐洲的盾形紋章通常描繪熊、狼、鷹之類的動物，或是龍與獅鷲之類的神話存有，這種方式讓許多世代與特定力量間的密切關係能受到尊崇，且被傳遞給未來的世代。

與世系連結的力量，會表達出某些人類祖先們的靈性品質，也能對世系修復過程提供重要的支持。這些多世代的世系盟友是否存在，可能是評估血脈活力的一個標準（見第七章）。舉例來說，假如某個特定的家族世系一直與北加州的雪士達山有關聯，那麼與那座山有關聯的力量，就可能有助於決定該世系中哪些點是需要照顧與關注。邀請這樣的力量來恢復世系的健康也可能很重要。再舉個更熟悉的例子，若某個特定血緣與聖母瑪麗亞有強烈的歷史連結，即使在世的家人或近代祖先並非基督徒，當召喚聖母根本的愛、慈悲與神聖的女性能量品質時，也有助於恢復那個世系的活力。無論如何，在評估世系的健康時，試著判斷這些能量是否仍會表達、能表達到什麼程度，以及是否想在世系修復中扮演積極的角色。

你從祖先那裡承襲了什麼你已經很喜歡的關係？他們是跟什麼樣的動物、植物、金屬、聖地、神與其他靈性能量互動？其中何者在你的家族歷史中的根源最深？又有何者仍是你日常生活中的一部分？若有的話，就去辨識出你與這些非人類之間透過祖先來連結的方式。詢問你的祖先指導靈，他們是否是與這條血脈有關的有益靈魂、並希望這次被認識。

聖化某些東西來敬拜這些祖先

我的一位很重要的老師、已逝的布里雅特蒙古族薩滿奧迪根，她在訓練課程與寫作中分享過蒙古族獻祭翁剛③的習俗。翁剛是一種用來強化與聖化重要靈魂關係（例如與祖先指導靈的連結）的物品。綜觀歷史，不同文化都認可翁剛的力量。幾世紀以來，藏傳佛教徒迫害蒙古族薩

③ Odigan, *Chosen by the Spirits*, 34–35.

滿，即使不徹底殺害他們，有些佛教徒也會特別沒收與焚毀翁剛，作爲一種褻瀆、控制與污衊之舉。這段歷史說明了翁剛作爲一種祖先能量之居所或容器所具備的重要性。

製作與聖化一具翁剛相當簡單。你可以利用簡單的自然材質，像是木雕、皮毛、有形狀的金屬、纖維、羽毛、石頭，或有裝飾的骨頭。

製作一具翁剛

首先從根據祖先的指引與直覺來創作翁剛本身的外形開始。安靜地坐著，心裡想著這個問題：「我的祖先會最喜歡什麼類型的翁剛？那看起來會是什麼樣子？」若你沒有立刻接收到答案，可以要求在三天內接收到回覆，在清醒的時刻或在夢中都可。在這三天當中，留意來到你身邊的訊息。

等你接收到答案，就使用你被告知要使用的材質，慢慢花時間帶著愛心，去精心製作你的翁剛。

當這實體的靈魂居所準備好要聖化，就與你的祖先進入一個接受力強的空間，然後請求他們為他注入生氣與他們的靈性能量。過程中可以包括獻上祈禱、歌曲，或任何其他能帶來啓發的儀式元素。你可以想像你正在邀請的祖先指導靈住進那具翁剛中，同時用愛與支持環繞著你與那座靈魂居所。奧迪根提供了這些指示：「把翁剛往上平舉在你面前。當靈魂充滿他，你可能感覺到一股靈性能量流進翁剛中。你將能分辨『活的』與『死的』翁剛的不同，因為他們之內的靈性精髓會直接透過你的手讓你感覺到。」持續這個過程，直到你感覺祖先已接受並賜福給這具翁剛，那時聖化就完成了。

最後，開始與已聖化的翁剛建立關係，作為你與這些祖先們的一種連結、一種他們的靈魂在這個世界的顯化或延伸。例如，你可能想把翁剛放在祖先祭壇上，或是當你想與這些祖先感覺更靠近時隨身佩戴他。你也可以向翁剛供奉祭品。依據蒙古的習俗，奧迪根建議「偶爾在翁剛身上塗一點點牛奶、酒或油脂」以作為供養。④這個習俗的重點是，你指定某個在這個世界觸摸得到的物質，來擔任你與祖先之間一種互相提昇的連結。這可以細微到如穿戴一塊聖化的珠寶或一件衣服，目的是提醒你這些祖先的存在，以及持續這份關係。

④ Ibid., 34.

與祖先一起為你們之間的世系祈禱

等你與祖先指導靈建立起強有力的連結，你就能與他們一起合作，讓療癒目的與正面能量包圍你與他們之間的世系祖先。這個做法有許多好處。藉著把指導靈的注意力轉移到他們與你之間的祖先身上，你就開啓了這個跨度的世系達到最終完整與療癒的願景。透過請求古老、安好的祖先把療癒能量延伸到那些在他們之後的靈魂，你就確認了那些指導靈才是修復工作的執行者，也可以說，把那些沉重能量提昇起來的是他們。最後，經由與指導靈合作，把那些尚未恢復活力的祖先包覆在一道療癒祈禱的網或繭當中，你就協助控制了世系中的所有沉重能量，並強化你與尚未安息亡者之間的界線。

用療癒能量圍繞世系祖先

首先，專注在與祖先指導靈的連結上，並確認他們支持這次的練習。若確認了，邀請開啓一個存在於你與指導靈之間的空間——一個提供給在你與他們之間的第三者的空間。在這個空間裡，想像你與指導靈之間的世系。在此你不是要召喚任何沉重或未療癒的能量，只是注意在你與指導靈之間的世代間那不可分割的連結。無論那份連結看來如何，請求指導靈把療癒能量與動機導引到你與他們之間的世系。看著在你最近的祖先（你的父母或祖父母）與這位指導靈的孩子之間的世系被祈禱與正面能量環繞著，不以一種侵略或強迫的方式，而是像一張充滿療癒與有益能量的網。等你找到最佳狀態，並能時刻意識到你與指導靈間的世系，只要沉浸在這個練習中一會兒。允許指導靈成為那份能量的泉源，不要動用任何你個人儲存的能量。若你能小心謹慎地進行這個練習，就請求指導靈與在他之前的安好祖先們，握住這張祈禱之網的兩端，來稍微修正一下祈禱的形式，好把你與他們之間的世系全部圍繞其中。這樣應該能讓你後退一步，去感受這些古老、安好的祖先們用療癒的能量與意圖完全包圍住那個世系。等你覺得完成的時候，請求祖先們繼續在那個世系上進行的工作，花一點時間確認你的空間裡沒有遺留麻煩的能量，並關上至今你與那個世系之間已開啟的任何連結出入口。這個祈禱練習是種安全又不具侵略性的方法，可延伸指導靈的祝福與療癒能量到你們之間的世系。

7 世系祖先與集體亡靈

進入與祖先指導靈的關係時，你或許會想知道他們在世的時間與你相距多久。家族的分離與痛苦模式，通常源自祖先們的人生經歷，而這些祖先是介於充滿活力的指導靈與較近代且有人記得的亡靈之間。本章聚焦的練習，就是用來認識以及在必要時修復無人記得姓名與面貌的祖先。在這項工作中，將學會找出祖先帶來的天賦與挑戰，並讓自己與家人的故事充滿生氣。與無人記得的世系祖先合作，也是與較近代且有人記得的亡靈做好有效的合作準備。

祖先的世系

如你記得的，在第二章中，我們探索了有人記得的亡靈與集體亡靈的不同，也分辨出個別、世系與集體或團體層次祖先的經驗。現在，我們要更深入世系。就像繩或線一樣，我們的血緣是由個別的祖先組成，他們的生命與精神交織、結合，形成牢固的纖維，而這些纖維錯綜複雜的編織，結果便呈現出一塊美麗精巧的布，即以單一集體意識存在的祖先們。原始材料的品質與個別的生命形塑了纖維的全部，也因而形塑了整件衣服的品質。每一個層次在意義上都無法與整體分離。

我聽過人們用許多不同且美麗的方式描述對不同家族世系的經驗。即使是同一個人，對每一條血緣通常也會有特定的聯想、感覺或調性，以及能量標記。舉例來說，我通常感覺我祖父的世系像是一道明亮的電流——像鳥一樣、多變且有尖角，就像閃電；而我祖母的世系則感覺較沉重，比較像鐵、夜空、松樹與雪。在訓練課程中，學員們曾把世系描述爲：藤蔓或有很多分枝的樹；一道蜿蜒的河流或小溪；一連串的火光，其中每一道火焰就是一段個別的人生；一條繩索或有著許多環節的金鍊子；一種特別的顏色或能量品質；或是像一道吹過每一口呼吸、每一段人生的祝福之風。找到方式去經歷並體現不同的血緣，在祖先修復工作中是令人愉快、具靈性影響力且有用的事（請見第九章中標題爲「降靈、傳訊與通靈」的段落，二三二頁）。

爲了幫助修復世系的整個循環過程，我區分出血親世系中的五個基本時期，每一個時期可能都需要不同的感受能力，也可能引起特定的關注。

這五個時期是：

- 指導靈之前的世系
- 指導靈到有人記得的亡靈之間的世系
- 有人記得的亡靈
- 年長與年輕的在世家庭成員
- 還沒出生的後代子孫

在視覺上可以這樣表達：

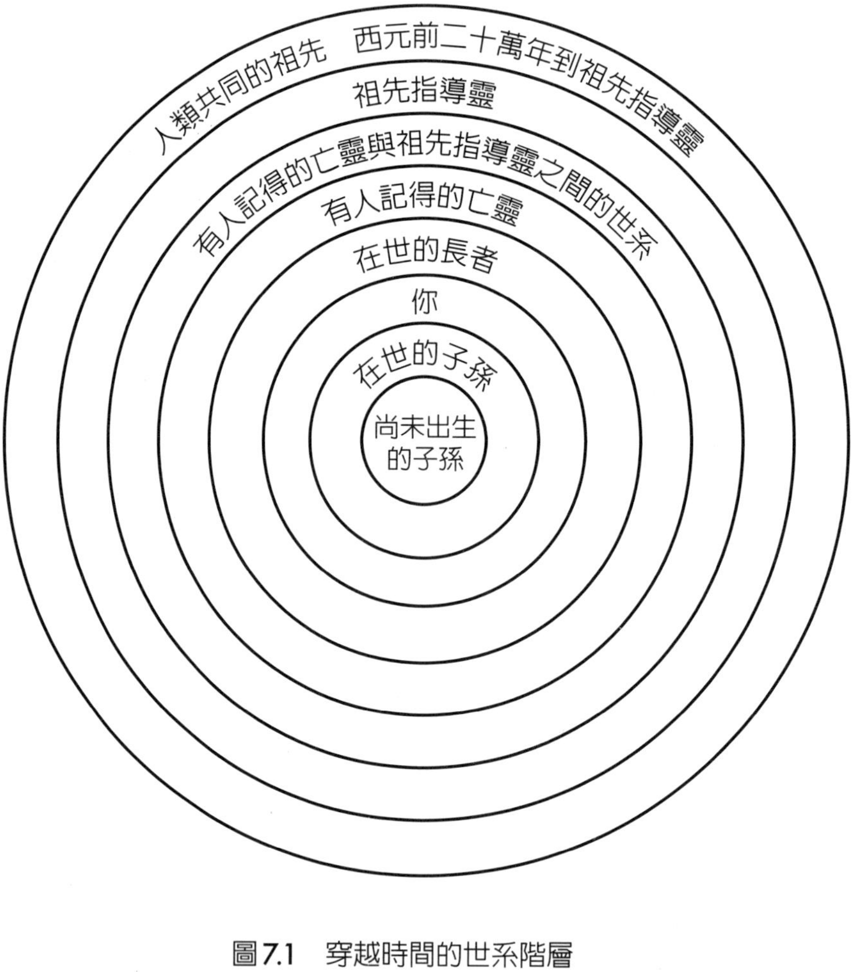

圖 7.1　穿越時間的世系階層

世系中最早期的範圍（見第六章）能呼應與祖先指導靈的合作，並提供活力與智慧來引導儀式修復工作。世系接下來的三個時期，各爲第七、第八與第九章的焦點。而第九章也包含把祝福延伸到在世的家人、子孫與尚未出生子孫的實際做法。這些不同類型的祖先，加上在世的家人與子孫，全都對集體能量有所貢獻，那份能量就是世系。

指導靈之前的世系

在祖先指導靈之前的世系，是往前穿越史前時代延伸到種族的起源、地球上生命的初始，以及宇宙的誕生。原住民族經常視自己爲特定力量、神、土地神靈、星星、自然界能量或優秀而古老人類的後代。當他們說自己是烏鴉、太陽或一座特定的山的孩子，那不只是一個美麗的故事。任何特定傳統的起源力量就像是發電機、電池與能量的出入口，當人們予以敬拜與尊敬，這些力量就會慷慨地滋養我們在這個世界的各種形式，包括特定的世系。就像地底的根系，把血緣錨定在神聖時間與神性人物中的故事，把人類祖先與這些古老力量的活力連結在一起，從而供給世系福祉。這條直接進入諸神生命或原始力量的人類起源線路，能把巨大的活力注入世系修復工作中。

然而實際上，我發現與祖先指導靈合作，跟與更古老、原始的力量合作在功能上很類似（或許還比較安全一點）。在我的經驗中，指導靈是古老世系的面孔或化身，他們表達的是在他們之前存有的祝福。如此一來，他們也能把超自然能量的強度調整成有助於建立關係的一張人臉與外型。想像一下傳統的中國舞龍者，如果龍頭是祖先指導靈，那些舞動龍身的人就是穿越時間往前延伸的較早期世系，與龍頭連結總是比爬上龍背要恭敬、有效與安全。因此，我通常直接與祖先指導靈合作，而非試圖與人類存在以前的祖先、天神或原始力量接觸。

指導靈到有人記得的亡靈之間的世系

因爲已無人知道在古老指導靈與有人記得的亡靈之間那些祖先的名字，所以他們可以被歸到集體亡靈當中。然而，他們可能是、也可能不是有活力或已被提昇的。普萊克特在死後日誌上寫道：

> 蘇杜旭族人（馬雅人）相信亡者是坐著「用眼淚製成的獨木舟，配上用古老悅耳歌曲製成的槳」，把自己划向另一個世界。我們的悲傷提供亡者靈魂能量，讓他們能完整無缺地抵達星辰海灘，亡者會在那裡前往海的另一邊，而那片海洋，就是在我們與下一個世界之間翻騰洶湧的祖母海洋。在這個星辰海灘，亡者的靈魂會受到「最後的幸福祖先」熱忱接待，然後進一步加入那個世界，進入生命的下一個階層。四百天之後，這些亡者就會取得祖先的地位。①

他不是說亡者加入「最後的祖先」，而是「最後的幸福祖先」。因此指導靈特別是由幸福的祖先組成的，而世系中在這些祖先之後的亡者，也有望處於「變得幸福」的過程中。於是，這第三階段修復祖先工作的動機，就是把幸福以充滿活力且完整世系的形式，帶到有人記得的亡靈門前。整個世系修復過程的動機，就是確定所有的家族祖先，包括遙遠的與有人記得的，都進展成為幸福的祖先，以及祖先的祝福已被好好安置於在世的家人與未來世代身上。

在第六章，你打算要接觸血緣中一切肯定都是安好的最近時間點，並在那裡迎接能展現古老世系的美好、也能協助較近期亡者的祖先指導靈。除非家人在靈性上特別光明，否則很可能這位「最後的幸福祖先」，就是處在名字被記得的祖先與存在的記憶之外、那較古老的集體亡靈領域中。這個方法是假設祖先指導靈不僅在靈性上是安好的，在他們之前的世系也是安好且已安息的。如此一來，「最後的幸福祖先」也就是作為在集體能量的世系中，最後一次呈現安好完整狀態的時刻。

等連結到這位指導靈，包括血緣較遙遠那端、緊跟在他之後的生命，仍然需要療癒。這個修復過程終究會到達離你最近的被遺忘的祖先——那位剛剛超出家族記憶與族譜研究範圍的祖先。舉例來說，在我外祖母的那條血緣中，這位祖先就是我的外曾曾祖母瑪麗．費奇（Mary Fitch）

---

① Prechtel, *Long Life Honey in the Heart*, 7.

的母親。瑪麗的母親對我來說剛好就停留在遺忘面紗的另一面，而她的女兒瑪麗就是那條血緣中名字還有人記得、離我最久遠的祖先。我曾在精神上遇過一位指導靈，他是位於瑪麗那條血緣以及曾活在西元前威爾斯的那個世系中。我們相遇的時候，在這位指導靈之前的祖先已肯定是光明的，因爲他一輩子都有意識地與他們合作，作爲療癒與靈性修行的一部分。因此，從指導靈到有人記得的亡者的世系，就是從這位指導靈到瑪麗的母親，時間大約是從西元三百年到一八七〇年。

有人記得的亡靈當中的世系

近期亡靈通常是最難應付的祖先，他們能對生者產生巨大的影響。除了透過族譜研究發現的姓名與照片之外，這些祖先還包括過世的祖父母、父母、孩子、孫子女，以及可能存在的、我們聲稱爲血親的領養家人。在血緣中的這個時刻，數千年的歷史與生命經驗從遺忘的迷霧中走出來，穿越在世的家人、舊日的情感痛苦與鄉愁，以及我們如今是世系活生生的面孔這個複雜的事實。而近期的或有人記得的亡者，也正好是長眠於現在與較古老的祖先之間。但這並不代表近期祖先會阻礙我們與被提昇的祖先的連結，被提昇的祖先比較像是繞過一顆大石而流的河流。然而，若我們沒有去應付在目前的空間裡尚未被提昇的親戚的靈魂，則可能會改變我們生命的進程。對大多數人來說，個人經驗或與上兩個世代未解的情感痛苦，經常會以無意識的方式，爲他們連結古老且完全已受到祝福世系的看法與開放程度蒙上深刻的陰影。與有人記得的祖先合作的方式，請見第八章的指導。

評估世系

要在任何系統內推動正向的改變，無論那是個人的生活、一個組織、生態系統，或某個世系，首先就是需要形塑出一幅當前情勢的清晰圖像。因此爲了開始修復你的世系，請試著去了解你所專注世系中主要的課題與分離的區域，以及近期亡靈的狀況。

要評估任何祖先血緣的健康狀況，你可以問問已在世代間傳遞的天賦與包袱是什麼，以及餵養這個世系的靈性力量來源是什麼（見第六章一五〇頁「認識與此世系有關聯的有益靈魂」，以及一五九頁「指導靈之前的世系」）。世系評估也包括辨識近期亡靈中尚未完全加入已提昇而光明的祖先的靈魂。作爲某種祖先醫師，請試著去認識世系中健康與生病靈魂的一些基本指標。

了解祖先的祝福與包袱

每個人都從血親祖先那邊繼承了祝福與包袱。許多我們最珍視的天賦與最頑強的生命挑戰，無論有意識或無意識的，都是尚未轉化的祖先包袱與家族業力的延續。可能源自祖先痛苦的掙扎包括：身體的折磨；上癮與罹患心理疾病的傾向；財務匱乏；祖先傳下來的身體或情緒傷害；因謀殺、戰爭或剝削他人造成的未解業債；失去傳統或適當的文化驕傲；或是與自然界、歸屬感，或直覺與靈性活力跨世代分離的狀態。忽略家族歷史，會促使我們以及未來世代在生命與關係中無意識地重演這些模式。

幸運的是，我們也從世系繼承了天賦——即使在世的家人與近代祖先未曾明顯展露那些天賦。祖先的祝福可能包括：絕佳的健康狀態；財富力；生育力；創造力；藝術才華；聰明的智力；強烈的直覺與做夢的能力；良好的價值觀與道德觀；仁慈；喜愛靈性修行與療癒藝術；特定的手工技能與才華；天生的快樂；幽默與心理韌性；以及與植物和動物連結的天賦。

我的一位老師分享過從祖先那邊接收祝福與包袱包裹的影像。接到祝福包裹，我們理論上會打開並活出那些天賦，甚至可能為未來的世代增添祝福。接到包袱包裹，在最糟的情況下，我們會打開潘朵拉的盒子，並受到許多生命苦難的動能所迫，而無意識地強化痛苦的模式，也因而為未來的世代增添了包袱。稍微好一點的方法是不去拆開包袱包裹，讓痛苦模式逐漸減少直至消失——這是「戒酒上癮者」②使用的方法，或是雖然已終止暴力與虐待行為的循環、卻沒有轉化先前痛苦所造成之內在創傷或衝擊之人所使用的方法。無論如何，這都比任憑痛苦模式不受控制地繼續要好得多。這經常是朝向更完整療癒的必經之路。但在最好的情況下，我們將在儀式、社群或其他方法的支持下面對祖先包袱，轉化其根源的毒素，從而為目前與未來世代消除任何負面業力或破壞性模式的動能。

想透過支持你的世系祖先們的眼光來了解你的個人天賦與挑戰，你可以這麼做：

- 創造來自親愛祖先們的更大連結感與支持。
- 轉化羞愧感，這通常伴隨著個人的內在掙扎。
- 療癒對家人不切實際的期待與有害的投射。

無論現在你與祖先們有多麼疏離，只要對他們與在世家人間不可分割的連結有更大的覺知，就能釋放孤立或分離的感覺。與來自破碎或衝突之家庭背景的人所預設的相反，他們會明白自己就與祖先一起站在圓圈的中心，其實自己就是保有世系天賦的人，即使所有其他在世的家庭成員都活在失衡與混亂中。不管在世的家人行爲如何，都要接受親愛祖先的支持，這能徹底改善一個人對家庭的經驗，以及增進其在這世界受到歡迎的感覺。

由於現代西方文化的焦點大都放在個人身上，我們便傾向把自己的苦難當成純粹是個人且私密，而非也是家庭、社區與不同世代間的事來體驗。當我們相信自己生命中的主要掙扎只存在於

②此名詞最早是由提出戒酒無名會（Alcoholics Anonymous）十二個步驟的R.J.索柏格（R.J.Solberg）創造出來的，指的是苦於「戒酒上癮者症候群」（The Dry Drunk Syndrome）的人，他們雖然已經戒酒，但尚未解決當初讓他們尋求酒精慰藉的情緒包袱，因此與他人的關係依舊緊張，也依舊為一些不良習慣所苦。

我們之內，跟家庭與文化沒有關聯，就可能對我們的痛苦感到羞愧，以致感覺與他人更加疏離。就像感染一樣，這繼發性疼痛可能變得比原本的傷口更加有害。

祖先工作顯示了「天賦」與「包袱」是我們參與其中的遺產，讓我們與早期和未來世代、同時也與更大的文化與歷史變遷連結而非分離。明白這一點有助於切開並最終療癒罪惡感和羞愧感。了解家族模式，也讓我們更容易客觀看待或疏遠任何特定模式或遺產——且不致認為那只是針對自己的人生。舉例來說，若我知道自己在成為心胸更開放、更善於表達的人上所面臨的挑戰，我的父親、祖父與在他們之前的近期世代祖先們也都奮力對抗過，我就能把這樣的模式當成有其獨特的生命或能量結構。那就不再是我的某種本質，而是我的生命、家庭與文化之屋中一個複雜的習慣。這樣一來，我就能少花些時間沉溺於對此感到羞愧，多花些時間與家人和朋友合作，一起轉化我們的包袱。

身為心理治療師與社區領袖，我也在美國觀察到人們加諸於父母與長者身上不切實際的心理期待。希望照顧我們的人像是神聖的母親與父親，這完全是自然的，但也是不切實際的。部分文化會用某種方式來預先準備與應付這個問題。首先，孩子們通常會有多重的父母形象（例如：阿姨姑姑、叔叔伯伯、年長的手足、其他家人），這會降低對真實父母的神性投射強度。其次，青少年的成年禮鼓勵年輕人去打造與諸神的直接關係。成功通過這些儀式後，他們就能藉著與神聖女性和男性直接、滋養的關係，來緩和對父母形象上的期待，並防止在家庭中可能產生的失望感。最後，祖先敬拜的傳統能幫助人們以多世代的脈絡來看待父母的形象，並用這種方式把家人縮小（或膨脹）到正常的尺寸——不太大，也不太小。

若你能把父母視爲正常尺寸的人類，有著所有的美好與不完美，你就能幫助自己的療癒，不再把他們當神一般地期待，並朝著更健康、對等且實際的關係前進。

找出世系中尚未成為祖先的亡靈

除了追蹤從指導靈的人生到目前的祖先祝福與包袱的流動之外，對世系的診斷應該也要包括察看需要關注的尚未提昇的祖先或鬼魂。在這個階段，首先要試著了解，世系中的哪裡需要特別與尚未成爲祖先的靈魂合作。這將幫助你帶著所有必要的準備與警惕去處理這份工作。如同練習四，蒐集這種資訊需要保持清楚的能量界線，並拒絕所有想介入的誘惑。若你辦不到，就是還沒準備好進行祖先修復工作。

追蹤有人記得的祖先之前的世系時，亡靈可能會以一種集體意識、個體，或代表一群祖先說話的個體來展現自我。在《魔戒》系列小說中，那些山中亡靈就是絕佳實例，由單獨的領袖代表一群尚未成爲祖先的亡靈；當鬼王抓住對生者贖罪的機會，便能讓整個群體從鬼魂的狀態中釋放出來，最後得以加入祖先的行列。

我遇見的許多人，由於沒有爲亡靈執行有效儀式，至少都有一或兩位已逝的親戚是尚未成爲祖先、也就是尚未被織入較古老世系與充滿活力的祖先祝福網中的亡靈。這點在世系診斷的過程中、要不就是在更早的時候（見一二五頁的練習四），一般都會變得很清楚。在祖先訓練的週末課程中，學員曾指稱感覺到他們世系中一小群一小群的麻煩亡靈，像是遭到噤聲的女性、死於戰爭與謀殺的人、忍受極度貧窮與匱乏的人，以及因信仰而受到迫害的人。在長期或集體傷害令世系變得沉重的案例中，亡靈會以相同的聲音說話，或者許多靈魂會表現出共同的擔憂。

除了找出個別尚未成爲祖先的靈魂之外，診斷過程偶爾也會顯示出已與人類世系糾纏不清、有問題的非人類能量。這些能量可能包括祖先的詛咒、自然界被冒犯的靈，以及各種類型的低頻存在（更多探討這個主題的內容，請見第八章二一五頁）。再說一次，這個階段的焦點，只是爲了所需要的修復，去了解故事並得到整體的感覺。

總之，任何特定祖先世系的四個健康指標包括：

- 世系本身仍牢牢地錨定在古老神話時代，而這祝福的泉源能觸及較近代的祖先。
- 世系的祝福勝過包袱，剩下的包袱也處於被轉化的過程中。
- 與非人類能量或有助於世系健康、關聯緊密的靈魂（像是在第六章末提及的聖母瑪麗亞、某些動物靈等等）關係完好。
- 世系中大多數的祖先個體在靈性上明顯是光明且提昇的。

用四個生病或具有潛在麻煩的負面指標來重述，則是包括：

- 世系並未意識到其神話根源或神聖時期，因此這個祝福的泉源並未觸及近代亡靈或生者
- 世系包袱占了優勢，祝福則受到扭曲或遺忘。
- 與祖先靈魂有緊密連結的關係沒有被記住或得到滋養。
- 有大量近代亡靈都尚未成爲祖先，而且生者當中無人意識到或試圖去解決這個問題。

練習 6

認識世系

- **意圖：**認識祖先指導靈與現在之間的世系
- **你需要什麼：**一個安靜的空間，以及任何有助於與祖先連結的物品。

爲了做這個練習，你要再次錄下自己朗讀下列引導式觀想的聲音，然後再從頭播放。或者，你也可以請朋友大聲念給你聽。等你錄好下列的觀想，或找到一

位朋友敘述，再去找一個有助於儀式工作的空間。到了那裡，可以去做任何能幫助你**建立神聖空間與儀式目的**的事（例如：點蠟燭、上香、祈禱）。可能的話，找出四個方位，並考慮坐在儀式空間中靠近中心的位置。播放錄音，或請朋友開始敘述。

1. （開始錄音）一開始，花幾分鐘**讓你的身體與情緒集中專注**。方法可以包括做些冥想或呼吸、回歸個人中心的祈禱、隨性的身體擺動，或者只是暫停一下回想你進行儀式的目的。去做任何能讓你放下頭腦、與心連結的事。（暫停一分鐘）

2. 等你感覺專注，就**召喚你在練習五連結的世系中樂於支持你的祖先指導靈**。確定這位指導靈願意且有能力指引這份工作（例如，是在一到十分的標準中得到八分以上）。若這個世系中已有同樣健康，且已與你一起合作的最近過世的祖先，可以邀請他們加入這個過程。把你的動機告訴這些指導靈，以更了解這個作爲整體的世系。繼續進行之前，要確認你擁有他們的支持。（暫停一分鐘）

3. **尊敬地邀請指導靈讓你看看世系整體的狀況**。試著去理解世系中曾發生的事，在指導靈的人生與現在之間，有哪裡需要修復，並以安全的方式接收這個訊息。或許這個世系看來像是一條線、河流、繩索、一道光、一連串的火焰，或其他完全不同的東西。把這個世系視爲集體能量。作爲一個系統，這世系看來如何？留意亮點、阻塞物、能量糾結的地方。請指導靈讓你看見並驅動這個過程。再說一次，你在此只是觀察，因此要忍住衝動，不要去介入、接觸更多這個世系中的祖先，或在此刻改變任何事。（暫停三到四分鐘）

4. **一旦觀察了世系整體**，就可以請指導靈讓你看見其中一些輪廓清晰的個人生命故事。把世系從頭看到尾，請教指導靈：不安好的個體生命在哪裡（如果有的話）？同時詢問關於這條血緣中近代亡靈的事。你可以請問指導靈關於某位特定祖先的事（例如某位曾祖父母、祖父母或父母）。他們基本上是安好的？不怎麼安好的？還是介於兩者之間？再說一次，要很清楚你的動機只是去了解，而非去解決、療癒，或在此刻改變任何事。（暫停三到四分鐘）

5. **最後，詢問世系的祝福與包袱**。（也可將此當成一個不同的觀想過程來做）請教你的指導靈：透過這個世系傳遞下來的三個祝福是什麼？形式可能是天賦、良藥、天生的才華或正面的特質。找出三個來。（暫停一到兩分鐘）接下來，請教指導靈：透過這個世系傳遞下來的三個包袱是什麼？形式可能是挑戰、上癮、疾病、毒物或負面特質，找出這些包袱。再說一次，要記得你不是在試圖

解決任何事，只是要試著理解。（暫停一到兩分鐘）

6. 在對祝福與包袱有了比較清楚的了解後，**想像你從對世系的聚焦中後退一步，回到只有指導靈存在的狀態**。需要的話，請求指導靈協助清理你的空間與能量，不要留下任何殘餘的沉重能量。（暫停片刻）在謝謝你的祖先指導靈與任何其他陪伴你的靈之前，邀請所有最後的溝通。等這些都完成時，就把注意力帶回到身體與周遭環境中。（暫停片刻）

7. 張開眼睛之前，最後一次緩緩掃描空間與環境，**確定真的完成了整個過程**，也清理了任何祖先的或其他可能曾目睹到的沉重能量。（暫停片刻）等你準備好的時候，睜開眼睛，把注意力完全帶回到身體與環境中。若是在見證世系過程中的任何時刻有悲傷或其他強烈情緒升起，要敬重這些感覺，但也要確保你個人能量的純淨，以及你與指導這過程的祖先指導靈關係完好無缺。想確保你記得所有呈現在你面前的事，之後立刻做些筆記通常很有幫助。（錄音結束）

知識伴隨著責任，當你對血緣中祖先的祝福與包袱變得更有意識，或許可以考慮做出某種儀式承諾，來活出你所繼承的天賦。這可以簡單到像是對你的祖先大聲陳述你很了解某個特定天賦是他們的遺產，以及你打算如何延續這份正面的遺產；也可以是一個更精心製作的儀式，在其中你用盛宴款待祖先（見二五一頁的練習十二），並祈求他們協助重大的生命轉變。同樣地，你也可能受到感動而去舉行儀式——爲自己與後代子孫終止世代傳遞的特定祖先包袱。當然，最佳解決方式就是在你的生命與關係中活出你所渴望的改變。

至於轉化包袱的部份，我建議先完成整個修復過程，然後回頭去請問祖先指導靈：他們是否認爲另外用這個動機進行儀式會有幫助。若是，你可能要用某種物體來代表那些包袱（例如：一把種子、把包袱寫在紙上、一把樹枝），並詢問指導靈希望如何儀式性地轉化他們（例如：燒掉、埋起來、放於流水中）。

修復較古老的世系祖先

在這個與下一個階段，你會爲你的祖先與在世家人啓動療癒與有益的改變。有些人會認爲這個動機很冒昧、傲慢、沒必要、背離自然規律，不然就是不恰當，因爲那意味著在世的人類可以幫助自己的祖先。這些擔憂是合理的，也值得探討。反對的意見一般圍繞著三種假設：祖先已經很安好，不需要我們的幫忙；只有在他們明確要求幫助時，介入才有道德上的適當性；以及即使祖先需要且要求協助，我們也無法對他們提供有用的協助。就某種程度而言，我同意這些反對意見。

首先，祖先們並不完全需要我們的協助。是那些身爲鬼魂、尚未成爲祖先，或是處在衝突與未提昇狀態下的靈，才用得到那些支持。因此我們不完全是在幫助祖先，而是在邀請他們去幫助那些亡靈成爲祖先。這樣一來，修復的過程就是在恢復自然規律，祖先是主動且有效支持後代子孫的靈性長者。

說到第二個反對意見——不在未經邀請的狀況下貿然去療癒或解決的重要性：如果你遵照修復過程中的步驟，會先進入與祖先指導靈或世系守護靈的關係中，然後才在他們的支持與指引下，開始去了解這個世系，但不改變任何事。只有在與世系眞正的長者產生關聯之後，你才能試著用對亡靈有益的方式採取行動。此時，修復工作應該是由祖先指導靈、而非由你的「應該發生什麼事」的腳本來驅動。如果指導靈要你走開，你可以試著去理解他們的理由，但仍應該尊重他們的決策。

關於第三個反對意見：能產生眞正改變的靈性能量，來自超越自我、有意識的動機與個人議題。運用儀式方法需要時而努力、時而臣服，在兩者間巧妙移動。這樣一來，我們就不是幫助麻煩亡靈的人，而是臣服於更大能量的促進者與懇求者，發自內心地呼求較古老、安好的祖先去催化個人、家庭與文化的療癒。如同許多傳統的療癒法，事情跟你知道什麼比較無關，而是有關於你認識的是誰，以及爲了更大利益，你能激發多少愛、美、眞誠與熱情。

雖然轉化的核心存在著神祕與恩典，但我也注意到有些主題似乎確實會重複出現。在儀式修復中記得他們可能很有幫助。以下將更深入探討四個關鍵主題。

藥病相治

西元九世紀的禪宗大師雲門文偃與他的學生所對談的一則教導是這麼寫的：

> 藥病相治，
> 盡大地是藥，
> 哪個是自己？③

換句話說，祝福與包袱經常是互相呼應或對照的。正面的武士精神，在缺乏某個相關因素時，可能會被扭曲成武斷、無知的暴力，以及絕望的自殺衝動。在我的世系之一，祖先們都是酒量很好、又很不擅長劃好個人界線的人，但這個包袱對所展現的生命來說，也指出一種隱藏的祝福，即感官與狂喜的鑑賞力。然而即使是偉大的靈視力天賦，若沒有更大的文化給予支持或地位，也可能會顯化為浮誇、精神錯亂與心理膨脹。你的各個世系之間祝福與包袱是如何彼此相

③ Translation by John Tarrant via personal teachings.

關？透過研究世系所中的毒，對治的藥也會變得清楚。

「拯救一人，即拯救全世界」

這句因電影《辛德勒的名單》而廣為人知的經文，是源自名為《塔木德》④的希伯來文經典，這提醒了我們，照料個體，能對整體產生強而有力的效應。舉例來說，週末訓練課程的學員卡蘿，在與她外祖母的世系合作時，遇見了活在大約兩世紀前的日本祖先，那是大文化的各層面正對外來影響開放的過渡時期。這位祖先感覺到兩種現實之間的拉扯，而隨著她的故事在訓練過程中逐漸揭露，便可清楚看出，這位祖先的旅程精確反映出卡蘿也在奮力面對的重大挑戰，那是融入與協調不同的文化與血緣。在訓練的第二天，卡蘿與她的祖先把之前分離且迥然不同的線織在一起，成了一個協調的整體，也因而提昇了整個世系的振動頻率。

卡蘿的經驗也彰顯了這份工作的合作本質。如果她只是把這位祖先視為某個渴望解決問題而不耐煩地用白光照射她的靈，就會失去這份關係中的豐富與親密性。這位個別祖先表達出整個世系需要的修復關鍵。藉著花時間一次又一次回到她祖先的故事中，卡蘿建立了她生命中重要的新連結，也發揮了療癒所需的耐心與智慧。

一艘用我們的眼淚打造的獨木舟

原住民長老們都會強調悲傷的神聖性，包括在協助亡者成為祖先時。梭梅寫道：

> 一般來說，西方人會因被孤立感到悲傷。特別是西方男性，會為他們之前沒有好好哀悼的亡者感到悲傷，因為人們告訴他們，男人是不哭的。在我的工作中到處都聽得到這樣的事。悲傷的表達方式不只有流淚，也包括生氣、憤怒、沮喪與哀傷。生氣的人，就是快要流淚的人，流淚就是較溫和版的悲傷。⑤

梭梅深思他祖母的葬禮，寫下了「悲傷」提昇亡靈的重要性。「達格拉族相信亡者有權蒐集他們應得的眼淚。沒有受到激情哀悼的靈魂會感到憤怒與失望，彷彿他們徹底死去的權力被偷走了。」⑥時間在靈魂的領域中不是線性的，即使祖先們是活在數世紀之前，靈魂在當下這一刻仍會說話，而儀式中也許能召喚在世的子孫們來對他們表達哀悼，讓他們終於得以進入祖先領域。

---

④ Sanh.4:9 or Sanh.37a.

⑤ Somé, *The Healing Wisdom of Africa*, 219.

⑥ Somé, *Of Water and the Spirit*, 57.

雖然所有的情緒原本就是自然的，但在我的經驗中，並非所有表達悲傷的方式對生者或亡者都同樣具療癒性且有益。理想的方式是把悲傷裝在有支撐力且安全的容器中，無論是在有可靠朋友或夥伴的社群中，或甚至是在祖先指導靈或其他有益能量的支持下。悲傷的能量是強大的，而且，如果加以阻擋或允許其氾濫太久，就可能傷害身體與心靈。我的準則是，「適當的悲傷」最終會幫助我感到更健康、與他人更有連結，也更有同情心，反之，我對於會使我感覺更分離、持續感到難以承受或自憐的悲傷，則較爲謹愼。有時光是想到充滿愛的指導靈，以及一個對我們原始連結狀態的記憶，就足以從較療癒且相連結的方向去改變經驗。

當離世的所愛之人處於不確定狀態或仍受到生者束縛，也可能讓留在世間者的哀悼過程變得複雜。我們把鬼魂想成是尙未完成死亡的人——即仍處於通過儀式中的靈魂（這儀式從身體的死亡開始，可望在他們受到歡迎成爲祖先時完成）。即使剛逝世的亡者不在你的鄰近區域，但若一個人尙未完全離開這個世界，你要如何悼念他的逝去？這麼說好了，世系修復工作能幫助亡者結束死亡，重生爲祖先。隨著家族亡靈適應他們成爲祖先的新身分，以及生者認清所有來自亡者靈魂的潛在破壞性影響，就能同時幫助結束與建立（新的）情感療癒層次。這並非意味著亡者在靈性上變得完全安好之前，悲傷都要乖乖地在那裡等待；而是當亡者眞正結束活在人間的時間，生者通常才能以有助且適當的悲傷方式，更全然地感受與接受失去，這不只包括更深刻地哀悼失去所愛，還有感受夢想的結束，以及永遠無法與亡者連結，至少不是哀悼者在這世上的時候。要記得，悲傷本身不是件壞事，而是神聖且必要的人類情感，能催化深刻的生命轉變，洗去舊有的結構，並打開心與靈魂層次的知曉之道。

身為有同理心的生物，我們也能感受到他人、靈性能量與在更大意義上的世界的悲傷。這可能深具療癒性與連結性，只要我們尊重個人的極限，並記住我們可以決定要多開放地面對流經自身的較大能量。準備好修復自己的血緣，有時需要打開阻塞了好多年（即使不是好幾世紀）的哀慟，而那些阻塞的方式可能是難以預料的。有時深刻地哀悼世系中過去的傷害，恰是我們能轉化那些傷害的方法。若是這類的情緒想透過你釋放出來，請考慮對感受的深度保持開放，這是為了你自己的療癒，也是為了你的家人與親族。當悲傷的淚水得以流出，並重塑我們內心的景致，原諒與和解的念頭，通常就會從被好好哀悼的溫柔空間中自然升起。

故事修復就是世系修復

身分、文化，以及對世界的基本理解都是來自故事。當我們生命的劇情是有意義的，就會比較快樂，也比較能代謝掉發生在我們身上的逆境。當我們無法感覺自己是較大故事中的一份子，就會容易感到更孤單並受苦。世系修復能幫助你從今日的生活中去了解與落實血親世系的特定祝福，來治療這種孤立感。我們藉著重申自己在血緣中的地位，就確認了祖先也活在我們骨子裡與身上的每一個細胞中，而且我們都深深影響著彼此。儀式帶領者華・安華（Hua Anwa）說道：

我真的相信，我們的骨子裡有著祖先的記憶，而身處神聖空間，將有助於產生與古老自我的重新連結。你是位祖先，你在此就身負著血緣。當我們承認此事，會感覺有點令人難以招架，因爲我們內在應該擁有所有的智慧；如果我們是祖先世系的容器，那麼一切就都存在於我們之內。他沒有不見，只是需要被重新喚醒與憶起。這種與祖先的連結極爲重要，而我們就是這種連結的容器，因此我們的職責就是憶起他。然後把他往下、往上傳遞。⑦

在儀式工作中，修復祖先的故事有時看來像是憶起與重新找到沉睡的世系天賦，從而完成在生者與古老祖先之間的能量與意義迴路。當我們直接與古老、提昇的祖先連結，無論在我們與他們之間的世系中有什麼需要療癒的，開始看來更像是一段暫時性的失憶，而目前被覺知及祖先記憶撐托起來。在觀想或薩滿旅程的實修中，你與祖先指導靈可以把世系當成活生生的能量或甚至是象徵、而非許多個別的靈魂來合作。舉例來說，你與指導靈可能透過下列方式來照顧世系：重複點燃一連串的火炬或信號火堆（每一堆代表一個人生）、清理一條河水中的阻塞物、梳開長髮中的糾結處、對一條電線來回通電，或者用愛、關心與回憶來滋養血緣回到健康狀態。隱藏在骨子裡被埋葬的祖先寶藏便重新覺醒，把分裂轉化成復活的故事，確認世系並使之充滿生氣，使活在我們人生與古老指導靈之間的亡靈提昇振動頻率。

練習 7

協助世系祖先的儀式

- **意圖**：爲較古老世系祖先的福祉、療癒與提昇獻上儀式。
- **你需要什麼**：一個安靜的空間與任何能幫助你與祖先連結的物品。

在此練習中，你所選擇血緣的修復工作便正式開始。爲這個儀式做準備時，要記住兩個重點：(1)同一時間只爲你的世系或個別祖先的一部分專注地進行修復工作，不要試圖同時承擔太多工作。以及(2)預期會重複進行這個儀式，次數視你的需要而定，直到感覺完成爲止。你可能每星期或每個月專注於這個儀式一次，直到世系感覺變得光明而強壯。請記得要讀完整個第二部的內容再從事儀式，以確定你對可能遭遇之事的來龍去脈有充分理解。同樣地，雖然我爲下列的儀式提供了架構，但你的工作可能顯得相當不同，要視你從祖先那裡接收到的指引而

⑦ Earth Medicine Alliance, "Voices of the Earth: Adapting Ceremonies over Time and Ancestors."

定。相信直覺，並讓祖先指導靈執行指導。

如同之前的練習，你可以錄下自己朗讀下列過程的聲音，以便播放，或請朋友為你在觀想過程中大聲念出來。等你錄好音或找到朋友來敘述，就找個有助於儀式工作的空間。到了那裡之後，就去做任何能幫助你**建立神聖空間與達成儀式目的**的事。

1. （開始錄音）花幾分鐘**讓你的身體與情緒集中專注**。方法可以包括做些冥想或呼吸、回歸個人中心的祈禱、隨性的身體擺動，或者只是暫停一下回想你的動機。（暫停片刻）等你感覺回到中心，就**召喚任何你已建立良好關係、樂於支持你的指導靈**。一定要連結你正在處理的特定世系中較早遇見的祖先指導靈。告訴指導靈你的動機是為了世系祖先的利益而來協助療癒與修復。確定你擁有他們的支持之後，再繼續進行。（暫停一到兩分鐘）

2. 現在你已準備好要進行儀式了。回想你對整體世系的評估結果（見練習六），從專注在世系中最接近祖先指導靈的一生或位於較遙遠的過去開始。（暫停片刻）追隨狀態良好的祖先們的引導，把注意力帶到緊跟在指導靈之後的世代。尋找需要療癒的區域，並邀請指導靈透過歡迎那些祖先進入世系中，來把療癒帶到那些地方。記得要有耐心，同一時間只聚焦於修復一段時期或世系中的一個時間點。這可能是侷限在單一的人生，也可能包括在一段好幾世紀時期中出現的一些主題。不論發生何種情況，都只關心整體世系中的一個部分或接合點。現在就去那個地方，並跟隨指導靈的引導，設下目標，讓療癒的愛與關懷抵達你血緣中這些祖先身上。持續專注於此，直到你感覺到那份能量中的某種動靜或改善。（暫停五分鐘）

3. 當你暫時完成世系中的那個點，就**把修復鞏固**在那個點上，好讓工作有可能自己「停留」在那裡。想像一條從提昇的指導靈身上流出的祖先祝福之河。你正在拓寬從過去到現在的水道，確定到你正在處理的點之前，一切的狀態都是良好的。等你感覺目前的照料過程暫時完成了，就詢問你的指導靈：「我能強化療癒的簡單方法是什麼？」這可能包括物質性的祭品、在儀式空間中立刻就能採取的行動，或之後可以做的某件事。對你接收到的指引抱持開放，並且只對你確定能完成的事做出承諾。（暫停一至兩分鐘）

4. 等鞏固了你的修復工作後，**再次檢查到那個點之前的世系狀況**。如果到你正在處理的那個點之前的血緣中仍有某些感覺麻煩的事，就與他同在，直到他改變爲止。若感覺完成了，你可以移動到下一個世系中的治療點，或者結束到目前爲止的全部觀想。無論如何，都不要進行世系中的另一個區域，直到你在處理的時期到達一到十分標準中的八分或以上爲止。在你逐漸把新的「安好點」朝現在移近的過程中，對這份工作要有耐心。花一點時間去評估你是否已準備好進展到世系的另一個時期。（暫停片刻。若你在錄音，並希望提供第二輪的照料，可回到第二步。從「現在就去那個地方……」開始，然後再次錄到第四步的結尾）

5. 當你要暫時結束時，**從世系修復工作中後退一步，只把焦點放在祖先指導靈身上。請求他們幫助你清理空間與能量，不留下任何你在修復過程中可能遇到的殘餘沉重能量。**接受任何他們給你的最後訊息。（暫停一分鐘）當他們表明過程完成、你也沒有任何問題了，就謝謝他們，然後把你的注意力完全帶回身體與周遭環境中。（錄音結束）

當你跟指導靈確認，在「被記得名字」門檻之前的所有祖先，靈性上都變得安好，也被融入整體世系的能量中時，你就會知道你已完成了這個階段的修復工作。用中國舞龍者的比喻來說，此刻龍頭就是在被記得名字的門檻前，跟離你最近的被遺忘的祖先一起，而後面就是一條往回延伸到你血緣神話起源處的健康世系。

要把世系帶回到如此有活力的程度，幾乎都需要一次以上的儀式，而對許多人來說，大多數的修復工作都發生在這個階段。過程中一定不要急。在修復過程中，每一步都奠基於之前的工作，而當較古老的世系發出光芒，便能幫助你在照料近期亡靈時相對輕鬆。可考慮回頭去做第六章結尾（一五四頁）「與祖先一起爲你們之間的世系祈禱」的練習。你可以輪流做那個較溫和且較整合性的練習，以及上述練習七這個較直接的儀式介入。要記住，這份工作中沒有任何需要你與沉重能量連結的部分；讓指導靈去驅動那個過程非常重要。最後，在整個過程中，要創造足夠的空間給個人的轉化、家族的療癒，以及生命中的新關係。

8 協助名字仍被記得的亡者

失去親愛的家人或朋友時，就是死亡最接近我們的時刻。學習安全而有效地與被記得的亡者連結，不僅能在世系修復工作中進行療癒，也能讓我們在所愛之人離世後，自然地在靈性上與他們延續關係。本章中，你將了解情感療癒以及完成與近代祖先間未竟之事的重要性——包括跟自己的家人與其他死去的所愛之人一起付諸實行的方法。你也會學到靈魂引導的基本原則與祖先化（ancestralization）的實修法，以協助近期世代的家族成員成爲祖先。最後，你將學到如何處理偶爾會隨著麻煩亡者出現的困難情況（例如，破碎且難對付的鬼魂、家族詛咒、無益的靈體）。在完成這個世系修復過程中的第四階段（總共五個階段）之後，你就協助了世系中的所有近代祖先能受到指導靈的歡迎，取得他們在世系中的正當地位。

情感療癒、寬恕，與未竟之事

只因我們認識的某人死去，並不代表我們與那人就能立刻在精神上歸於平和，也不代表那人就會自動成爲平靜、充滿愛的祖先。在親近的家人與朋友剛離世時，在我們身上很常見到像是憤怒、怨恨與解脫的感受，即使並不一定會被表達出來。文化或家族對於這種負面感受的審視，可能讓情感療癒與哀悼變得更爲複雜，也可能引起罪惡或羞愧。儘管有這些挑戰，在提供更投入的儀式支持之前，最好能在感情上以誠實與弱化的方式，對任何與亡者間未解的課題給予關懷與體諒。這不僅對我們來說具有療癒功效，也能協助亡者完成他們在人間的生命，並幫助我們在所有後續的儀式工作中表現得更有效率。對近期的亡者來說，完成未竟之事也可能包括與我們沒有直接關聯的事，但我們或許能夠加以理解並協助實現。

情感療癒

在美國，有一種身體、性與情緒暴力的流行病是由父母與照顧者傳給孩童的，這種流行病在親密的夥伴關係以及其他家人當中也存在著。對某些人來說，當所愛之人死去，可能也代表施暴者的死亡——對安全的威脅不在了，即使暴行本身在多年前就結束。若你或所認識的某人經歷過此事，在施暴者死去之後，你們可能會感到解脫或自由，正常的反應可能包括：一股洶湧的壓抑憤怒如今可以較安全地表達出來；對過去從未被說出的暴行感到罪惡與羞愧；對於在一生中未能消弭差異感到悲傷。而父母或伴侶的死去，也可能代表一些不爲人知的期望結束了：期望和解與認可你過去的經驗，或期望對方能看見與愛眞實的你。若你尚未療癒過去由家族成員造成的傷害，可能會讓你在某位所愛之人死後的自然哀悼過程變得複雜。然而，當期待有個不同人生的希望幻滅，你也接受了失去，深刻的悲傷與其他壓抑的情緒終於得以流動，情感的療癒就能正式開始。若你正處於這類的強烈情緒中，我建議可能的話要尋求專業的協助，並結合主動的自我照顧和依靠值得信賴的家人與朋友。療癒任何時間軸上的舊有情感痛苦是必要的，這也是一個敬拜祖先的絕佳方式：能增進個人的活力，並讓與亡者靈魂和解的可能性持續存在。

所愛之人的死去，也會以不可逆且難以預料的方式改變家人關係。用心理治療的術語來說，家庭系統必須找到新的平衡或恆常狀態；而理想上，隨著這樣較健康的模式成爲新的常態，家庭成員死後的過渡時間，會帶來重大的正面改變。但事情永遠無法眞正回到失去之前的狀態——這是個不切實際的期待。父母的死亡可能提高你對祖先領域的親近感，因爲你在血緣中成了下一個可能成爲祖先的人；而伴侶或孩子的離世，也可能在你內心與精神上留下以他們的生命形式所形成的破洞。

所愛之人的離世，也可能引發生者跟隨他們進入祖先領域的渴望，然而這卻是個眞正的風險。音樂家艾瑞克．克萊普頓（Eric Clapton）在爲悼念意外死亡的四歲兒子所寫的知名歌曲〈淚灑天堂〉（Tears in Heaven）中問道：「你還記得我的名字嗎？如果我在天堂遇見你？」在直接對他兒子的靈魂歌唱之後，克萊普頓用這段話結束那首歌：「我必須堅強，堅持下去，因爲我知道我並不屬於天堂。」文學與歷史都承認伴侶可能跟隨彼此走向死亡（例如：羅密歐與茱麗葉、奧賽羅與苔絲狄蒙娜〔Desdemona〕①、崔斯坦〔Tristan〕與伊索德〔Iseult〕②、萊拉〔Layla〕與馬吉努〔Majnun〕③、馬克・安東尼〔Mark Antony〕與克麗奧佩特拉〔Cleopatra〕④）。地方新聞偶爾也會報導跟著對方進入祖先領域的年長伴侶，兩人的死亡時間相隔不是在幾小時、就是在幾天之內。沒有因爲伴侶的死亡而跟著死去或自殺的人，也都會說自己必須很努力去抗拒這麼做的衝動。在世的人、剛離世者的靈魂或兩者，都可能促使這種局面的發生。然而生者跟隨亡者而去的風險，卻是另一個鼓勵剛離世者在死後快快完成過渡到祖先領域的理由。亡者的靈性狀態越好，生者受到吸引隨之死去的風險就越低，對那些留下來的人來說，哀悼的過程也

①為莎士比亞四大悲劇《奧賽羅》中的主角。兩人雖克服身分差距而結婚，但卻因他人的挑撥與陷害，使奧賽羅相信苔絲狄蒙娜對他不貞，在嫉妒與憤怒中掐死了自己的妻子。得知真相後，悔恨之餘拔劍自刎，倒在妻子身邊。

②崔斯坦為英國史詩亞瑟王傳中的人物之一。伊索德是崔斯坦叔父馬克國王的妻子，兩人的不倫之戀分合多次，崔斯坦最後選擇遠走他鄉，直到在一次戰鬥中身受重傷，才向有神奇療癒能力的伊索德求救。但後來因訊息的誤傳，在伊索德趕到前，崔斯坦便絕望而死，伊索德也拔劍自盡隨情人而去。

③兩人是一則源自古代阿拉伯愛情故事的主人翁，以古詩人凱斯・伊本・阿—穆勞瓦（Qays ibn al-Mulawwah）的愛情故事為原型，版本衆多。凱斯與萊拉從小便相識相戀，凱斯瘋狂迷戀萊拉，因而被當地居民取了意為「痴男」的稱呼「Majnun」。但萊拉的父親卻拒絕兩人的親事，並把萊拉嫁給他人。萊拉最後因無法再見到凱斯心碎而死，後來凱斯也被人發現死在萊拉墳墓的附近，並在萊拉的墓上刻下了三首詩。

④兩人的故事即為知名劇作《埃及豔后》所描述的故事。安東尼因迷戀克麗奧佩特拉而把羅馬政務、自己的妻子拋諸腦後，以致在羅馬名譽掃地、職權也被剝奪，最後遭到屋大維的宣戰。兩人只好逃亡，最後安東尼在克麗奧佩特拉的懷中自殺，不久後克麗奧佩特拉也自殺身亡。

會好過一點。

週末訓練課程的參與者有時會問，生者與亡者間未解的課題是否會阻礙亡者前進成為祖先。這是個微妙的好問題。短版的答案是：「除非亡者允許自己被阻礙。」較長版的答案則需要認清我們都是緊密相連的，而光是自己的健康或生病狀態，就會不由得地影響到我們所愛的人。

若你是剛離世的靈魂，在世家人的態度可能影響你死後的旅程嗎？是的，絕對可能。假設你是個充滿愛心的年長母親，有五個為憂鬱症所苦的孩子，但你基本上仍對人很友善；又假設你並沒有自己的靈性傳統，感覺不到跟祖先的眞實連結，而你才剛剛死去。在這些情況下，我們估計你有一半的機會可以在死後幾個月內自然進入祖先領域；事情可能往以下兩者之一的方向發展：第一種情節是，你的孩子與他們的家人參加喪禮並公開為你流淚，表達出你的人生對他們有多麼重要，並祈禱你得到安息；第二種情節是，你的家人沒有流淚，他們因為感覺被拋棄而不願放手、全神貫注於自己內在的衝突，他們說還沒準備好讓你離開，並懇求你留下來。在此類情形下，無論你在世的家人如何回應你的死亡，都會發揮決定性的作用。預防此類死後停滯不前狀態的最佳方法，就是盡可能在人生中療癒你自己的情感以及你與所愛之人的關係。

寬恕

研究已證實寬恕對我們的健康與幸福有益，即使寬恕會令人感到威脅，也可能引發強烈的感受與意見。⑤在此要澄清的是，寬恕無關乎遺忘、容忍或將過去的傷害減到最低，也無關乎無法保護自己與他人。雖然寬恕對情緒的解除很重要，但我眞不明白刻意試圖遺忘過去有什麼好處。寬恕也不要求你去低估過去的傷害，或是去正當化或合理化你感覺受傷或委屈的方式。在棘手的情況下，個人與在世家人的療癒可能包括法律的介入、中斷聯絡，或建立清楚的界線。若你或你認識的某人正處於有害或不安全的情況，優先考量的一定是得到安全的保護。只有在那之後，才能接著進行情感的療癒與寬恕。

對我來說，寬恕是完成或解決過去的經驗，特別是就眞正的或感知到的傷害而言。當你接受事情本來的樣貌、而非你想要的樣貌，就有可能寬恕。再說一次，接受並不意味著認可，也不會讓你無法努力去預防未來的傷害，但確實需要你去面對曾經發生的事。你對修復所做的努力，可能需要去請求且延伸寬恕。寬恕可能大多是內在且個人的練習，或者也可能直接牽涉到在世或死去的他人。即使你永遠不會認識某些親戚或跟他們聯絡，你仍可以把他們放在心上，寬恕他們，並爲他們的幸福祈禱。若你眞的邀請他人加入你的過程，你就能寬恕他們，且不必邀請他們回到你的生活中；同樣地，別人也可以寬恕你，即使他們不想跟你有什麼關聯。換句話說，寬恕他人不是要迫使你在現在與他們建立關係；寬恕甚至有助於結束不健康的情感依附。如果我們想尋求

⑤ Luskin, *Forgive for Good.*

寬恕的對象不願意或無法進行此事，我們仍能想像接收到他們的寬恕。假如我們已經盡所能地去做了所有能賠罪的事，這或許至少能讓我們寬恕自己。在我的經驗中，雖然無法假裝感覺到我們沒感覺的事，但仍可以用開放的心與頭腦去投入寬恕的練習，對任何出現眼前的事保持接納。

在世系修復工作中，寬恕的練習能協助療癒較古老的祖先、有人記得的亡者與在世的家人。要記得，在與每個團體一起工作時，內在需要解決的問題可能會出現。舉例來說，在對較古老的祖先說話時，可能感覺到某些重要的事，像是對他們遠離家鄉或傳統生活方式的失望；批判他們在歷史上濫用權力；對他們未能抗拒或阻止壓迫他人感到遺憾；對他們傳遞而非解決祖先包袱感到沮喪；或是因爲他們未能活出你對長者的期待而感到失望。

在努力原諒有人記得的亡者時，你可能會感受到所有人類的糾葛與痛苦，像是感覺對他們的死要負起某種責任、認爲所愛之人對你的人生感到失望、對於沒在他們還活著的時候解決歧見感到後悔，或需要釋放保守已久的家族秘密或謊言。

對在世的家人說出未解的痛苦時，常見的挑戰可能包括：害怕「寬恕」可能會令你受到更多傷害；對他們無法敞開地進行對話而感到沮喪；以及驕傲、自以爲是，還有阻止你坦承過去錯誤的潛在羞愧感。誠實地問自己：過去你對家人做過的某事有罪惡感嗎？會有任何親戚因爲聽到你的道歉而受益嗎？若有，是什麼阻止你去承認並療癒過去對這位家族成員造成的傷害？就個人而言，當你有能力維持與在世親人的適當界線，也做了一些情感療癒的工作，就去探索賠罪的可能性。首先專注於自己在過去的難題中所扮演的角色，而非要求對眞實或想像的錯誤道歉，通常就能爲健康的對話與修復開啓更大的空間。在最理想的狀況下，或許就能精心設計涵蓋一切的寬恕儀式，其中包括與在世家族成員謙卑與眞誠的溝通。如果狀況不利於直接與生者談話，仍然可以暗自寬恕他們，並敞開你的心接受他們的寬恕。在試圖寬恕祖先、家人（並接收他們的寬恕），以及自己時，對與任何升起之感覺保持開放，有助於建立與生者和亡者較幸福且較有活力的關係。

練習 8

寬恕祖先的練習

- **意圖**：與近代和較遙遠的家族祖先一起進行相互寬恕的工作。
- **你需要什麼**：一個安靜的空間，最好有一位樂於支持你的朋友或夥伴一起練習。

寬恕練習能促進情感的完整，以及與祖先們的健康關係。爲了進行這個練習，你可以召募一位善良且樂於支持、也尊重你與家族祖先合作的人類夥伴。我總是把這個練習當成一種交換，在其中每個人都有機會說話，但另一人可以只扮演聆聽者的角色。你也可以把這練習改成獨角戲。任何能促進你與祖先之間寬恕與療癒的修改和補充都很棒。保持這個練習的眞實感並與心連結，不要試圖強迫自己以任何特定方式去感覺。

1. **開啓儀式空間並邀請祖先**。從建立一個不受干擾的安全空間開始。呼喚你充滿愛與支持的指導靈，包括任何來自聚焦世系的祖先導師。當你感覺到祖先降臨，請求他們協助這個寬恕的練習。若你是用交換的方式來做這個練習，在繼續之前要決定好兩人中誰先說話。

2. **直接對祖先與家人說話**。在練習的第一個部分，聽者是靜默的，並對說話者保持一種慈悲、接納與穩定的態度。聆聽者不需以任何方式化身爲說話者的祖先。若你希望限制交換的時間，聆聽者也可扮演計時者的角色（若要爲這個練習計時，我建議這裡大約花十分鐘）。然而，爲這部分的交換遵守一段設定的時間，完全是非必要的。若你是以獨角戲的方式練習，或許在祖先神龕前就邀請祖先扮演聆聽者的角色。

兩人中的說話者直接對世系的祖先們說話，說出任何最相關且需要表達的事。作爲說話者，你不是在對聆聽者說話，而是在對祖先以及或許是在對這個世系中的在世家人說話。如果這些祖先出現在你面前，這就是你對他們說出任何過去想說的話的時候。你可以考慮先對較古老世系（在名字有人記得之前）的祖先說話，然後再對這個世系的已知祖先或在世長者說話。最重要的是，說話不要經過審查，而且要遵循心的層面的能量；需要的話，把一些靜默的時刻考慮進去，好與你的內在眞理與經驗保持連結。當你覺得完成了（或時間到了，如果你有計算交換的時間），就進入靜默中片刻，之後再繼續進行第三步驟。

3. 寬恕練習。若你是獨自做這個練習，你會需要念出（或背誦）下列的句子。若你是跟一位夥伴合作，我建議在說話者念下列文字時，聆聽者要保持靜默的支持。說話者要重複寬恕練習中雙方的話各三次，在給予（第一部分）與接收（第二部分）寬恕之間做一次暫停。若有第三位參與者，他可以念出下列段落，並要求說話者以簡短片段的呼應方式重複他說過的內容。這能讓說話者不用看著一張紙念或背誦那個段落。可去探索任何對你有用的方法。

當練習中要求說話者「說出他們的名字」，你可以簡短地說「過去我祖父母某某某的親族」，或者說出一位特定祖先的名字。作爲說話者，請直接與你的祖先說話，要用寬恕練習的既定說法。這裡不需要計時，等你準備好的時候就開始，並遵循你個人的節奏。

我（說出你的全名）寬恕你（說出他們的名字）對我造成的所有傷害，包括真實的與想像的，已知與未知的，故意與非故意的，從一開始到現在。而我把你從這一切中釋放出來。⑥（重複三次，然後暫停）

我接受你寬恕我，對所有我造成的傷害，包括真實的與想像的，已知與未知的，故意與非故意的，從一開始到現在。而我接受你把我從這一切中釋放出來。（重複三次）

當你說出寬恕與接收祖先寬恕的動機之後，可以暫停一下，並邀請能量進駐，然後按照你的節奏繼續進行。在你開始這個階段之前，先決定你是否想納入這個練習的第三個部分，那是聚焦在寬恕自己所有未能尊重、榮耀，或活出自我潛能的地方。若是，你可以把上面的話修改成「我寬恕自己……對我自己造成的所有傷害……而我把自己從這一切中釋放出來」，或任何對你來說最有效的說法。

4. 說話者與聆聽者交換角色。說話者完成之後，與聆聽者互相道謝，站著，並用某種方式積極淨化空間。我通常燃燒雪松或鼠尾草來達到這個目的，但你也可以用冷水、新鮮植物（例如迷迭香、薰衣草）、歌曲，或回歸的祈禱。若你是獨自進行練習或你是唯一想說話的人，請改進行第五個步驟。若聆聽者也想對祖先說話，就調換角色，回到第二步驟，然後繼續進行到完成。

5. 淨化與完成分享。你說完話之後，就暫停片刻，去尊崇與感謝被說出來的一切。遵循你自己的節奏與直覺，淨化整體空間，並告知所有在場的祖先或指導靈現在你要結束這個練習。對任何來自他們的最後訊息保持開放，之後再尊敬地請他們離開。可考慮記下任何可能因進一步療癒與寬恕而受益的範圍。

完成未竟之事

如果你今天死了，你會有任何未竟之事、任何會令你難以告別人生的事嗎？你會難以對家人、朋友或親屬放手嗎？你的遺囑與財務事項都安排妥當了嗎？你有哪些計畫、財產或地方，對你來說是很難放棄的嗎？

---

⑥ Horn, *Ancestral Lines Clearing*, 34. Used with permission from Maryphyllis Horn.

我們很容易低估自己對這個世界與身分認同的依賴度，特別是如果我們死於混亂的情況下，像是戰爭、意外、謀殺、自殺，或突發的疾病。若在你之前的世代，連自己都沒有安息或不在那裡迎接你，你要進入祖先的身分就更加困難。你有感覺到親愛的祖先正等著用確切的支持，在你死去時迎接你嗎？當你一開始就不確定要往哪裡去，又爲何要離開熟人的身邊？沒有人打算成爲麻煩的鬼魂；事情只是剛好發生在死後沒有足夠的靈性動力進入祖先領域的各種好人身上。

之前的章節說明了對祖先們的情感療癒與寬恕，特別是對近期的亡者。清理亡者能量也可能包括完成任何你或他們感覺未完成的事（例如：解決繼承權、財產、債務與法律事務；實踐最後的願望與要求；在意外死亡的案件中得到清楚的理解與正義；傳達最後的告別；火化後灑葬骨灰）。所有你能爲解決未竟之事所做的努力，都是敬拜祖先的絕佳方式。當我們所愛之人死去後實際情況不如我們所願時，情感療癒、寬恕與完成未竟之事就可能以難以預料的方式交織在一起。但要知道這一點：帶著支持的心去照料這些事，就是祖先工作，也是在敬拜亡者。即使最後的要求或未竟之事對亡者比對你或其他家人來得重要，尊重這些要求也能幫助死去的人從世間的生命中釋放出來，得以進入祖先領域。

靈魂引導者、亡者的提昇，以及祖先化

哀傷中的你可能會想知道剛離世的亡者是否安息，他們在新的存在狀態中是否安好？這是一

種適當的關心。然而，光提出問題並不會迫使你親自進行儀式與練習來幫助亡者。一開始你怎麼會知道他們需要協助？若你確定想知道他們是否安息，練習四與練習六介紹了安全且條理清楚的方法，可以去評估任何特定的祖先與他們被嵌入的世系。你也可以考慮用你的夢境、同步性，或清醒時的直覺，以及任何其他接觸祖先的方式，去形塑出一個近期亡者狀態的整體樣貌。當包括你的直覺在內的多重來源，都告訴你某位特定祖先安息了，他可能就是如此。若你感覺到他們尚未安息，也有可能他們就是如此。下一章節討論的是數種思考死後旅程、並協助麻煩亡者加入安好祖先行列的不同方法。

靈魂引導者（psychopomps）

「psychopomps」一字源自希臘文（psychē：靈魂；pompós：引導者），靈魂引導者是幫助剛離世的亡者抵達祖先領域的個體（包括人類或非人類）。多數宗教傳統都已明確命名並尊崇在死後旅程中協助人類靈魂的力量。希臘神話中，黑卡蒂（Hecate）女神與荷米斯（Hermes）神都具有這種能力，而護衛亡者穿越冥河到陰界的凱隆（Charon）也是。歐洲與北非以神、天使或相關力量形式呈現的靈魂引導者包括：芙蕾雅（Freyja）、奧丁（Odin）與女武神（Valkyrie）（以上爲北歐）；瑪南・瑪可里爾（Manannán mac Lir）、奧格米歐斯（Ogmios）與摩莉根（Morrigan）（以上爲凱爾特）；大天使麥可、聖靈與耶穌（以上爲基督教）；以及阿努比斯

（Anubis）、托特（Thoth）與哈托爾（Hathor）（以上爲埃及）。佛教禪宗有時會請求地藏王菩薩的支持，他是位覺醒的菩薩與亡者的引導者，特別是針對比父母早死的孩童。在部分布里雅特蒙古的薩滿教當中，下部世界之王鄂列格·可漢（Erleg Khan）會與守門人蒙古代·納嘎薩（Mongoldi Nagts）（即「蒙古叔叔」）合作，確保亡者的靈魂抵達並留在他們的新家。⑦對伊法/奧麗莎傳統的奉行者而言，「提昇祖先」此事本身就可爲過渡中的亡者提供支持，各種大自然、神祇或自然靈（òrìṣà，例如：機會〔Èṣù〕、森林〔Ògún〕、風〔Ọya〕）的力量也可以。在某些原住民文化中，像是貓頭鷹、渡鴉、熊、馬、蛇、鮭魚與狗之類的動物靈，也可能是前往祖先領域旅程上的引導者。天使、自然元素能量、地方靈、祖先指導靈與其他樂於協助的靈魂親屬，都可以擔任靈魂引導者。

在世的人也可以擔任靈魂引導者，而跟許多類型的靈性經驗一樣，這可能是刻意或自然發生的。在臨終者身旁的安養院工作者、醫院員工、第一線急救人員、神職人員與家人，偶爾可能會發現自己透過啓發性的祈禱、冥想或清醒時的預視，幫助了剛離世的亡者加入祖先行列。與亡者的夢境接觸也可能包括協助他們加入祖先行列或見證他們的過渡。作爲傳統的醫者與薩滿，受訓練的一部分通常會學習如何撫慰與修復麻煩的亡者，包括這種應該在多年前就發生的過渡，但卻在之後造成鬧鬼、惡靈入侵或走火入魔的情況。我最早接受靈魂引導者工作的訓練，是透過由麥可·哈納（Michael Harner）與珊卓·英格曼（Sandra Ingerman）所建立的復興薩滿教，之後我也在其他傳統中接觸到很有共鳴的觀念與作法。在此所介紹的祖先世系療癒方法中，聚焦世系中的祖先指導靈會引導靈魂，雖然身爲在世療癒師的你也可能介入頗深。

關於靈魂引導工作，首先要了解的是，強調的是空間的改變——從一個實相的地點或次元移動到另一個實相。這種亡者的遷移需要眞實的指引，觀想中會包含穿越一道門或一連串的入口、行經一座橋或一大段流水、朝星空上升，或是讓亡者的靈魂回歸大地。我記得我的祖母分享過一次與她父親鮮明的夢境接觸，那時他已去世多年。他身穿一套爲特殊場合而穿的淡藍色西裝，被光所環繞，對我祖母道再見後，便走入一道山側的鐵路隧道中。與通靈和靈媒相關的通俗文化有時會將此描述爲跨越死亡的門檻或進入光中（或者，以我曾祖父的例子，是跨入歡迎他的黑暗中）。無論細節看來是什麼樣貌，這個過程的重心是從一個地方到另一個地方：從人間到天堂，從這個世界到下一個世界，從生者的領域到祖先的領域。當這場過渡完成，亡者的靈就不再處於我們之中，至少不是以同樣的方式。

因此，靈魂引導工作通常仰賴視覺空間的敘述與比喻。在我的經驗中，這項工作通常以三個步驟進行：⑴與麻煩的亡者連結；⑵進行任何亡者需要的修復，讓他們準備好過渡，以及⑶護送他們到需要去的地方，一般是到安好祖先的領域。舉例來說，我在學習以一名靈魂領導者的身分

⑦ Odigan, *Chosen by the Spirits*, 75.

工作時，首先會與正在過渡中的亡者連結，並進行任何他們所需要的修復，然後在精神上與他們一起往上，到達一處天然溫泉，在那裡，土地會觸及天空與太陽。在這個交會處，亡者會進行所有需要的淨化，並傳達訊息給生者，之後再跨過一道光的入口，加入親愛亡者的行列。靈魂引導者要擔任一名有力的嚮導，必須知道通往祖先領域的路（或至少是一條路），以及協助麻煩亡者完成這趟旅程的方法。

這個過程需要與可能處於極度衝突狀態的靈安全地連結。在進行連結與任何必須的修復之後，靈魂引導者要徵求亡者靈魂的合作，以完成到達祖先領域的旅程。當亡者準備好離開，道路也很清楚了，一般而言工作進行起來就不會太麻煩。

提昇亡者

在如今也遍行美國的西非傳統習俗（例如：巫毒教、伊法／奧麗莎）中，奉行者對過渡亡者通常有略微不同的想法，雖然其目的跟引導靈魂的工作仍是相同（即幫助亡者的靈魂成爲快樂的祖先），但他們使用的語言通常較少空間感，而是跟尚未成爲祖先者的特質或靈性狀況比較有關。提昇亡者不一定是指在空間上把他們往上移（例如：上到天堂），而是提昇他們的意識或振動頻率。一般說來，這種改變是從恐懼、約束與混亂的較沉重狀態，到愛、擴展與清晰的較提昇狀態。此類儀式可以聚焦在增進亡者的內在或精神狀態，而非遷移他們的靈；而衡量成功與否的標準，就是新的祖先在較提昇或「較高」振動頻率中保持穩定的能力。

那麼，實際上如何提昇一名亡者的靈魂呢？在我的經驗中，這跟與生者合作沒有太大不同，除了身體這穩定的器皿不會再限制亡者，也因此亡者能更容易改變狀態。把生者想成是冰（或者是好天氣時的融雪），剛離世的亡者是液體，而集體祖先是蒸汽；他們全都是水（H_2O），但並非全都一樣可改變。有生命的人會因爲多年的妥善治療、深入的個人療癒，或一個覺醒與成長的轉化月份，而感覺較輕盈與擁有更大的存在感；然而，這種重大改變對亡者來說，可能就發生在數天或一場單一儀式的過程中。因爲亡者都是能量體（非透過身體來表達的意識），使用愛、光、寬恕與其他療癒能量，能對過渡中的靈魂狀態造成實質的改變。理想上，這類的介入要由祖先指導靈、可信的神祇，或其他有智慧且有益的力量來指導。

在伊法／奧麗莎傳統的分支、盛行於古巴與其他美洲區域的拉庫米（Lucumi）文化中，某些奉行者會舉行九天的提昇儀式。由於這個過程不需要直接與尚未成爲祖先者接觸，因此當你認爲某人在死後尚未加入親愛祖先的行列，這便是個可以使用的相對安全做法，儀式包括：爲亡者的幸福眞誠地祈禱；透過慢慢抬高代表他們的實體物，象徵性地提昇亡者的靈魂；與大自然元素合作（例如：火、水、食物／土、祈禱／風）；以及輕柔地淨化沉重能量。

進行的方式是這樣的：在祖先的聖壇（見第四章）或任何其他乾淨且能提供支持的儀式空間，放上某件代表祖先的物品（例如：一張照片、一件他們生活中的物件）。在靠近這件物品的地方放一杯乾淨的水、一支白色蠟燭、你覺得這位祖先可能會喜歡的食物或飲料，以及其他任何眞誠的供品。點上蠟燭坐在祖先聖壇旁，發自內心地爲這位祖先的幸福、療癒與提昇祈禱至少幾分鐘，可以的話大聲說出來——儀式持續九天，至少一天一次。除了隨性自然的祈禱之外，你也可以納入禮拜儀式的祈禱，像是吟誦祈禱文、念《玫瑰經》，或爲這位祖先的福祉獻上《可蘭經》的經文。若你知道源自伊法/奧麗莎傳統的祈禱與習俗，那麼就用任何你的訓練與個人靈性和直覺（ori）所推動你的方式，去頌揚你的艾貢貢（祖先）。要記得，在進行祈禱或獻祭的過程中，不是眞的要試圖與這位離世的所愛之人對話或抓住他不放，而是要在他們的新實相中供養並強化他們。

在你開始爲這位祖先進行每日祈禱前，要帶著敬意地把前一天供奉的水灑在你家外面的地上獻給大地，並想著新的水將繼續支持亡者的淨化。同時在每次坐下祈禱的一開始，實際提高任何你用來代表祖先的物品的高度。例如說，你可以在聖壇上象徵祖先存在的物品下方堆放小本的書或板子。經由每天把代表物提高一點點，就是在把字面意義變成事實，並鞏固他們內在狀態中相對應的轉變。你可以在每天坐下祈禱的一開始重新點燃蠟燭，或者如果情況安全且可行的話，找到一種可讓火焰持續燃燒九天的方法。在整個過程中，你隨時可以供奉食物或飲料給這位祖先，也可以考慮在九天結束時舉行一場較大型的靈魂盛宴（見二四五頁的練習十一）。爲這位祖先的提昇與幸福獻上所有正面的能量。雖然提昇是個持續的過程，也不一定是單一事件，但在九天的儀式供養與照料之後，祖先在靈性上就很可能變得更好。

祖先化

「ancestralize」（祖先化）這個含糊不清的英文動詞，很可能是人類學者在尋找描述非洲的祖先敬拜習俗方法時杜撰出來的。這個過去二十年透過梭梅的祖先化訓練課程而廣為人知的用語，字面上的意思是「使（一名亡者的靈魂）成為祖先」。祖先化儀式能讓靈魂加入已經安好的祖先世系或集體意識。換句話說，**亡者是透過加入已成為祖先者的行列，才會變成祖先**。

祖先化與靈魂引導者的工作以及提昇亡者稍有不同之處在於：靈魂引導者協助靈魂抵達並進入祖先領域，但他們無法保證靈魂會與其他祖先重聚，或會經歷在抵達祖先領域後想必會發生的轉化。提昇會讓亡者從衝突與低振動頻率的狀態改變到較高的狀態與較平和的振動頻率，但不一定會強調剛離世者與他們之前世系的連結。祖先化似乎是這三個想到與談到死後成為祖先過程的方式中，與我最有關聯的。較古老的祖先是祖先化過程中一個關鍵的部分，能決定其成敗；而剛離世的亡者則必須負起責任，最後也要學會落實世系的智慧與意志。但這三個協助亡者的方法都有效且適合，通常也能與儀式實踐融合。舉例來說，經常協助離世者的療癒師會說：「我們為某人做了療癒，把他帶入光中，他也加入了親愛祖先的行列。」在這個例子中三個元素都出現了：提昇亡者、靈魂引導，以及祖先化。

在祖先化的儀式當中，參與者要邀請充滿愛與智慧、已提昇的祖先來迎接亡者。儀式的成功取決於有效祈請樂於支持的祖先的協助、他們歡迎剛離世亡者到達他們地位的意願，以及剛離世亡者放開對這個世界的執著的能力。這個過渡對亡者的靈魂來說是個通過儀式，也是從尚未成為祖先者到成為新祖先的身分改變，以及入門成為共同的祖先意識。

成為一名祖先的準備，甚至可能在身體死亡之前就開始了。正如梭梅所寫的：「長者的目標就是成為祖先。那是他或她的下一個身分。因此我們可以說長者是受訓中的祖先，這是有幾分道理的。」⑧一段用心與服務的眞實人生，最終是我們在過渡到祖先領域時，為了將遇到的新責任所做的最佳準備。

下列的練習介紹的是協助剛離世亡者的方法，利用了靈魂引導、提昇亡者，以及祖先化工作中可見的元素。這方法是預設你正在積極努力處理你的內在歷程（例如：情感療癒、寬恕），並且很關注與你所愛之人有關的世間圓滿議題（見本章稍早的部分）。對剛離世亡者的儀式工作奠基於之前的世系修復階段，也就是說，不要跳過那些步驟。這能幫助你尊敬這個進程的結構完整性，也將增加你進行這項工作的效率與安全。另外，剛離世的亡者都有一定程度的混亂，下列練習也是最適合的方式。

在實際執行這個儀式之前，請閱讀緊接著的處理困難案例的部分，好弄清楚你**可能**遭遇到什麼樣的狀況。最後，學習任何新技能（儀式或其他）時，對自己要有耐心、要仁慈，特別是處理內心的敏感區域時。這個修復階段是赤裸裸的，可能會造成心理與精神上的緊張。再說一次，按照你自己的節奏進行，並要向可靠的夥伴、療癒師與其他經常跟祖先合作的人尋求支持。

⑧ Somé, *The Healing Wisdom of Africa*, 133.

練習 9

爲有人記得的亡者進行靈魂引導

- **意圖：**協助離世家族成員的靈魂加入祖先行列。
- **你需要什麼：**錄音裝置、安靜的空間、供品與其他能幫助你觀想的事物（例如：鼓、歌曲、祈禱）。

首先確定在指導靈與名字被記得的最古老祖先之間的世系中，所有祖先在靈性上都是安好的。若是如此，指導靈就會允許你去聯繫已知名字的最年長祖先，但要記得，靈魂引導工作是根據「需要」而定的。如果此類修復在世系中是被需要的，就請一次應付一位有人記得的亡者，從較遙遠的過去到現在。每一位可能都需要一個獨立的過程，在每個世代都要確定整個世系的祝福此刻都正流向你。若你對試圖幫助的人有強烈的情感依附，可考慮先做某種形式的練習八，涉及寬恕（見一九三頁）的部分。如果剛離世的、有人記得的祖先在靈性上都已安好，就把下列的練習修改爲專注於延伸較古老指導靈與世系的祝福到近代祖先身上。觀想有人記得的亡者與較古老的世系有著良好的連結。記得要慢慢來，並在進行的時候增加變化。

1. （錄音開始）慢慢讓**你的身體與情緒集中專注**。方法可以包括做些冥想或呼吸、回歸中心的祈禱、隨性的身體擺動，或者只是暫停一下回想你對儀式的動機。你可以閉上眼睛或放鬆地凝視前方。把呼吸帶到腹部中央的位置；感覺骨頭、心臟與血液的脈動。讓你的靈魂之光充滿身體並散發出來。設定動機，讓光在整個觀想中都停留在你的身體中。（暫停一到兩分鐘）

2. 當你感覺專注，**召喚任何**你已與他建立良好關係、**樂於支持你的指導靈**。連結你正在處理的特定世系中的祖先指導靈。與所有在場的指導靈分享你的動機：爲了幫助較近代的祖先靈魂加入他們之前的安好世系。繼續進行之前，要確認你有得到指導靈的支持。（暫停片刻）在指導靈的支持下，**掃描早期世系**，直到找到你打算協助的那個有名字的人爲止。再檢查一次、甚至兩次到這個時間點之前的世系，確定這個世系是安好且完整的。（若答案是否定的，就停在這裡，然後回頭去做一八一頁、練習七中的世系修復工作）要確定你擁有指導靈以及聚焦祖先之前整個世系的祝福，之後再繼續進行。（暫停二至三分鐘）

3. 若你確定得到繼續進行所需的祝福，就讓指導靈帶領這個過程，**從處理**你打算協助之個人周圍空間中的**所有沉重、困難或衝突的能量開始**。讓祖先指導靈去做任何必須做的事，讓這位較近代祖先的靈魂擺脫所有的問題能量，以致剩下的就有你打算協助的祖先。（暫停二至三分鐘）

4. 在指導靈的支持下，花點時間待在已逝者面前。如果適合的話，就介紹你自己，並讓那個靈魂知道你在這裡的原因，但別太喜歡直接的介入。然後，透過與這個體互動，或在指導靈負責處理的時候保持在場，**幫助他過渡**，能量體**達到更高度的光明、完整與安好**。（做這件事的方法沒有對錯，你每次經歷時的做法也可能不一樣。再說一次，要讓你的指導靈驅動這個過程）持續直到你能爲這位亡者的安好狀況評出六分以上的分數爲止，要知道這個過程可能會分階段進行，也可能要花一些時間。（暫停二至三分鐘）

5. 當你感覺這個靈魂的安好狀態已達到六分以上，與你的指導靈核對一下，看這個人是否準備好接受祖先們的歡迎與接納。（暫停一分鐘）若答案是「否」，就詢問還需要讓什麼事發生？這項工作有可能需要對同一個人進行好幾輪的儀式活動。若是如此，就予以尊重，目前先停止，稍後再回來，一次做一點點。也有可能這位即將成爲祖先的亡者想跟生者溝通某些要求或願望——某些需要在他或她準備好跨越之前發生的事。若是如此，試著去找出這是什麼。聆聽並考慮他們的要求，不要做出任何你無法達到的承諾。（暫停一分鐘）

6. 當這個靈魂準備好要加入祖先行列，他或她就會去這麼做。就像一滴水融入海洋一般，靈魂會被吸收到集體能量中。你可能會感覺到或看見這個「通過儀式」的要素：一個鬼魂的死亡、一位祖先的誕生。但在此刻你能做的事非常少。**花點時間去見證與輕柔地強化這新的平衡狀態**。看著這個人受到歡迎、進入祖先領域。不要跟著他們，只要從遠處觀察，確定他們知道自己的道路。（暫停一至兩分鐘）你可以詢問指導靈是否有**任何你能採取的簡單行動，可以慶祝或認可**這位新祖先**在身分上的改變**。（暫停一分鐘）

7. 當你完成時，**把焦點從整體世系轉回到你面前只有指導靈的狀態**。在指導靈的支持下，清理所有來自你或空間裡的殘餘沉重能量。（暫停片刻）感謝你的指

導靈，並在此與他道別。（暫停片刻）

8. 最後一次小心地掃描你的空間與環境，以確定你眞的完成並清理了所有無益的能量。（暫停片刻）準備好的時候，睜開你的眼睛，把注意力完全帶回到你的身體與周遭環境中。若有幫助的話，你可以記下你觀察到的事物。（錄音完畢）

記得要以穩定、有耐心且有條理的方式與已知的祖先合作，並從過去往現在移動。只有在你祖父的父親，也就是你的曾祖父加入了在他之前的安好祖先行列之後，才能與你祖父的靈聯繫。只有在你父親的父親，也就是你的祖父已經安好並安頓在他之前的世系中，才能與你父親的靈聯繫。用此方式，你最後便能抵達一個在任何特定血緣中，所有比你年長的人都已加入提昇且光明之祖先行列的階段。

當直系世系祖先（父母、祖父母、曾祖父母）在靈性上都已安好，你可能會開始關心比你先離世的子女、孫子女或甚至曾孫子女。這會引發兩個重要的考量：當一個人的父母或祖父母仍在世，他的死會如何影響他成爲祖先的旅程？以及年幼孩童的死後經歷與成人有何不同？如果有所不同的話。

根據我的經驗，協助較年幼的世代加入祖先行列，要遵循的基本步驟是相同的。除非充滿愛的祖先們有其他建議，否則男孩會加入父系祖先的行列，而女孩會前往與母系祖先同在的地方。舉例來說，如果你的女兒過世了，而你想確定她如今是跟祖先同在的，你可能要聯繫她母親母系世系中的健康祖先。若這樣的延伸令你卻步，可詢問世系中充滿智慧與愛的祖母們能如何提供協助；他們可能願意護送孩童的靈到目前最適合他們的世系中。在幫助離世家人的靈時一向如此，從頭到尾都要照料自己情緒的良好狀態，並讓年長的祖先去引導這個過程。

要記得，祖先並不一定是「老的」，也包括那些離開人間時只是個孩童的靈。一般而言，這些靈魂是回到人間的祖先，而且在死後不一定會繼續看來像個孩子。無論如何，死去的年幼孩童理當得到跟成人與老人一樣的照顧與關心，包括在死胎、流產或墮胎中完成短暫輪迴的靈。再說一次，敬拜年幼與尚未出生孩童的靈，正確方式不只一種，但他們與肉身生命的接觸應該以某種方式受到敬拜，而理想中哀悼與敬拜年幼者的儀式也要有充滿愛與智慧的祖先參與。說起來，年幼時就死去的人返回祖先狀態的過程，似乎比在人間生活多年、養成了強烈情感依附與複雜身分認同感的成人要來得容易。較大的挑戰通常是對在世的家人，特別是父母，可能會發現自己難以對在此生很年輕就離世的靈魂完全放手。在孩童眞正適應世系之後，偶爾可能會以樂於支持的指導靈、世系長者的面貌出現，他們只會短暫造訪人間，但在靈性上仍維持強壯而成熟。

用儀式協助其他家族祖先

當在任何特定世系中的所有年長或年幼祖先都變得安好且安息，或許就可以進行祖先修復工作的最後階段（見第九章）。然而，祖先指導靈可能也想協助不在直系血親世系中、但也是家人的靈，可能包括手足、姑姨與叔舅、表親、配偶、配偶家人，以及領養的家庭成員。記得要請問祖先指導靈，他們是否希望你在這一次進行這項工作。你的焦點離直系血親世系越遠，你的祖先工作就越可能開始落入其他世系的管轄範圍中。也因此，由祖先指導靈來支持、而非只由個人慾望與關注來驅使你對其他家人進行任何儀式協助，就變得極其重要。

當祖先們眞的贊同去協助其他家族成員，首先要確定直系血親世系中的所有祖先都是充滿活力且安息的。直系血親世系的安康是協助其他家人靈魂的支柱與基礎。下一步，要評估你想協助的個人與你先前聚焦的祖先世系之間的祖先連結度（高度、中度或低度）。舉例來說，若你是與你外祖母的世系合作，會與這些祖先有強烈連結的其他家人包括：你外祖母的姊妹、你母親的姊妹（同一個母親生的）、你母親姊妹的女兒（部分表親），以及你自己的姊妹（假如她們是你這條血緣中母親的女兒）。在這個例子中，這些女人都與這條母系血緣共享一種本質的、細胞層面的密切關係。因此任何儀式協助都應該自然源自你與聚焦世系的合作。當連結是強烈的，只要遵從指導靈的帶領，並參考練習九「爲有人記得的亡者進行靈魂引導」中的基本進程即可。

和你有部分血緣關係但與你所聚焦的世系沒有直屬關係的個人，則與祖先會有中度的連結。

在你外祖母的世系中，有中度密切關係的祖先包括：你外祖母的兄弟、你母親的兄弟（同一個母親生的），以及你自己的兄弟（假如他們也是你母親的孩子）。在這些例子當中，理想上你外祖母的父親與他的親族會迎接她的兄弟，你外祖父與他的親族會歡迎你的舅舅，而你父親或祖父會歡迎你兄弟的靈魂。通常男性會加入男性行列，女性會加入女性行列。

思考一下你母親那邊某位女性親戚的狀況。若這位親戚是你母親姊妹的女兒，那麼她與你外祖母的世系連結會很強。然而，若她是你母親兄弟的女兒，那麼她與聚焦世系的密切關係就是普通，此人與她母親（你的舅媽）及她外祖母之前的世系會有較強烈的密切關係。

低度連結描繪的是我們視爲家人、但沒有血緣關係的個人。這通常包括配偶與配偶的家人、繼父母的家人，以及其他領養的親戚。若你聚焦的世系與你打算要協助的其他家人之間連結屬於中度或低度，就請教你的祖先指導靈他們想要如何進行。他們可能只要你爲所訴求之其他家族成員的療癒與幸福做個有益的祈禱與獻上供品。與其讓來自其他世系的祖先到這裡來集合他們自己的親人，你的祖先可能寧願護送有需要的人到他或她的祖先那裡去。那個靈魂的祖先也可能站出來幫助他或她過渡。若發生這種情況，要確定指導靈與教師堅定地與你同在，以及你只歡迎健康且充滿愛的祖先進入儀式工作空間。隨著時間推移，靈性上已安好的其他家族祖先也會擔任祖先盟友與教師的工作，特別是當他們能與較大世系和平共處時。

處理特別麻煩的亡者和有關聯的靈

通俗文化中充斥著駭人亡者的故事：鬼、吸血鬼、殭屍、調皮鬼與其他恐怖的事，血淋淋的與詭秘的都有。雖然這可能是反應我們文化心理上未解決的陰暗面，但具侵略性、暴力的或在其他方面有問題的亡者的觀念，在許多文化中也相當普遍。

舉幾個例子來說：

- 蒙古族薩滿奧迪根描述「帢果」（chotgor）是死去之人帶有敵意與妒意的靈魂，這些人通常是以突發或衝突性的方式死去，奧迪根寫道：「他們是人類疾病的主因。」⑨
- 在西非的布吉納法索，梭梅寫的是：「人們相信，不滿足的祖先是暴力死亡的教唆者。」⑩
- 說約魯巴語的奈及利亞伊法/奧麗莎傳統奉行者與非洲移民，將祖先視爲祝福與危險的來源。他們能保護生命，也能造成過早的死亡。
- 普萊克特詳細說明了蘇杜旭族馬雅傳統中，未加入祖先行列之剛離世者的靈魂可能會重返這個世界，他會「令人驚恐且無形地，住進他能找到的最脆弱與最熟悉之人的體內」。從那一刻起，鬼魂就會啃噬那人的生命。「酗酒、物質成癮、大多數的憂鬱症、謀殺、自

⑨ Odigan, *Chosen by the Spirits*, 91.
⑩ Somé, *The Healing Wisdom of Africa*, 196.

殺、過早死亡、意外，以及不停與人爭執，都是因此類鬼魂無止境的渴求所導致的。」⑪

- 古老北歐與維京人對屍鬼（draugr）或成了鬼魂之亡者的看法，在整個斯堪地那維亞半島仍廣爲人知，也受到當代北歐傳統奉行者的認可。
- 在猶太教中，意第緒文的「dybbuk」這個字，指的就是在平靜或麻煩的亡者中，某個干擾生者的靈。

麻煩的鬼魂對生者的健康與幸福會造成眞實的危險。根據我的經驗，我估計在美國，約有三分之二亡者的靈，能在死後的第一年內成功進入祖先的較大圈子。至於剩下三分之一未能完成過渡的靈當中，約有四分之三會是相對正常的未提昇的亡者、一般的鬼魂，或尚未成爲祖先者。換句話說，他們並非特別卑鄙惡劣，或喜歡留在鬼魂的狀態，他們只是沒能成功跨越，也沒有人追蹤其狀況。如今他們在某種程度上迷失了，而且，他們對生者來說，就像少量的輻射一樣，比較是一種被動且緩慢顯現的問題。美國一年有大約兩百五十萬人死亡，因此計算下來，我們談論的是每年約八十萬名新的「美國鬼魂」，以及二十萬名麻煩的與有問題的新亡者。⑫即使你近代祖先當中沒有任何麻煩的鬼魂，就統計數字而言，你早晚還是可能在日常生活中遇見他們。

在世系修復的過程中，重要的是必須記得，每一個曾在人間化身成人類形式的棘手鬼魂，也是某人的孩子，可能也是某人的父母。殺人凶手、強暴犯、反社會者、奴隸主、暴君，以及其他可怕的亡者，也有自己的家人與祖先，而可能你近代血親世系中的某人，就符合這樣的描述。與這些被鄙視的世系祖先連結的最佳方式是什麼？特別是當你判定他們現在的狀態與他們在人間的生活相似或更糟的時候。雖然有些老師會鼓勵徹底拒絕或忽略這些親戚，還是有些方法能安全地協助甚至是最麻煩的亡者，並使他們成爲受尊敬的家族祖先。依我的看法，這是我們能採取對家族與文化修復最神聖且必要的行動之一。若你判定你的某些祖先仍留在麻煩的狀態中，而你有意願要幫助他們，在儀式修復工作中一定要更加謹慎。

協助特別麻煩的鬼魂的八個步驟

這類型的儀式工作，是本書所介紹最令人不安且風險最高的工具，部分是因爲有太多不同的可能情節，每一種都有其治療參數。爲了向我可能永遠不會遇見的讀者呈現儀式複雜與潛藏危險的一面，我在下方提供了一張處理特別麻煩亡者的檢核表，或稱決策樹。與任何指導方針一樣——實際的狀況可能有所不同，因此請信任祖先指導靈、直覺與個人的極限。若發現自己的處境艱難，請向某位在世的夥伴或導師求助，最好是擁有與亡者連結經驗的人。

---

⑪ Prechtel, *Long Life Honey in the Heart*, 7–8.

⑫ Centers for Disease Control and Prevention, "National Center for Health Statistics Fast Stats: Deaths and Mortality."

當開始處理對麻煩鬼魂的修復儀式工作，我建議以下列流程作爲操作儀式的基礎：

1. 加強現存祖先的支持
2. 進行初步的祈禱與獻祭
3. 消除無益存有的牽連
4. 解決對生者無益的情感依附
5. 處理祖先包袱與詛咒
6. 引導靈魂修復與能量療癒
7. 加速亡者的自願過渡
8. 強化一種新的平衡狀態

在特別具挑戰性的案例中，你可能需要觀察上列修復儀式的所有階段。也可能有必要在任何特定階段重複儀式，好在進行到下一個步驟前完全處理好每一個關注的主題。要堅持且有耐心，你終究會抵達親愛祖先歡迎亡者靈魂的轉捩點。正如所有修復過程中的儀式工作，都要源自與祖先指導靈的緊密關係，關於何時與如何處理麻煩的亡者，記得也要遵循祖先指導靈們的引導。

1. 加強現存祖先的支持

若指導靈認同你幫助麻煩亡者的動機，就要確定在那名鬼魂之前的世系都處於絕佳狀態，且準備好要迎接這位個體。若世系並不處於這種狀態，就專注在那裡，直到情況有助於繼續進行。舉例來說，假設一名父親會傷害他人且結束了自己的生命，你發現他仍處於一種衝突且心懷惡意的狀態。在進行一場儀式前，你需要確定他的父親以及在他父親之前的男性、他的母親以及在他母親之前的女性，靈性上都已充滿活力且準備好要提供協助。透過召喚現存祖先的支持，以及在你直接處理之前徹底重建世系的基礎結構，你會做到三件事：幫助你所渴望的改變更快發生、減少不必要的風險，以及鼓勵該名亡者與整體世系在之後能於健康的模式中安定。

2. 進行初步的祈禱與獻祭

確定祖先對修復工作的支持之後，我鼓勵你在任何直接介入之前，先爲那位麻煩亡者的利益進行祈禱與獻祭。在祈禱中，清楚說明你的目的是爲了個人、家族與祖先的療癒，以及在靈性層面上啓動修復。帶著亡者將受益於正面能量的動機，獻上供品給較古老的指導靈。此類的祈禱與獻祭將爲涉入程度較深的儀式介入做好準備，也將建立讓療癒與能量得以流動的通道。我相信即使不是全部、也是大多數必要的修復，都能透過眞誠的祈禱與獻祭來完成，且很少出現直接介入的風險。若你偏愛這個方法，可以從遠處觀想這位亡者被光明且充滿愛的祖先們圍繞著，並與那個世系的長者們在一起，你可以在心裡爲亡者的幸福做一次祈禱。

3. 消除無益存有的牽連

精神療法與治療團體中有一個普遍的觀念：爲癮症所苦的人在首次說出其成癮行爲之前，是無法眞正投入他們的內在功課與療癒的。這意味著任何麻醉劑都有自己的力量或精神，而其存在會阻止一種新平衡狀態的出現。想像你是位醫生，一名病患走進你的診間，脖子上黏著一隻吸血蝙蝠，還有一顆子彈射入他的手臂。你自然會在治療他之前先把蝙蝠與子彈移除。在靈性層面的概念也一樣。雖然英文中意指各種不同無益靈魂存有的用詞很少，但這些存有是眞實的，也可能讓一個麻煩的鬼魂無法加入祖先行列。這些存有通常會以他們周遭以及與他們有關聯的那個鬼魂的能量爲食物來源，就像鬼魂能以生者作爲他們的食物來源。這些存有或許振動頻率很弱且相對單純（可想像蚊子或藤壺），也可能是聰明、有影響力與難對付的（可想像綁匪或一頭守著獵物的母熊）。

若有問題的靈魂存有跟你想協助的靈魂有所連結，接下來發生的事就由指導靈作主。相關的治療與（或）遷移將取決於那個靈的本質，而指導靈所在的位置比較有利於處理這類的情況。虛弱或沒有活力的能量有時會被處理、被掃走，或直接清理掉。對於其他以無益的方式與你所聚焦

一行禪師講《入出息念經》

一呼一吸間，回到當下的自己

作者／一行禪師 (Thich Nhat Hanh)　譯者／士嚴法師　定價／350元

保持對呼吸的覺知，覺察內在糾結。
在一呼一吸間，回到當下的自己，
我們將會找到更深的寧靜、平和。

一行禪師根據佛陀在《入出息念經》中的教導，以溫和、清晰、直接的方式解釋其中的文字和概念，將簡單的呼吸融合日常生活，引導人們走向理解之路。在一呼一吸、一出一入之中，進一步平靜自身，大大增強在禪定和正念冥想中的練習，重拾內心許久不見的快樂。

我，為什麼成為現在的我

達賴喇嘛談生命的緣起及意義

作者／達賴喇嘛 (Dalai Lama)　譯者／陳世威　定價／360元

長銷20年，達賴喇嘛談修行人的人生哲學。
我們從何而來？生命的意義是什麼？
在今生未知的道路上，又該何去何從？

初版在2001年上市，為達賴喇嘛長銷20多年的經典著作。書中記錄一九八四年春季，達賴喇嘛在英國倫敦做了一系列的演講內容，主要講述生從何來？死往何去？如何生？如何死？為何生？為何死？如何活得快樂？如何死得安詳？這些是生而為人最切身的問題，人類一切活動都以此為中心而展開，構成錯綜複雜的世界。

心經

——超越的智慧

作者／密格瑪策天喇嘛　譯者／福慧編譯組　定價／380元

佛教大乘教典中，文字最少、詮釋佛理最深奧微妙的經典。

本書是堪仁波切密格瑪策天在美國麻州劍橋薩迦佛學院，教導了多月的課程，由《心經》般若智慧從生死此岸到達涅槃彼岸，含攝五蘊、三科、四諦及十二因緣、十八界等思想，破除從凡夫、二乘、權教等我執，以說明萬法本性皆空，最終趣入「無所得」，借般若度一切苦厄，達到究竟解脫與證得無上菩提之境界，透過討論、復習及密格瑪喇嘛與學生的原始問答集結而成。

鬼魂連結的鬼魂，可能需要與之切斷連結，自行完成過渡。較強大的靈則可能需要安撫與有技巧的交涉，才能釋放他們對亡者的情感依附——而他們不可能喜歡被霸凌，或因你試圖直接過渡亡者而棄他們不顧。在大多數的案例中，我發現最好是說服那個無益的靈，他在某些其他具體的地點或狀態中，才會比較快樂。在對無益的存有說話時，要確定你（或那些靠近你的人）沒有變成那個無益存有的新焦點（也就是食物），以及你與正在處理的那個力量維持著清楚的能量界線。一旦此類存有被清理，就要淨化所有在你、儀式空間，以及你試圖協助的那個鬼魂身上殘餘的能量，就像你取出一個侵入身體的物品後會消毒傷口一樣。再說一次，若你感覺離開了自己的舒適圈，就要向在世的老師或引導者尋求協助。

4. 解決對生者無益的情感依附

有時剛離世的亡者會以沒有幫助的方式（這是較客氣的說法），透過某位在世的家族成員來與這個次元保持連結。鬼魂通常會去找親近的親人、孩童，或家族中最敏感的人；雖然這些人有可能完全被麻煩的鬼魂附身，但較常見的情形是，尚未成爲祖先者與在世的家族成員一起旅行，或住在他們共同的家中，並未完全融入生者的身體。若你發現某位剛離世的家族祖先需要釋放對某位在世親人的某種情感依附，你將必須面對在未經他人同意下介入在世親人生活的重要道德問題。請仔細思考一下這個假設的例子：

你有個持續對抗酒癮的三十歲女兒，住在國家的另一邊。她是個單親媽媽，有憂鬱症的病史，家中還有個年幼的孩子，而你很擔心孩子可能無法受到妥善照顧。女兒現在不跟你說話，她已清楚表達對任何爲她做的怪異儀式或祈禱沒有興趣，不需要你去拯救她。從你與祖先的合作中，你發現你過世的母親狀況也不好，而且已經依附在你女兒身上多年。你母親之前的世系在靈性上都是安好的，那些指導靈們也鼓勵你去解開母親的靈對你女兒的糾纏，並幫助你母親過渡。但你擔心這對女兒來說會具有侵略性或令她變得不穩定，也可能危及你的孫子。指導靈們確認有這種可能，因爲假如你母親離開，加入祖先行列，你女兒的靈魂將剩下一團混亂的碎片，需要進行靈魂修復。他們說，你應該只爲你母親做這份工作，即使你也想爲你的女兒做某種靈魂修復的工作，他們補充說，他們從遠處就能做好這份工作，且不接觸到你女兒本身。但他們也說，兩種方法都有風險，要如何進行的選擇權在你手中。

你能說在未經另一名生者同意的狀況下，就爲她進行靈魂復原或修補這件事是對的嗎？特別是當他們已經明白要求你不要插手了。若你眞的選擇介入如此的情況而造成有害的後果，之後你會負責嗎？若選擇不去介入，你會以不同的方式負起責任嗎？這些是複雜的問題，正確答案不只一個。我個人多年來只見過幾次如此的案例。假設祖先指導靈支持這項工作，我傾向鼓勵在世的療癒師帶著祈禱與指導靈的支持去介入，好去幫助剛離世的祖先解開糾結與過渡，以及必要的話，之後跟生者一起把事情搞定。

5. 處理祖先包袱與詛咒

另一個複雜的因素是詛咒，這相對比較少見，至少在我的美國文化經驗中是如此。詛咒就像電腦病毒，是看似與宿主能量結合在一起的外來能量，可能是被無心或直接置入的。詛咒可能看似一種精微能量⑬的結構，或在某人的氣場或能量體中有生命的靈。無心或自己造成的詛咒可能包括不智卻有力的誓言、自我施咒，以及傳遞許多世代、對自己不利的信念。舉例來說，當某人發誓：「若我太太能活下來，我發誓我會終身侍奉神，並且每週日都上教堂。」等太太恢復健康，先生卻未實現他與高靈的協議，就可能創造出具有強大後果的負債。這類協議有時可能是與某些能量、神祇或靈性力量達成的，而他們之後會來收帳。伊法/奧麗莎傳統中的一首詩，便述說名叫歐露若恩比的女子，她是如此強烈渴望成爲母親，於是與神聖的伊羅科樹靈達成了協議，即她最後會把孩子還給伊羅科樹。⑭當那個孩子（是個男孩）長大成爲青少年，伊羅科樹靈便來取回他的生命。歐露若恩比驚恐地跑去找先知長歐倫米拉（Òrúnmìlà），他與伊羅科樹進行了艱難的斡旋，以拯救她兒子的生命。因爲她記得原本的協議，因此才能在先知的協助下，以有意識

⑬意指因過於精微而無法以現今的儀器測量出來的物質界能量，例如電磁波或音波。
⑭ Chief FAftA, *Sixteen Mythological Stories of Ifa*, 42–46.

的方式重新對這些舊的債務進行談判。但沒有這樣的了解與先知的技能，歐露若恩比的兒子可能年紀很小就死去。這類自己造成的無心詛咒可能持續上演好幾個世代，直到在源頭被解決，以及涉及的力量有受到充分的敬拜與安撫。

有心的詛咒一般是來自某個同時擁有這種知識與意願的人，將其敵意用一種聚焦的、儀式的方式付諸實行。解決陳舊的詛咒不在本書涵蓋的範圍。若你選擇貿然涉入這個領域，再說一次，從頭到尾都要諮詢指導靈，並試著在問題的根源處下功夫。坦白說，在美國，我並未遇過很多有心的詛咒，但我知道有些同行會把我認爲的跨世代模式與根深柢固的無益信念視爲「詛咒」。若你眞的碰到某個精心策劃的傳統詛咒，要與指導靈密切合作，用適當的謹慎來對待整個情況，並考慮請求受過相關訓練的人支持。

6. 引導靈魂修復與能量療癒

一旦你有信心亡者的靈已經相當程度不再受到麻煩影響，就可以評估其性情與能量狀況，並考慮你要如何開始處理下一個修復階段。他們是樂於接受但仍是虛弱而碎裂的嗎？在靈性上是強壯且完好無缺的嗎？是友善的、困惑的或好鬥的嗎？他們知道你在那裡嗎？若是，他們知道你是誰嗎？這個階段的目標是讓亡者準備好加入充滿愛與支持的祖先行列。理想的狀況是他們已經處於可以進行這種過渡的狀態，但若非如此，你可能需要與指導靈合作來爲他們做準備。想像是爲一場長途海洋之旅準備適合航行的船，或是準備能安全離開大氣層的太空船。

這個兩階段修復工作的第一階段，是要確定你試圖協助的靈魂是完全完整且在場的。可考慮詢問他們在其靈魂本質中，是否還有哪些缺失的部分。我於一九九九年協助我的祖父過渡時，他一開始看來像是腹部的部分不見了，那是他當初射殺自己的部位。他的能量體或氣場是灰色的；他就是不完整。指導靈們取回了他的靈之前碎裂的那個部分。當他們把這道靈魂之光還給他，他就變得比較光明、完整，也更能認出我以及自己的狀況。這類的修復跟珊卓・英格曼（**Sandra Ingerman**）與其他人而廣為人知的靈魂復原方法是類似的，只是在這個案例中，個案已不再是物質界的化身。⑮

等到亡者的能量體都在且負起了責任，你可能需要做些能量與平衡的工作，好在過渡之前讓他們進入最佳狀態。這個最後階段是要增強與確認這位即將成為祖先者的新身分是不受外在有害影響的完整靈魂。在實務上，這看來可能有一千種不同的方法，也可以包括看著亡者被愛與療癒之光包圍，直到他們能接受這種新能量的程度。這裡的目標不一定是加速意識的激烈轉變，反而只是確定亡者的靈魂夠協調與完整，能讓他們了解自己已經死去，並同意踏上前方的旅程。

⑮ Ingerman, *Soul Retrieval.*

7. 加速亡者的自願過渡

在許多案例中，祖先指導靈會要求你只要見證他們對困惑、好鬥或危險鬼魂的修復工作就好。若他們如此要求，就是遵循其指導，並慶幸你不需要過度涉入。

另一方面，他們可能會讓你扮演祖先支持的外交官角色——這是爲了你自己的訓練；或者因爲假如你是負責交涉的人，這樣會讓修復最有效。在這種情況下，首先要指導靈們在你周遭以及你的個人保護很完整的狀態下，與亡靈建立某種對話方式。若有高度的否定與威脅存在，你可以把這想像成保護能量的盾牌，作爲你與那名鬼魂之間的透明屏障。

若你尚未這麼做，可以向那名亡者自我介紹，並謙遜地說明你與他的關聯以及你的目的。如果這名尚未成爲祖先者了解自己已經死去，盡早決定要這麼做。若他不了解，你可能需要巧妙地解釋這件事，包括在死後加入祖先行列的重要性。試著理解並處理他對這個次元依附的殘餘情感。過度防衛的鬼魂可能需要理解這一點——投入親愛祖先的懷抱中，將能更有效地支持與保護生者。對某些尚未成功過渡的靈來說，面對較古老祖先的權威與存在可能會令他們害怕，因此我們要有同理心。你也可能有能力傳達訊息給生者，只要確定不要承諾任何你無法貫徹執行的事。對交涉要有耐心，並記得讓指導靈們去驅使這份工作。

等亡者的靈魂準備好要過渡，就引導他們前往充滿智慧與愛的祖先的領域。正如我們看到的靈魂引導工作，目的地可能包括進入大地、越過河流、上升到天國領域，或進入光中。前往在你的傳統中靈性安好的亡者會去的任何地方。可能的話，要確定祖先們在另一邊已迎接到你在幫助的那位亡者。

8. 強化新的平衡狀態

在這次的過渡之後，可以偶爾詢問一下最近協助過的亡者，確定他們適應良好。用真誠的獻祭來讚揚這位新的祖先，是強化這個轉變的好方法。與在世的家族成員在關係上做出正面的改變，也能幫助亡者適應他們的新角色。對他們來說，知道生者當中有人在照料事情，會令他們很安心。你可能會透過同步性、清醒時的直覺與夢境而自然發生的溝通，獲得一種感覺，知道他們的狀況好不好。也可以在之後的儀式中直接請問祖先指導靈關於他們的事。若有人要求，可獻上後續的儀式與祈禱，以協助這位新祖先能被世系全然接受。

9 與在世的家人整合與合作

當聚焦血緣上的所有祖先在靈性上都已安好，也加入充滿愛與支持的亡者行列，你就會知道前面的世系修復工作階段已經完成。這第五個、也是最後一個世系修復方法，是把祖先工作建立在與在世家族成員健全且授權的關係上。我將介紹祖先可能透過在世的人說話的方式（例如：降靈、通靈、附身），你也將學到能為在世家人與親戚的幸福、與祖先一起實踐的方法。第二部結束時，將會有個練習，幫助你的祖先工作不侷限於世系修復。

為自己、家人與子孫祈禱

在這最後的階段，我建議與指導靈和世系祖先們一起為家人與所有子孫的幸福祈禱。下列的例子是為口語祈禱提供一個起點。我收錄了這篇英文祈禱以聯合國五種官方語言翻譯的版本（阿拉伯文、中文、法文、俄文與西班牙文），①來向祖先敬拜具有的全球性意義致意。若你說的是其他語言，請去探索以那種語言與你的祖先一起祈禱的感覺。可考慮融入冥想、獻祭、歌曲、動作，或任何有助於你與祖先連結的元素。

英文版

PRAYER FOR FAMILY HEALING

May all my ancestors be happy and at peace.
May my living family be happy and at peace.
May I be happy and at peace.
May all future generations of my family receive only blessings and love from our ancestors.
May my ancestors guide me on my path of destiny and purpose, and may I embody their love and wisdom for the benefit of all my relations.
May all my ancestors and all my family be happy and at peace.

阿拉伯文版

دعاء لشفاء العائلة

أسأل الله أن يكون أجدادي سعداء وأن يكونوا بسلام

أسأل أن تعيش عائلتي بسعادة و سلام

أسأل أن أعيش بسعادة وسلام

أسأل أن تتلقى جميع الأجيال القادمة من عائلتي البركات و السّلام و الحبّ من أجدادنا

أسأل أن يرشدني أجدادي في حياتي ، و أسأل أن أجسّد حبّهم و حكمتهم لخير جميع الكائنات

أسأل أن يكون أجدادي و كلّ أقاربي و عائلتي سعداء و أن يكونوا بخير و سلام.

① The Arabic translation is by Jihan Amer; the Chinese translation is by Lydia Ridgway; the French translation is by Phillippe Levy; the Russian translation is by Julia Bernard; the Spanish translation is by Azucena Lemus.

中文版

緬懷祖先

祈求祖先平安喜樂

祈求家人平安喜樂

祈求我心平安喜樂

祈求世代子孫承襲先人之福祉及庇蔭

祈求祖先引領我人生的道路及歸宿

闡揚先人福祉及智慧以造福人群

祈求祖先及家人都平安喜樂

法文版

Prière Pour L'apaisement Au Sein De La Famille

Je prie que tous mes ancêtres soient heureux et en paix.

Que ma famille soit heureuse et en paix.

Que je sois, moi-même, heureux et en paix.

Que toutes nos générations futures ne reçoivent qu'amour et bénédictions de nos ancêtres.

Que mes ancêtres guident mes pas, vers ma destinée et ma raison d'êtres, et que je puisse personnifier leur amour et leur sagesse, et en faire bénéficier tous mes proches.

Je prie que tous mes ancêtres et toute ma famille soient heureux et en paix.

俄文版

Молитва о благополучии семьи

Пусть все мои предки будут счастливы и пребывают в мире и спокойствии.

Пусть моя семья живет в мире и согласии.

Пусть я буду счастлив и спокоен.

Пусть все будущие поколения моей семьи получат только благословение и любовь от наших предков.

Пусть мои предки ведут меня по моей судьбе к исполнению жизненной цели, чтобы я мог обратить их любовь и мудрость во благо всех окружающих меня.

Пусть все мои предки и вся моя семья пребудут в мире и согласии.

西班文版

Oración de Sanacion para la Familia

Oro para que todos mis ancestros estén felices y en paz.

Oro para que toda mi familia en vida este feliz y en paz.

Oro para que yo este feliz y en paz.

Oro para que todas la generaciones futuras de mi familia reciban bendiciones y amor de los ancestros.

Para que los ancestros guíen mi camino, destino y propósito en esta vida, y para que yo pueda vivir su amor y sabiduría por el beneficio de todos los seres.

Que todos mis ancestros y familia estén felices y en paz.

Que así sea!

眞誠的祈禱能幫助祖先世系進行療癒及完整的狀態，是很棒的做法。透過這項實修，你可以把祖先的祝福固定在世間的這個當下，同時在你個人與家人的生活中。記得偶爾在祈禱中納入手足、孩子與未來的世代，用暗示或說出名字的方式都可以，並且讓愛引導你做這件事的過程。

降靈、傳訊與通靈

許多傳統都有在世家人可化身爲充滿愛與智慧的祖先靈魂或與之結合的方法。、化身或具體化（incorporate）祖先，字面上的意思是他們在（in / en）我們的血肉與身體之中。祖先的靈在我們的血肉中、身體裡。刻意要求祖先降靈的習俗，通常會在儀式或典禮的空間進行，並有明確的開始與結束——代表執行者不會無限期地與那些靈結合。

暫時化身爲你祖先的靈，並不代表在他們共享你的身體時，你會對發生的事失去選擇能力或記憶——儘管這在強烈的附身狀態中有可能出現，然而，在我看來，即使人們進入那種狀態，仍要爲其行爲負責。我懷疑這正是「完全的附身」通常會在一種共同背景下發生的原因之一，因爲這樣一來，儀式帶領者與協助者對參與者的福祉就有共同的責任，以及若需要的話，可望能把他們帶回來。

以下我特別強調出三個相關用語——**降靈**、**傳訊**與**通靈**，每一個都是思考與討論我們體現祖先靈之能力的方式。閱讀的時候請注意哪一種說法對你來說最有共鳴。我也強調出三種傳統：蒙古、北歐與伊法/奧麗莎，每一種都有已確立的祖先交流習俗。若你已經有某種類似的習俗，請注意比較一下這些例子與你所受的訓練與經驗有何不同。

讓祖先降靈

根據布里雅特蒙古族薩滿奧迪根的說法：「蒙古與西伯利亞薩滿教跟某些（但不是全部）薩滿傳統的不同之一，就是薩滿在其執行的許多儀式中，會眞正讓靈降臨於自己的身體。」奧迪根用「翁剛歐路」（ongon orood）來描述這種降靈的狀態：「讓翁剛的靈進入身體」以及「讓一個或更多薩滿助手靈附身在薩滿身上的薩滿意識狀態」。②這些助手可能包括祖先指導靈、世系祖先，跟其他與我們的人類血緣有關係的靈（見第六章「製作一具翁剛」）。奧迪根認爲，在西方的習俗當中，傳訊是與降靈最相似的方式，他寫道：「大多數傳訊者都會學習培養高接受度的心智狀態，好讓接通的靈能透過他們說話。」處於翁剛歐路的狀態時，奧迪根建議「對於那些靈在做什麼，不要想太多。那就像你在自己的車子裡，正允許他人把你載到一個你不知道的地方。你在觀望但不控制。」她把降靈描述爲「成爲一名薩滿最重要的突破」。③在她的傳統中，薩滿經常在降靈的同時執行儀式工作。

---

② Odigan, *Chosen by the Spirits*, 28, 40, 251.

③ Ibid., 28, 44–45.

幾乎所有帶著眞誠目的的人都能讓他們的祖先降靈。我對這種習俗的經驗，大都是透過薩滿的旅程工作（journeywork），或是伊法/奧麗莎傳統中的儀式。我偶爾也會在做夢、冥想與野地獨處時感覺到與祖先融合，而我的個人意志與記憶仍保持不變。在訓練課程中，我曾邀請參與者以踏實且不會太過火的方式進入部分降靈的狀態。之後他們通常就能在自己的祖先習俗中進入這種直接的連結狀態。

為亡者說話

十三世紀時以格陵蘭爲背景的「紅鬍子艾瑞克傳說」，便相當詳盡地描述一種儀式，其中需要一位以祖先代言人身分爲其社群服務的女預言家或傳神諭者。在歷史記載中，傳神諭者（北歐文：spákona是古北歐文spahen〔與英文的「看」是同源詞〕加上kona〔即「女人」、「妻子」〕組成的字）或「看得見的女人」，在社群民眾面前登上高處，之後她會進入與祖先直接接觸的狀態，並開始回答群眾的問題。而受到這有七百年歷史的敘述所啓發，部分歐洲北部遵循土地敬拜路線（例如：日耳曼新異教運動〔Heathenry〕、阿薩楚、北歐異教〔Norse Paganism〕）的奉行者，便復興與改編了這個儀式，取名爲神諭塞德（oracular seidh）、上位塞德（high-seat seidh），或預示工作（spae-working）；④例如，因研究北歐傳統而受到敬重的作家與教師黛安娜·派克森（Diana Paxson）便寫道：「在十九世紀前期，我開始探索重現神諭塞德的方法，那是一種能服務異教社群的北歐特有法術。」⑤在我參與的幾次由派克森與其社群舉行的神諭塞德儀式中，一群人坐著，由一名協助者引導他們以歌曲、祈禱來進行觀想，引導集體往下觀想並圍繞著「世界樹」（古北歐文：Yggdrasil），到達冥府女王赫拉（Hela）領域（即亡者居住的地方）的入口。除了傳神諭者之外，所有參與者都留在生者與亡者間的那道門檻之外，傳神諭者坐在一張置於高處的椅子上，面對那些聚會的群眾。在那位女預言家進入亡者領域、找到她的位置之後，一位中間人便開始協助參與者把問題傳達給傳神諭者，再更進一步傳達給祖先與神。

在塞德儀式的過程中，我聽過靈媒以第一人稱的方式回應（例如：「我是你的祖母，你應該做某某事」），也聽過靈媒以第三人稱的方式傳達來自亡者的訊息（例如：「你的祖母要我告訴你去做某某事」）。在兩種情況下，女預言家都是擔任與祖先在一起的中間人。當他們直接透過她說話，她可能在指引下擔任其他儀式參與者祖先的靈媒，大部分的參與者她從未見過，儀式之後也不太可能跟他們說話。靈媒也可能受到召喚去接觸人類祖先之外不同類型的靈。這樣的出神工作會不間斷地進行好幾個小時，有時服務超過一百位參與者。

在塞德儀式中，女預言家是在精神上或以輕微出神的狀態旅行到祖先領域，並從那裡代表一

④ Blain, *Nine Worlds of Seid-Magic*, 33.
⑤ Paxson, *Esssential Asatru*, 125.

個更大的社群工作。你可以用較不費力的方法，獨自一人或在小規模支持團體的環境中，與你的祖先和指導靈為家人的幸福一起觀想與祈禱；而且與你已建立某種關係的祖先合作時，就不需要離開你的身體與他們連結。事實上，你可以在正常的意識狀態下感覺到他們在場。等做完所有有助於你召喚他們的事，你就能透過祈禱、冥想、歌曲或其他祈禱，讓他們的動機與你自己的動機和諧一致。這可以包括祈求在世親戚的健康、觀想你的家人被祖先的愛與祝福圍繞，以及讓祖先分擔部分你感受到的照顧家人的責任。與祖先為了生者的幸福著想而合作（這種合作可能會到達在精神上部分融入他們或讓他們降靈的程度），你就完成了在我們與他們的世界之間繞行一圈的旅程，也擔任了在這人間讓祖先祝福得以降臨的管道。

祖先通靈

在奈及利亞與非裔移民中的伊法／奧麗莎傳統不同分支的奉行者都知道，召喚與頌揚祖先的方法之一，就是透過祖先（艾貢貢）扮妝舞會。人們理解艾貢貢靈媒是處於讓有幫助的祖先降靈或附身的狀態，這種狀態是刻意召喚且在儀式上受到支持的。這些入門者通常會在共同的典禮中，穿著從頭到腳覆蓋全身、聖化過的鮮豔服裝（見彩頁圖六），透過具高度表現性的即興舞蹈，用儀式的方式顯化祖先。儀式助手則會協助召喚與維持扮裝者的附身狀態，並在整個儀式中跟著靈媒（以及降靈在他們身上的祖先），驅趕扮裝者往前走，可能的話，儀式助手也會記下被說出來的祖先訊息，並大致照料暫時化身爲人的祖先。

在美國的主流文化中，附身是個承載了既定觀點的詞語。我們的腦海中總會閃過好萊塢恐怖電影中不受控制、帶來麻煩，以及被不友善的鬼魂或靈完全附身的影像（例如：《大法師》〔*The Exorcist*〕、《鬼店》〔*The Shining*〕）。雖然在很罕見的例子裡，鬼魂有可能制服一個人的自我意識與對身體的控制力，但本書聚焦的是自願被某人充滿愛與支持的祖先附身。在這些案例中，人類靈媒（一般都受過一段複雜的訓練時期）是有意識地邀請祖先完全進入他們的身體，因而所產生的聚合或附身（從部分到全部）狀態是理想的、暫時的，並受到社群支持的。完全或全部的附身指的是自我或個體被淹沒或取代，也可能伴隨被附身時失去個人意志與對事件的記憶。

較完全的附身狀態最好是發生在受過訓練的長者監督之下。有經驗的儀式帶領者能在需要時把靈媒帶回來，若是祖先以過度或太「激動」的方式降臨，他們也能協助控制情況。我個人對失去記憶的完全附身經驗很有限，雖然我曾在有靈媒處於那類狀態下的儀式中擔任助手與參與者。在我的祖先降靈經驗中，即使我允許他們在某個社群儀式中用我的聲音說話，我總是覺得如果需要的話，我都可以把自己放回司機的位置，也能意識到周遭發生了什麼事。部分附身的狀態是比較常見的。對我來說，似乎與降靈和傳訊的狀態非常類似。

除非你之前受過訓練並有強大的集體支持，而能進行完全附身的工作，否則我建議還是先輕鬆一點，以輕微或部分讓你親愛的祖先降靈或與他們融合的狀態來工作。下列的練習十便邀請你探索與祖先指導靈的部分融合，以及在融合時為你在世的親戚與子孫祈禱。你也可以在過程中的較早階段，也就是在認識你較近代的家族祖先之前，與聚焦的血緣一起完成已提昇的世系祖先降靈。只要確定降靈於你的所有祖先都是光明、充滿愛且正面的能量。

練習10

讓世系降靈並為生者祈禱

- **意圖**：讓指導靈與世系祖先降靈，同時為生者祈禱。
- **你需要什麼**：錄音裝置、安靜的空間、供品與任何有助於你觀想的事物（例如：鼓、歌曲、祈禱）。

此時，所有世系中的祖先應該在靈性上都已安好。若你對此有任何懷疑，就回頭去做練習七到練習九，耐心地照料那個世系，直到所有亡者都明顯安頓下來，成為光明健康的祖先。

1. （錄音開始）花幾分鐘**讓身體與情緒集中注意力**。方法可以包括做些冥想或呼吸、集中注意力的祈禱、隨性的身體擺動，或者只是暫停一下回想你對儀式的意圖。你可以閉上眼睛或放鬆地凝視前方。把呼吸帶到腹部中央的位置；感覺骨頭、心臟與血液的脈動。讓你的靈魂之光充滿身體並散發出來。設定動機，讓光在整個觀想中都停留在身體中。（暫停兩到三分鐘）

2. 當你感覺專注，**召喚所有**你已與他建立良好關係、**樂於支持你的指導靈**。連結你正在處理之世系中光明的祖先指導靈。與所有降臨的指導靈分享你的動機：和緩地讓這個世系的祖先降靈，同時為在世的家族成員祈禱。在繼續進行之前，要確認你得到他們的支持。（暫停一到兩分鐘）

3. **召喚**你正在合作的**整體世系**，包括最近代的祖先（可能是父母或祖父母之一）的**經驗與意識**（**在你身體之外的**）。花一點時間確認那個世系中的每個人在靈性上都已真正安好。（暫停一分鐘）若你發現情況並非如此，就把這個儀式的焦點轉移到進行任何他們需要的修復上。

4. 若這個世系在靈性上是安好的，就**邀請他部分降靈**。首先，留意靠近你但仍在你身體之外的聚光點或存有。（暫停片刻）當你準備好，就允許這個能量輕柔地分享你身體的空間——在實際上與靈性層面上與你融合。這麼一來，你就是親自化身成來自這個祖先世系的光與祝福，進而取得了你在這條血緣中的地位。（暫停片刻）只邀請適合你的融合程度，並給自己時間沉浸於這個經驗中。（暫停片刻）留意化身爲這些祖先的感覺，去了解你是這個世系的一部分。（暫停一到兩分鐘）

5. 一等到你與這個世系和祖先指導靈們融合，就**與他們一起為在世的家人進行一場祈禱**。你可以從一則爲所有比你年長的、與這些祖先有血緣關係的在世長者，即父母、祖父母、姑姨叔伯、年長的手足而做的祈禱開始。接下來，爲你自己與你這一代的所有人，即手足、表親獻上一則祈禱。觀想那些親戚正在接受這些祖先們祝福他們健康平安。（暫停兩分鐘）最後，把祈禱延伸到目前在世的年輕世代，即你的孩子、外甥姪子、外甥女姪女以及孫子女。試著維持一種與這個世系輕度融合的狀態，讓他們對生者的祝福從你身上流過。（暫停兩分鐘）

6. 注意你的能量程度，看你對於與世系融合是否仍感到很自在。（暫停片刻）若是，就**繼續為所有家族世系的後代子孫進行祈禱**。看著這些即將到來的人受到祖先們的祝福。（暫停兩分鐘）

7. 當你完成這些祈禱，觀想你個人的能量輕輕離開這個世系與祖先指導靈們的較大存在。（暫停片刻）現在他們已在你的身體之外，確認你會在人生中落實他們的祝福——你會接受他們的支持，你也想活出他們的美德。（暫停片刻）詢問是否還有任何他們希望你知道的事。（暫停一分鐘）

8. 結束之前，暫停一下，**確認祖先與指導靈跟你的個人能量與空間有著相當的區別**（並尊重同樣存在且牢不可破的祖先連結）。（暫停片刻）

9. 最後一次仔細掃描你的空間與周遭，**確認你真的完成且清除了所有殘餘的能量**。（暫停片刻）等你準備好的時候，睜開眼睛，並把你的注意力完全帶回周遭。若有幫助的話，可以把你經歷或看見的事記下來。（錄音結束）

完成世系修復的循環

當近代與較古老的祖先都已安好，也清楚而眞誠地爲在世的家人祈禱，就請教指導靈你是否已完成家族那一邊的世系修復工作。若他們的回覆是肯定的，就假定你已修復與他們健全關係的基礎。若他們的回應是否定的，就請教他們什麼樣的行動有助於把這個世系帶回健康的狀態。對那些有在世家人的世系，指導靈可能會要你對其他家族成員進行修復或其他改變（見二一三頁，

第八章「用儀式協助其他家族祖先」的段落）。

當指導靈確定一切都令人滿意了，就回到這個循環的開始，輪流與另外三邊的家族重複進行第一到第五階段（第五章到第九章）的工作。概括而言，這裡列出世系修復的五個階段。

世系修復的五個階段

1. 從在世的家族成員身上與族譜研究中，蒐集關於你祖先的資訊。決定你要從四邊血親祖先中的哪一邊開始修復，並根據需要與那些尚未安息者建立界線。
2. 連結充滿智慧與愛的祖先指導靈，並取得他們的祝福與禮物。
3. 了解世系的包袱與祝福，並將世系恢復到健康狀態，直到有人記得的亡者的時代。
4. 協助所有近代祖先受到指導靈與世系的歡迎。
5. 與在世家族成員健全且提昇的關係上，落實祖先工作。

若你不確定接下來要聚焦在哪個世系，就回到第一一五頁的練習四「深入了解四條主要血脈」。留意你一直在合作的是世系家族的光明能量，並請教祖先們要聚焦在哪裡。對修復工作四個循環中的每一個，都容許至少一到兩個月的時間去眞正體現那種轉變。過程中可邀請已修復且恢復活力的世系祖先互相認識。

在所有特定世系的修復都完成，或是當四個主要世系都處於有活力的狀態，你可能也會希望納入一個簡單的儀式，也就是把祝福與儀式的照料延伸到你祖先的遺體上。這一般是遠距進行，但若你能進入祖先最後安息的地方，就可以選擇在某次造訪他們墓地的行程中融入這個目的（見第十章的練習十三，二七〇頁）。簡而言之，許多傳統仍然認爲，亡者的遺體會持續反映其過世時的能量或狀態。基督教的聖骨匣、蘇菲教派的聖者之墓、西藏以人骨製成的儀式用品，以及許多其他傳統，都含有與模範祖先的遺體刻意連結以接收祝福的部分。相同的原則暗示了麻煩亡者的遺體會攜帶或產生較不健康的能量品質。若是如此，當那些祖先經歷過療癒與提昇的過程後會怎麼樣呢？是否就自動代表他們的遺體如今反映的是一種更有益的新能量？雖然我不敢對這些深奧的問題做出決定性的回答，但可考慮請你如今已變得光明且得到療癒的祖先，把他們的祝福延伸到任何特定世系中的亡者遺體上。你可以把此事觀想成一個請求的過程，請求那個墓地、那些人骨與骨灰（萬一已火化的話），以一種與大地和地方神靈也和諧一致的方式，來反映你世系的新振動能量。只要向你的祖先指導靈提出問題，並讓他們告訴你做什麼事可能有用。

當你完成全部四個主要世系的修復工作，最後一步就是要讓他們在儀式上與彼此達成和諧，而這就發生在祖先直接降靈在你身上的經驗中。即使你完成了一個療癒與修復的循環，與祖先的關係仍是持續存在的，而與祖先和在世親戚兩者互動的機會，通常會以令人意想不到的方式出現。

協調祖先世系

當近代亡者全都加入祖先行列，你自然會對四個主要世系作爲不同的能量，以及作爲單一家族或祖先靈魂所發生的相互影響感到好奇。以視覺描繪這種一致又多樣相互影響的方式之一，就是重新審視祖先曼陀羅（見下方）。

若你有四位祖父母與八位曾祖父母的名字，就把他們加入曼陀羅或神聖藥輪（sacred wheel）（假設他們已經過世的話）中。塑造這些關聯有助於把祖先工作融入你原本的實修中，並在架構上意謂著對不同血緣的同等尊重。若你尚未以這種方式組織你祖先的名字，就詢問他們是否想要被放在某個方位來接受敬拜。鼓勵你在四個主要世系、四個基本方位，與其他自然界的能量、神祇、地方、顏色和祖先

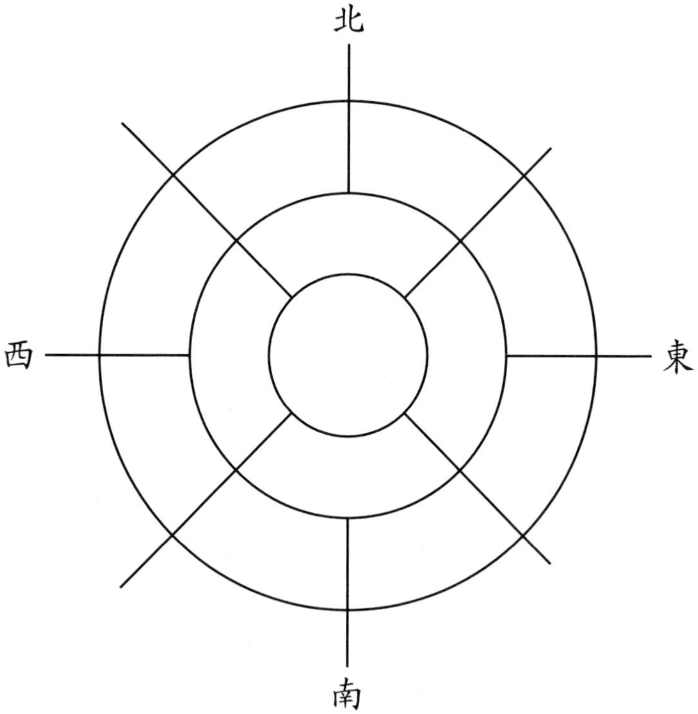

圖9.1　祖先曼陀羅

天賦等之間進行聯想。舉例來說，身爲北半球的居民，我對南方的聯想是火元素、紅色與夏季；而我的外祖母是個意志堅強、充滿愛且果斷的牡羊座女子，這也是她呈現在我面前的祖先樣貌。我的外祖母與她的親族似乎很高興我在曼陀羅中把他們與火元素和南方聯想在一起。

如果右方的圖感覺太受限，就用一個較大的平面（例如油畫布、海報板）或任何對你有特殊意義的藝術媒材來工作。讓自己開心地玩，並追隨你的創意直覺！

你也可以把個別祖先、世系與血緣的相互作用想像成一個交響樂團，有打擊樂、木管、銅管與弦樂部分。當每一個世系的個別靈魂都變得健康且迴響都很清晰，那四分之一的祖先交響樂團就與自身達成和諧。隨著四個部分都與自身達到和諧，整個交響樂團的和諧樂音便開始浮現，你就能感受到光明且充滿愛的家族祖先們，成爲一個單一的聲音、能量或意識。我高度推薦這種與祖先連結的共同方式，能形塑你超越世系修復工作的經驗。

練習 11

協調四個主要世系

- **意圖**：獻上儀式尋求讓四條主要祖先血緣更融合的經驗。

• **你需要什麼**：錄音裝置、安靜的空間、供品與任何有助於你觀想的事物（例如：鼓、歌曲、祈禱）。

接下來其實是以一體呈現的三個儀式：體驗你母親的親族、你父親的親族，然後是作為和諧共同體的兩個世系。寧願慢慢來且做得徹底，也不要冒險犯錯。隨著時間過去，你可以考慮把對他們作為一個和諧共同體的體驗，與練習十中介紹的祖先降靈元素結合。

1. （錄音開始）花幾分鐘**讓身體與情緒集中專注**。方法可以包括做些冥想或呼吸、集中注意力的祈禱、隨性的身體擺動，或者只是暫停一下回想你的儀式動機。你可以閉上眼睛或放鬆地凝視前方。把呼吸帶到腹部中央的位置；感覺骨頭、心臟與血液的脈動。讓靈魂之光充滿身體。設定動機，讓光在整個觀想中都停留在身體中。（暫停兩到三分鐘）

2. 當你感覺專注，**召喚任何**你已與他建立良好關係、**樂於支持你的指導靈**。連結你一直在處理的四個世系中光明的祖先指導靈。確定這四個世系中每一個世系的祖先都是健康而平安的。若你隱約感覺到有任何世系需要更進一步的工作，就把儀式的焦點轉移至該世系處理。與指導靈們分享你想協調四個主要世系的意圖，並在繼續進行之前尋求他們的祝福。（暫停兩到三分鐘）

3. **在你母親這邊，邀請母系與父系祖父母的世系融合，交織成一條祖先意識的河流或電流。**假如這個融合有任何障礙，就試著去了解並處理。看著這兩個世系合一，以流經你母親的靈（特別是如果她是位祖先的話）或圍繞且穿過她（如果她仍活著）的方式。如某些傳統的說法，你可能會感覺母親那邊的祖先是位在你身體的左半邊。看看哪一邊對你來說感覺比較對。（暫停兩到三分鐘）

4. **在你父親這邊，請求母系與父系祖父母的世系融合，交織成一條祖先意識的河流或電流。**假如這個融合有任何障礙，就試著去了解並處理。看著這兩個世系合一，以流經你父親的靈（特別是如果他是位祖先的話）或圍繞且穿過他（如果他仍活著）的方式。我研究過的傳統，是把身體的右半邊與父親那邊的祖先聯想在一起。看看什麼對你來說感覺比較對。（暫停兩到三分鐘）

5. **等到四個主要世系看來像是兩個合為一體的世系，注意這兩道能量流在你身體之外的感覺如何**——你父親的結合世系在你的右邊，你母親的結合世系在你的左邊。注意並感謝這兩股錯綜複雜且充滿活力的祖先能量源頭，並練習感覺兩個世系的支持就在你的背後與身側。（暫停兩到三分鐘）

6. 跟指導靈與自己的直覺確認已準備好要走到下一步。你做的事或許到目前爲止已經足夠。若是如此，就朝完成階段前進。（暫停片刻）如果你得到一個可以繼續進行的肯定答案，就**請求源自你父親與母親那邊的兩條祖先河流首次在你身體之外融合與交織**成一種單一的能量流、標記，或振動頻率。你可以觀想或感覺他成爲一道在你身體前方融合的光或能量。留意這份融合之祖先與家族意識的明顯特質與個性。（暫停兩到三分鐘）

7. 等你在身體之外感知到血親祖先們的和諧之光，就**輕柔地邀請至少部分這些祖先之光進入你的核心**——你的心臟或腹部中心。（暫停片刻）讓這個練習保持在踏實與可控制的狀態，而非進入深沉的出神與降靈狀態。邀請他們的光，那也是你的光，以祖先的愛、療癒與祝福充滿你的細胞與物質形式。只接受令你舒服的能量。只要你覺得舒服，想停留在這個狀況中多久都可以。（暫停五分鐘）

8. **結束之前，在你的手足身上留意這道相同的祖先之光，並當成所有孩子或孫子的一部分祖先特徵**。看著這些祖先們如何透過其他親戚的生命，以相同或不同的方式表達他們自己。留意你是否在任何與你有相同血緣的在世親戚身上看見

這道光。或許可以與祖先一起，爲這些其他在世家族成員獻上一次祈禱。（暫停兩到三分鐘）

9. 看看是否還有進行中的工作等著完成，或任何在結束前他們想讓你知道的事。（暫停片刻）

10. 當你準備好的時候，就感謝祖先，並把注意力轉回自己。請求祖先意識的強度減弱，讓你能正常運作。若你需要的話，可以在形式上離開那道祖先之光。然而，這道光也是你，所以任何的脫離都比較是爲了調整強度，而非爲了完全分開。（暫停一分鐘）

11. 最後一次仔細地掃描空間與周遭環境，**確認你真的完成**且清除了所有殘餘的能量。（暫停片刻）等你準備好的時候，睜開眼睛，並把注意力完全帶回到你的身體與周遭。若有幫助的話，可以記錄一下發生的事。（錄音結束）

在這種融合練習之後的幾小時與幾天當中，偶爾要回頭注意在你身體中，以及在你的周遭空間或氣場中的祖先之光，他們就如一種能量之舞與靈性支持。看看你能否在日常意識中習慣保有他們的光與支持，就像你偶爾會注意到身體自然的呼吸或心跳。

用盛宴款待與祝賀祖先

當近代亡者與各自的世系都已安好，四個主要世系也與彼此達成和諧，在此時慶祝是很棒的事！在這個階段，你已為維繫關係建立了基礎，也修復了你祖先房屋的基石；若有所感動，你可以延伸修復工作到涵蓋另外其他四位曾祖父母的世系（總計八個世系）。然而我想到的是，療癒你的四條主要血緣，就像一種為世系修復工作所培養的祖先技能或所設下的合理目標。雖然與祖先們的關係是持續進行的，而就這個意義來說，祖先工作永遠不會「完成」，但進行修復的重點最終可以也應該轉換成你與祖先之間的不同關係，在其中祖先是扮演你日常生活中的指引者與盟友。梭梅寫道：「當你周遭的事開始戲劇性地變好，你就會知道祖先已經得到療癒。」⑥

以儀式性的盛宴來敬拜祖先，這在許多傳統中都很常見。例子之一是：在凱爾特的萬聖節與薩溫節，有些人會根據傳統，在餐桌上另外準備位置與食物給那些選擇回來的祖先們，這有時被稱為「啞巴晚餐」，因為有時參與者會無聲地與他們所愛的人享用這共同的一餐。雖然萬聖節是進行此儀式的一個有效時刻，但你可以在任何時間做這個儀式，來敬拜與活化你與祖先的連結。我建議在你完成世系修復的完整循環之後，一年與祖先共享餐點一次。正如所有宴會一般，此儀式也應該考慮貴賓們的風格與偏好——在這種狀況下，貴賓就是你的祖先們。靈魂盛宴也是一種很棒的實踐，可用來慶祝每個療癒循環與修復四個主要世系之後的正面改變，或是作為療癒全部四個世系工作的結束。

練習12

用盛宴款待家族祖先的儀式

- **意圖**：爲你的祖先獻上一場靈魂盛宴，包括食物與飲料供品。
- **你需要什麼**：祖先祭壇或神龕（即使是暫時的也可以）、食物與飲料供品。

這場儀式盛宴是慶祝轉變的方法，那種轉變是把焦點從修復與療癒，轉到以共同支持與定期照料爲基礎點。共享一餐的時間，也可以是跟你的祖先與指導靈交流的固定時間，以及爲持續中的祖先工作所進行的主要儀式。這個儀式分成兩部分——準備工作與實際的盛宴。

儀式準備工作

1. 與你的祖先們一起靜坐。**詢問他們喜歡什麼樣的供品**，例如：食物、飲料、煙

⑥ Somé, *The Healing Wisdom of Africa*, 196.

（菸草或香）、花、火（蠟燭）、音樂、彩色的布。問他們希望你如何慶祝世系修復的循環。哪一種盛宴能令他們開心？你也可以問是否有他們想進行慶典的特定日期或時間。許多人喜歡在夜間進行祖先儀式，但要對你接收到的指引保持開放。

2. **留出一些時間準備與舉行盛宴**。把這視爲與任何一個你敬愛的人，以及與你想給他好印象的人所進行的正式約會。

3. **在盛宴的那一天或那一夜，在身體上做好準備**。你可以進行儀式性的泡澡或淋浴，以轉換到那個空間。刻意打扮一下。有些人會穿著全身白色，但你也可以穿上其他能幫助你感覺到與祖先有儀式性連結的服裝。

4. **準備供品**。若你沒有祖先祭壇，就暫時建立一個可以用來敬拜他們的地方（見第四章，八十九頁，設立一個祖先祭壇的建議方法）。

舉行儀式盛宴

1. 到了儀式進行的時間，就**把你的供品帶到祖先祭壇**或選定的空間。準備好盛裝食物、飲料與其他供品的盤子，如同你會在一場晚宴中爲一位尊敬的賓客所做的那樣。

2. 花點時間讓自己專注與安頓之後，**祈請你的祖先**，呼喚他們降臨。以某種方式發出你的聲音——歌曲、吟唱，或隨性的音調。當你有所感動時，用你祖先的名字邀請他們：「我歡迎你（名字）。我歡迎你（名字）。」你可以按照從現在到過去的順序說出那些名字。相信你的直覺。男性可以從他們的祖父那邊開始，女性可以從她們的外祖母那邊開始，除非你的直覺與傳統以不同的方式引導你。持續這樣的歡迎祈請，直到你感覺到他們在場。

3. **與他們分享你帶來的供品以及理由**。呈獻這場靈魂盛宴，彷彿你正對某人呈獻一份禮物。之後，與祖先們在一起一會兒，詢問他們你的供品是否受歡迎。他們還有什麼需要被滿足的地方？在此要信任你的直覺，並堅守這個過程，直到他們對你的獻祭滿意爲止。

4. 到這時，各種傳統有不同的做法，**至少有三種方式可以進行**。一種是完全離開，讓祖先們不受干擾地享用他們的盛宴。第二種是安靜地坐下，也跟他們一起享用。第三種方法是繼續大聲說話並與他們互動，就像與在世的家族成員一起用餐。在開始儀式之前，先決定好這部分要如何進行。若你選擇後面兩個選項，要取用你自己的食物與飲料，而非你獻給祖先的食物。當你感覺完成了，就謝謝他們，可能的話，讓供品與神龕處於安靜的環境中。

5. 把供品留給祖先一段時間——通常至少是一個晚上，但至多不要超過幾天。對於何時該撤掉供品，詢問並信任你的直覺。可能的話，把供品以合乎環保原則的方式回歸大地。

6. 儀式之後，在接下來的幾天與幾星期內，要**回頭與你的祖先聯繫一下**。靜坐冥想或祈禱，騰出一些時間，享受你已透過儀式盛宴而激發的連結。

世系修復循環之外的祖先工作

在你出生以及在你想跟祖先溝通之前，祖先就與你同在了。他們在你接觸祖先敬拜之前就已存在，也將持續是你生活中的一部分，無論你是否進行這些實修。而當你的靈魂與身體終於分道揚鑣，祖先領域的代表們會來歡迎你回去。如果你完成了本書中的世系修復循環，就是修復了你部分的心靈基礎結構，並到達這樣的程度：不僅能與在世的親戚與家族祖先有良好連結，也能自在地於日常生活中眞實得到祖先的祝福與支持。你也已間接爲自己的死亡做好準備。那麼現在呢？

在世系修復循環工作之外去召喚家族祖先的部分原因有：爲日常的挑戰尋求指引與協助；慶

祝與更新關係；協助在世家人並爲他們祈禱；釐清生命道途與天命；與家族責任有關的儀式照料（若你選擇接受他們的話）。祖先們會以家族神靈降靈的方式來協助你，也會幫助你的身體、心理健康與關係的健全變得完美。他們也可能具有與你的職業或你周遭工作有關的洞見與技能。舉例來說，若你是以某種療癒能力來服務他人，你的祖先可能會想在協助你時扮演積極的角色；同樣地，若你是個藝術家，他們則可能啓發你的創作過程（見第十一章）。

接著，我將爲世系修復循環之外的家族祖先工作，提出兩種可能的思考方向。此外，你也可以試著讓家族祖先的祝福與其他形式的祖先（見第三章）和其他非人類的能量（例如神祇、元素力量、地方靈）達成和諧，但這個複雜主題大部分都超出本書探討的範圍。

邀請祖先釐清你的使命與人生道途

當你與家族祖先的關係是健全的，他就能幫助你憶起你的天職、天命與使命感。不同的傳統會以不同方式來處理這個主題，但基本觀念是我們都有各自的某些天賦、才華，以及我們爲這個世界帶來的貢獻。這些天賦可能是與你的職業有關的祝福，也可能是跟你的關係與你個人對愛、仁慈或其他良好人類品質的體現有關。許多原住民文化認爲，我們在道德上有義務至少要試圖去憶起並實現我們的獨特天職——而社群的功能之一，就是去幫助個人了解他們的天職。用簡單的話來說，我說的是活出一個明智且有意義的人生，能把你特定的良善特質帶入這個世界。

詢問祖先如何看待你的天職，這並非如聽來的那麼直接了當。透過在生理上或文化上有意識地參與任何世系，你不只會接收到越來越多的支持，也會收到越來越多的要求。若你通常感覺自己在家族裡或世界上像個異類，祖先們可能會要求你犧牲某些這種局外人的身分，去交換更大的歸屬關係與共同的責任。特別是如果你不是在對近代祖先有著健康尊重的環境中成長，這種身爲某個更大的人類家族一分子的感覺，可能需要花些力氣去適應。心理學的開創者之一卡爾·榮格（Carl Jung）便曾談論在與祖先合作時可能浮現的歸屬感與使命感：

> 個人的生命被提昇爲一種典型時，確實通常會成爲女性命運的原型。這會導致她祖先生命的重建與最終復原（apocatastasis），她的祖先們如今可透過短暫個人搭成的橋，傳給未來的世代。一次此類的經驗會賦予個人在世代的生命中地位與意義，以致所有不必要的障礙都會在即將流經她的生命之流中被清除。同時個人也會從孤立中得到拯救並恢復完整。所有專注於原型的儀式最終都會有這個目的與結果。⑦

請求祖先協助釐清你的天職，可以從檢視你繼承的祝福與包袱開始。是否有什麼祖先祝福已爲你提供了一個有意義且具啓發性的人生？你是否已努力去轉化什麼包袱，成爲你服務目前與未來世代的部分？在檢視世系修復循環時，問問你自己，是否有哪些特定血緣較強烈地形塑了你的自我感與使命感。有些文化認爲我們在靈性上比較能夠與某一邊的家族一致，甚至我們可能是從某個特定血緣而重生的祖先。留意你是如何與某些血緣產生共鳴，這能提供你線索，讓你知道你在推動的是誰的工作，以及今日在你的生命中，哪一份祖先祝福閃耀著最燦爛的光芒。

你可以直接向祖先提出人生使命與道途的問題，但以如此重大的主題而言，你的意識經常會是你能聽見指引的最大阻礙。請求透過夢境來得到訊息，能讓因你自己先入爲主的觀念所造成的扭曲降到最低。實際上，向使命靠攏經常感覺像是在玩「冷熱遊戲」（hotter, colder），[8]你藉以做出越來越多改變，而把你帶入一種更偉大的融合感中。當你感覺與使命更愈靠近，就可能發現祖先是你走在道途上與面對自然出現的挑戰時，一份極其重要的支持力量。

接受家族祖先的衣缽

在我自己引導他人進行祖先修復的旅程中，我漸漸了解到，與祖先合作而讓狀態恢復健康者（或我所謂的祖先熟練度者），跟遵循靈魂層次的召喚去專精於祖先工作者之間有重要的不同。

---

⑦ Jung, *The Archetypes and the Collective Unconscious*, 188.

⑧ 一種經典兒童尋寶遊戲，遊戲主角的任務是找到一個隱藏的目標物，若他越來越靠近目標物，旁人可以喊：「hotter」；若他越來越遠離，旁人就可以喊：「colder」，來幫助他找到目標物。

就我而言，與祖先們的關係剛好是我整體人生使命中一個顯著的部分。我受到召喚，不只是要以主動、持續的方式與我自己的祖先互動，還要以對他人有用的方式，專注在這方面的靈性道途上。

多數走在靈性道途上的人不會受到召喚要專精於祖先工作。雖然理想上，在進行必要的修復之後，每個人都能活出祖先的基本精神，但大多數人回到在世間的工作之後，與祖先會回復到一種維護的關係。這是正常、自然，也是可以預期的，因爲人類祖先只是更大神聖環境中的一種神秘事物或能量。但若你感覺受到召喚，要去更專精於與祖先的合作，就信任他們會向你揭露那個召喚的本質，包括你是否、何時與如何幫助他人也能與他們的祖先合作。

這種召喚也可能以一個終身誓言的形式呈現：你發誓要擔任家人與祖先之間的聯絡人或儀式代理人。梭梅根據他的達格拉文化經驗寫道，幾乎每一個家庭都有「至少一個人會成爲來自另一個世界能量的容器，有那種敏感度的家族成員，能去意識到與回應跨世代的家人深刻的靈性以及有時是身體的需求。有時這些人會被認定爲家族的照顧者。」他把這些人描述爲「薩滿、宗祠守護人，以及家族樹的療癒師」，也請注意，這不一定是個容易或光鮮亮麗的角色，因爲這些人或許會被請求去從事吃力不討好、困難，有時甚至是危險的服務。⑨

在我親眼見識到被吸引去擔任祖先照顧者角色的人多年之後，我開始爲那些受到感動去接下這份衣缽的人，提供一個正式的奉獻典禮。典禮中的一個關鍵要素，是需要當著祖先與在世社群成員的面，在儀式空間中立下誓言。我發展出了一張責任表，當成家族祖先專家的「工作內容」的一個起點。若你眞的選擇承諾接下這份終身的工作，記得要發揮創意，去塑造那在你自己的生活與家庭環境中將呈現的面貌。下列的建議只是一個開始。

1. 與已提昇的祖先建立清晰且持續的溝通線路，並去做所有能與他們維持健全關係所必須做的事。
2. 確定所有的血親世系祖先都處於一種提昇而完好的狀態。
3. 在祈禱中提高在世家人的士氣，並定期以他們的名義供養祖先的靈。
4. 以謙卑而有建設性的方式，與所有對認識與敬拜祖先感興趣的親戚一起同心協力。
5. 收集現有的家族歷史資訊，並考慮從事進一步的研究，爲過去七個世代與之前（可能的話）的祖先建構名字與故事。
6. 以有用且對文化有所理解的方式，讓在世的家人可以取得家族歷史的資訊。
7. 協助家族成員在他們死亡之後成爲祖先（而非鬼魂）。

⑨ Somé, *The Healing Wisdom of Africa*, 195.

8. 積極爲家族成員之間的健全關係而努力，包括在適當的時候解決家庭衝突與療癒家族包袱或毒害。

9. 維護家族墓地或照料其他的遺物。這個任務可與其他家族成員協調。

10. 以對文化有所理解的方式協助家族新成員的誕生，以及其他重要的通過儀式（例如：成年禮、結婚）。

【第三部】

敬拜其他類型的祖先

第三部要探討的是：與在血緣上不一定有關係的人類祖先連結的方法。在這一部中，你會學到：

- 死後遺體與大自然元素連結的不同方法
- 為多重靈魂與不同類型祖先建立的一種工作架構
- 敬拜地方祖先的墓園習俗與儀式
- 如何請求祖先協助你獲得職業上的成功
- 協助葬禮與為剛離世亡者舉行儀式的方法

跟第一部一樣，本書的最後三分之一，是一份與不同類型祖先連結的經驗指南。這些祖先包括領養的家人、傳統中的祖先、過世的朋友與導師，以及地方的祖先。我強烈鼓勵你在把太多焦點放在這些祖先身上之前，先落實對你血親祖先的工作。在最後一章，我將邀請你去深思自己的死亡、你偏愛的喪葬習俗，以及你對死後意識的信念。

10 祖先與地點

當你死去，你仍會記得童年生長的土地嗎？還有目前的家或在地球上最喜歡的地方？若你所愛的人造訪你的墳墓或保有你的骨灰，這會讓你比較容易跟他們說話嗎？死去的人在這個次元說話的方式之一，就是透過特定地點的中介，包括由人類塑造的世界與較原始的環境。在本章中，你將得知祖先與墓園、公共紀念建築與較自然場域等地點的關係；你也將學會安全且恭敬地巡訪這些不同地點的基本準則。本章也涵蓋了幾種在造訪墓園時敬拜家族祖先的習俗，以及問候你家附近地方祖先的一種儀式。

家就是遺骨所在之處

如果你跟許多在美國的人一樣，可能就不會住在特別靠近你近幾代祖先誕生、死亡與埋葬的地方。比起許多文化，現代美國人的流動性有偏高的傾向，這形塑了我們對地方的想法與感受。我的生活剛好就符合這種模式，也能描繪出許多人的情況。我的最近至少五代的血親祖先大都被埋葬在俄亥俄州與賓州，在此之前的祖先，則是被埋葬在愛爾蘭、英格蘭、德國、荷蘭與奧地利一些我不知道的古老墳墓裡。就像大多數在西方世界有歐洲血統的人一樣，我不曾花很多時間待在這些較早期祖先的土地上。即使我的收入足以雇用一名專業的族譜學家，並投入三個月的時間，在北歐密集進行以祖先爲焦點的旅行與儀式，但這麼做仍無法使我成爲英國人、愛爾蘭人或德國人。我沒有能力進行那種朝聖之旅，使我就像大多數現代美國人一樣——並不富有、祖先不是來自如今的美國，也沒有能力或強烈渴望搬到祖先家鄉居住。雖然我懷疑這種跨國任務會令人愉快與具有靈性上的力量，但旅行到遙遠的土地或追尋一個理想化的過去，並非與祖先連結的必要之舉。我的家，以及我近期世代的祖先遺骨，每條家族血緣在經歷至少五個世代的生死之後，如今都在美國。

與這種流動模式相反，「原生的」與「本地的」這兩個用語則意味著「某個地方的」。用於人類文化時，「原住民」通常意指與特定地方有長久關係，並與傳統、部落生活方式主動連結的人。舉例來說，在二〇一〇年，我曾有機會在一場爲期數日、於舊金山附近的灣景獵人角區舉行的熊舞儀式中擔任助手。柯斯塔農恩．朗森．歐龍尼族（Costanoan Rumsen Ohlone Tribe）的儀式帶領者選擇這個地點，部分是因爲那裡很接近歐龍尼人已知的墓地與村莊遺址。那些沒有顧及法律要求，或未重視擾亂人類遺骸之原住民協議而進行的都市發展，持續威脅著許多遍及加州與加州之外的神聖遺址。儀式中最突出的，就是那種似乎是從某些歐龍尼族熊舞者身上所散發出來之被授與的、天生的特殊自豪。這種特質似乎是不用言語地說著：「我回到家了。這是我的地方。」

若人們直接在沒有千年、也有數百年歷史的家族祖先骨灰與遺骨上生活與敬拜，則具有在現代文化中經常被忽略的心理與靈性重要性。M．卡特．安德森（M. Kat Anderson）在探討加州印地安人與土地關係的重要作品中寫道：

> 與祖先住在同一個地方，能與那個地方建立一種多次元的連結。對加州印地安人來說，與一個地方連結以擁有時間的深度，能夠指出特定的一小塊收成地、一棵灌木、樹木、一個居住場所或神聖地點，並知道之前許多世代也使用過同樣的植物、走在同樣的道路上、照料過同樣的土地，這些是極爲重要的。對許多加州印地安人來說，一個集會地點被奉爲神聖之地，是透過長期執行的集會而來。每一個世代都是透過使用與照料的方式來敬拜祖先、習俗與植物，可以從中擷取的巨大跨世代知識資源，那是一種祝福與禮物。一般而言，每個人都深深依賴著我們之前許多世代人類的考驗與成就。①

① Anderson, *Tending the Wild*, 363–64.

這對大多數現存的原住民文化，以及歷史上大多數的社群來說也是如此。當群體把他們如何在一個特定地點居住與繁榮的知識透過世代傳遞下來，這種延續不僅對社群的存活、也對一種更大的親密感與地方感有所貢獻。

這不是說部落人民始終都得待在一個地點；所有人類在過去的某一個時間點都是新住民，即使是數千年前；而有些民族直到近代都仍維持半游牧的生活型態。同樣地，部分現代歐洲的城市居民，或許就住在離他們過去數千年前（或以上）的血親祖先不到一天的步行距離。重要的是：你對一個地方的繼承權越古老，以及你曾在那裡生活與死亡的親族世代越多，你就越可能感覺到你應該屬於那個地方。若你是極少數現在就住在離你近代祖先居住地很近的人，那麼你就可能意識到遷移會帶來一種衝擊，因爲那樣你就會離開目前你祖先家鄉所附帶的能量場與祝福。對所有在美洲的非原住民來說，即使你與近代祖先住在同一個區域，還是會有其他人類社群（通常都有在世的代表），他們在我們目前稱爲家鄉的土地上有更古老的祖先存在。這使得要得到「我回到家了；這是我的地方」的經驗變得複雜，但還是可以做得到的。

在繼續之前，請花一點時間深思下列問題：

- 有家族祖先埋葬在你目前住家附近的土地上嗎？你兒時的家（若跟現在不同的話）附近有家族祖先嗎？若這兩個問題的答案都是肯定的，你注意到這樣的歷史能幫助你在這些地方感到更自在嗎？

• 若你不是居住在你傳統家園的原住民，你曾花時間與任何你目前居住地的原住民相處嗎？若是，你是否注意到，他們與地方的關係跟你有任何不同嗎？

• 在地球上的哪個地方，你曾體會到最強烈的「家」的感覺？在這種說不出的歸屬感中，祖先與那個地方的連結有扮演什麼角色嗎？

• 你知道你想讓自己的遺體回歸到地球上的什麼地方嗎？對你的祖先世系來說，這個地方是新的、還是熟悉的埋葬地？

祖先遺體爲何如此強有力地形塑我們的家園與地方感？思考遺骨、骨灰與其他人類遺體形式的方式之一，正如與亡者接觸的根本要點——在第六章，你學到如何爲你的祖先指導靈製作與活化一具翁剛或靈魂居所，所以就把包括骨灰罈在內的遺骸想成一個已經活化的靈魂居所。正如一根老鷹羽毛本身就是與老鷹的一種神聖的神奇連結，以及陽光一定與太陽有關，人類遺骨也是靈魂曾存在的證明。人類遺骸就是亡者精神的延伸，或至少是人的軀殼與在世的人保持連結的一個面向；若你最後要照料所愛之人的遺骨，或者較常見的是照料他們的骨灰，知道這一點可能會有所幫助。一般而言，我建議要把任何人類遺骸當成值得尊重與體貼的神聖物質來對待，那是一種如果遺骸的原始主人仍以血肉之軀存在，你會給予的尊重與體貼。然而，在我的修行中，我個人並不會與人類遺骸合作。就跟全世界大多數的祖先敬拜奉行者一樣，我不認爲直接與人類遺骸接觸是必要的或甚至本身就有幫助，除了對遺體進行的有意識的儀式之外（見第十二章）。若你有疑問，就去請教一位值得信賴且不帶批判的靈性導師或長者，如何給所愛之人的遺骸最好的照料。

各文化中普遍可見的兩種處理人類遺骸的原則是：第一，對一場合宜或有意義的喪葬儀式的渴望，以及第二，盡可能維護遺骸免於受到干擾的權利。在西元前五世紀索福克里斯（Sophocles）的悲劇作品《安蒂岡妮》（*Antigone*）中，安蒂岡妮就主張要爲她的哥哥波利奈西茲（Polynices）舉行一場合宜的葬禮，即使他曾是個叛國者。底比斯的先知與預視者泰瑞西亞斯（Tiresias）也代表神在此事中支持她的努力。對最古老的考古遺址中以象徵性方式裝飾的屍體來說，爲其舉行最後的儀式與恭敬地照料，無疑是重要的，而此種照料對今日在世上的絕大多數人而言也同樣重要。「光是在美國，就有超過兩萬兩千家葬儀社、大約十一萬五千座墓園，一千一百五十五間火葬場，以及大約三百家棺木與骨灰罈銷售商。美國死亡服務產業的整體產值爲一百一十億美元。每年被埋在地下的屍體防腐劑足以塡滿八座奧運規格的游泳池；使用的鋼鐵（光是用在棺木上）比建造金門大橋還要多；用掉的鋼筋混凝土也足以建造一條從紐約到底特律的雙線公路。」②

就跟世界上幾乎所有其他地方一樣，美國的法律與大眾文化也禁止褻瀆人類遺體。對大多數人來說，這是個明顯且根深柢固的禁忌：你就是不能糟蹋屍體。爲什麼不能？當然，在世的家人若知道自己的祖先墳墓遭到褻瀆，可能會感到很痛苦，但還有什麼其他信念將此強化爲一種文化意識？信念之一是，遺骨保有一種與亡者靈魂的連結。「木乃伊的詛咒」指的就是因爲驚擾了埃及古代木乃伊而死去的普遍描述。要是你問街上的人們，是什麼造成了那些考古學者的死亡，許多人都會指向因遭受褻瀆而被喚醒的木乃伊靈魂。同樣地，盜墓者與用不道德的方式利用人類遺體的人，也有可能招致遺體中的靈的敵意。想像假如在你死後幾個月，有人把你的墳墓挖開，偷走你的遺骨用於害人的法術，你在靈魂層次上會如何反應？

由於人類遺體與靈魂間原本就存在的連結，遺體的所在位置（墓園、靈骨塔、地下墓穴、海底）便能幫助加強與特定祖先靈以及一般祖先們的接觸。多數人在直覺上就了解這一點，也傾向以敬拜與尊敬的心來看待墓園與類似的地方。在進入一座墓園或其他神聖的埋葬地時，我建議先對該地的守門人與守護靈進行一次簡單的、符合環保原則的獻祭。若是當地傳統或你自己的信仰對此主題有提供指引，就加以遵循。若是沒有，就想著或許有某種特定形式的神祇或集體能量，在人類集中埋葬的地點照料著土地中的靈。藉著留下一小撮的玉米粉或菸草、天然的薰香、當地的花，或只是一次誠懇的問候祈禱，你就是以對所有看得見或看不見之當地居民表示尊敬的姿態

② Sehee, "Green Burial."

進入那個空間。即使那裡並未埋葬著你所愛之人，在你造訪的期間至少要執行一次表示尊敬與善意的實際舉動，包括清除垃圾、清出被掩蓋的墓石、把倒下的墓碑扶正，或在某個你能額外關愛與照料的墓前留下供品；而自發性的祈禱與表達感激與尊敬的歌曲，則能傳達正面能量。下列的練習介紹的是與家族祖先的墓穴連結的方式。

練習 13

對家族祖先進行的墓園實務練習

- **意圖**：與祖先在墓園或其他埋葬地安全且帶著敬意地互動。
- **你需要什麼**：供品（例如：花、香、石頭、天然的物品、祖先可能喜歡的食物與飲料）；任何有助於你觀想的事物（例如：鼓、搖鈴、歌曲）。

墓園或任何埋葬地都是介於不同世界之間的地方。在這些地方，生者與亡者之間的刻意溝通可以被增強。這個練習能幫助你在祖先們被埋葬的地方進行敬拜儀式並與他們親密互動。當你來到一座墓園向亡靈致意，請注意以下敘述的基本預防措施，讓自己做好準備與防護。

1. 在你前往那個場域之前：隨性找一個安靜、具支持感的空間，在那裡問問你自己與指導靈：你想拜訪什麼祖先？你對他們的認識有多少，以及爲何這次你想拜訪他們？你過去曾經與他們合作過嗎？你覺得他們目前是處於什麼樣的狀態？（見第五章）請注意：若你感覺不到這些祖先是平安的，也沒關係；那只會改變造訪期間所採取的儀式進行方式。若你的祖先們在靈性上尚未安好，墓園或許不是能解決你的哀痛與悲傷的最佳地點，因爲那裡會增加直接連結的可能性。詢問你的直覺、指導靈與長者，對你來說，在此時造訪祖先的埋葬地是否是個好主意。對於聽見「不」或「還不是」的答案時要保持開放。假設你聽到了「是」的答案，請繼續下列的步驟。

2. **為造訪做準備**。在前往一座墓園之前，必須考量幾件事。

特定的日子與時間。你的文化傳統裡有認定一週的某幾天或某個月亮週期對敬拜祖先來說是吉利的嗎？出生與死亡週年紀念日，或者類似亡靈日或萬聖節的節日呢？時間也可能很重要，有些傳統認爲生者的世界是隨著日出升起的，因此上午的造訪對緩和祖先接觸的強度很有用；在接近日落時造訪則會增強亡者的存在感。我建議在有日光的時候造訪，除非你確定夜間的儀式是合法且明智的。

對你來說，獨自去那裡、還是跟一位家族成員或朋友一起去比較有利？兩者都各有好處。獨處能給你按照自己進行節奏的自由，但與一位夥伴同行可以提供額外的支持。若你跟某人一起去，要確定對方知道你的動機，並理解你可能需要不受打擾地待在墓地一段時間。

什麼樣的供品適合帶去那個墓地？供品可以包括你想像祖先會喜歡的食物或飲料、花、石頭、其他天然供品（例如：菸草、玉米粉、香）、歌曲、音樂、祈禱。除了給祖先的供品之外，可考慮帶一份供品給地方靈——墓園本身的靈，或是那裡的神靈或能量。有些傳統認爲是神祇在照顧墓園；其他則認爲要獻上供品給在那裡的集體亡者。利用直覺或信任指導靈，來決定你的選擇。

你還應該帶什麼？或不帶什麼？當然，你會想帶保護自己與私人需要的物品。然而，還是要決定是否帶上私人的食物與飲料。有些傳統不鼓勵在與亡者互動時吃東西，但其他傳統則是予以鼓勵。若你眞的覺得在造訪時帶食物或飲料過去是對的，在吃之前，請考慮分享一小部分食物給亡者居民與其他當地神靈。

你應該穿什麼？有些傳統需穿淺色或全白色的衣服，那些顏色可提供保護的品質，但其他傳統則是把黑色衣服與哀悼狀態聯想在一起。無論你選擇穿什麼，以動機來著衣，以示敬意。

3. **有意識地進入那個空間**。接近墓園時，請記得，雖然沒有什麼好害怕的，但你正在跨越進入不同空間的門檻。無論是立刻跨過門檻或就在跨越之前，請暫停一下，用祈禱或供品來向土地與地方神靈致意。若是你的信仰支持這個做法，在進入之後，你就可以直接對墓園的守護者或守門靈說話。

4. **前進至墓園**。到達之後，立即找個舒服、安靜的位置安頓下來。留意這些祖先大概處於什麼樣的靈性狀態。他們的狀態將決定你的下一個步驟：

若你知道要敬拜的祖先們在靈性上並不安好，請進入保護的狀態。你在那裡不是要召喚他們，而是要敬拜與懷念他們。尊敬地把你的供品當做禮物獻給他們，但不請求他們來臨，然後告一段落。獻上那些供品對亡者來說具有療癒且有益的含義。

若你知道要敬拜的祖先們是安好的，就邀請他們到來。

5. **召喚那些在靈性上安好的祖先們**。你可以先做一點小小的獻祭，然後召喚他們來臨，把你主要的供品留到祈請之後。祈請不一定要很花俏或正式——只要打從內心跟他們說話，像是：「嘿，是我，我來看你了。」之後你可以跟他們談話、唱歌或祈禱。持續直到你感覺出現回應爲止。

6. **展示你的供品**。告訴他們你爲他們帶來了什麼以及原因。把供品獻給他們，然後就坐下來聆聽。對於接下來必須發生的事，如果有什麼的話，請信任你的直覺。有哪些你需要說的事？他們是否需要對你說話？用耐心與開放的心聆聽之後，就說出你所關心的事，並根據需要來表達你自己——要多久的時間才能產生這樣的連結，你就要樂於坐在那裡多久。待在這個具接受力的空間中，直到你覺得完成爲止。

7. **離開墓園**。等你準備好的時候，跟他們道別並離開墓地。你一走開就要掃描你的能量，以確定沒有一併帶走任何沉重能量。設定你的動機，並要求任何不是「你的」都留在那裡——以及要求你的能量體是乾淨的。

當你打算離開時，要做一次最後的獻祭與祈禱，來釋放所有麻煩的能量。你可以確認：「我帶著和平而來；我爲所有無意的不敬致歉，也請求亡者留在這裡。願此地的靈魂安息。」在你做這最後一次獻祭的地方，對你的能量體做第二次淨化掃描，然後離開那塊土地。

回到家時，在你做任何事之前，進行第三次、也是最後一次的檢查，以確定你的能量體是乾淨的。你可能需要換衣服、淋浴，或做一些淨化儀式，以確保沒有帶回來任何沉重能量。信任你的直覺，要做多少事就視需要而定。

公共紀念碑與紀念建築

除了家族祭壇與墓園之外，我們也會在許多地點紀念亡者。這一節要思考的就是其他的祖先敬拜方式。此種思考包括：

- 這紀念碑有展示人的遺體嗎？若有，是到什麼樣的程度？
- 這紀念碑就位在死亡地點嗎？
- 死亡的原因是什麼（例如：人類的暴力、疾病、意外、自然災害）？
- 紀念碑中有收錄已知亡者的名字嗎？
- 這紀念碑有刻意與土地、自然元素或其他能量達成和諧嗎？
- 這些祖先在更大文化意識中象徵著某種重要性的程度有多高？
- 那些被紀念的亡者死去多久了？

對這些要素的敏感度，能增加你對一種文化如何認識生者與死者關係的理解，也能幫助你在不同類型的紀念場所與祖先交手。一般說來，在紀念場所思考越多上述要素，與該場所紀念的人的連結就會變得越強而有力。在下一個章節，我們將探討從影響力較弱到較強的不同紀念形式。

在華盛頓特區的美國國會大廈附近，矗立著一座四十四英呎高、名為和平紀念碑（Peace Monument）的白色大理石雕像，紀念在美國南北戰爭（一八六一年至一八六五年）中死亡的海軍。這座紀念碑很靠近格蘭特總統❶與加菲爾德總統❷的紀念雕像。這些被紀念的人沒有一個是死於這些地點，他們的遺體也不在那裡。上述的例子中，亡者從這個世界過渡到另一個世界已超過一世紀，因此訪客較無法感受到在紀念較近期亡者建築中會感受到的深刻情感衝擊。和平紀念碑中有些像是戰神與海神的神祇，但大多數美國人與他們並未建立個人關係。然而，所有紀念建築都會與其他地方靈達到某種程度的和諧，因為他們是該場域的靈性與精神生態的一部分。被紀念的已故總統與海戰中的亡者，便以這種方式持續駐守在國會大廈的西部周邊。

往西經過華盛頓紀念碑（Washington Monument）到林肯紀念堂（Lincoln Memorial）的基址（兩者都不是墓地），你會抵達越戰紀念碑（Vietnam Veterans Memorial）。被記錄在「越戰牆」上的五萬八千一百九十五名軍人中，沒有人埋葬在現場，而且大多數都是死在超過八千公里之外的亞洲西南部。然而，特別是對某些退伍軍人與他們的家人來說，這座紀念碑無疑增強了與名字被標記於上的靈魂的接觸，且經常名列美國人最喜愛的建築物，就儀式而言它也「有用」。為什麼？越戰牆紀念的是距今不久的亡者，也代表這些人就直接活在許多生者訪客的內心與記憶中。因此這裡的哀傷份量遠大於多數周圍的紀念碑。因爲會對亡者產生強烈哀傷情緒的地方，就是與祖先親密互動的天然場域，聯想到亡者的集體哀傷，能促進與他們的接觸與對他們的療癒。由於他們的死亡距今相對較近，那些名字在越戰牆上的人，比較可能與他們最近的人類化身保持連結（無論是因爲他們尚未加入祖先行列，或只是出於對生者的愛），這也會讓他們比在南北戰爭死去的水手們更可能與訪客連結。而越戰牆也是國會大廈能量原點（energy matrix）的一部分，這是另一個提供此牆力量的因素。

召喚祖先最有力與直接的方式之一，就是透過名字。寫下名字會鼓勵人們把他們大聲念出來，也算是某種在這類紀念建築持續進行的祈請。呼喚名字的聲音能充當某種與亡者連結的聽覺關係，他們一生都在回應那個名字。亡者的名字是越戰紀念碑的魔法之一。我十歲時去造訪越戰牆，在俄亥俄州的父親要我去找一位在戰爭中被殺害的海軍戰士同袍的名字。當我找到時，我暫停片刻，特意觸摸了碑文。那天晚上，我在電話中第一次跟父親大聲說出那個名字。這完成了他想對這位朋友在精神上表達敬意的心願，而我猜想對他的朋友來說，也是一種正面的回響方式。

❶ Ulysses S. Grant, 1822-1885，美國第十八任總統。
❷ James A. Garfield, 1831-1881，美國第二十任總統。

再往西一英哩、越過波多馬克河（Potomac River），在阿靈頓國家公墓（Arlington National Cemetery）裡的無名戰士墓（Tomb of the Unknown Soldier）則強調出某些人類遺體的神聖性、象徵性與儀式的力量（見彩頁圖十一）。有超過四十個國家都繼續保有紀念無名亡者的建築，也一貫都會包含一名戰爭亡者的遺體。一天二十四小時、無論什麼天氣狀況，阿靈頓公墓都由輪值的守墓衛兵看管，那些衛兵是隸屬美國陸軍第三步兵團的菁英單位。墓穴中安放著三位身分不明的亡者，分別是死於第一次世界大戰、第二次世界大戰與韓戰的軍人遺體。墓穴中的無名軍人，是這座紀念建築的重要功能。原本有第四位軍人代表一九八四年到一九九八年越戰無名亡者的角色，但這位空軍中尉麥克．約瑟夫．布拉西（Michael Joseph Blassie）的身分透過ＤＮＡ測試確認之後，遺體就被挖掘出來，還給他的家人，並被重新埋葬在密蘇里州聖路易市的傑佛遜軍營國家公墓（Jefferson Barracks National Cemetery）。在那之後，無名戰士墓的越戰部分就由一段獻辭來取代，承諾美軍會試圖爲所有失蹤的軍人負起責任。③

當國家用一位無名軍人的遺體來代表更大多數死去的軍人，其含意爲何？在提昇家族祖先的儀式中，梭梅有時會引導參與者先象徵性地代表一位已過世的特定家族男性或女性長者，然後利用這位祖先作爲更大規模工作的焦點，這工作即是幫助所有世系亡靈加入親愛祖先的行列。在這種情況下，傳統非洲的方式與現代國家的做法在結構上是相似的。

即使是在遺體被火化或埋葬於他處的情況下，死亡地點本身也可能成爲紀念的地方。在美國前十五大死因中，有三個都是相對突發的：意外、自殺與謀殺。根據國家公路交通安全管理局的統計，美國每年約有三萬三千人死於車禍。④自殺的死亡人數更高，有四萬一千人，⑤而謀殺的死亡人數是一萬六千人。⑥路邊包含了花束、十字架與死者照片的紀念處，標示出許多致命意外的現場，而類似的紀念建築，有時也是向謀殺或甚至自殺的死亡地點致敬。新近的作法「幽靈單車」，便是把一部漆成全白色的單車，放置在單車騎士被汽車撞死的地點，一般是在都市區域。除了警惕駕駛注意危險地點與提高對暴力犯罪的意識之外，這些聖壇也提供了對亡者共同致敬與哀悼的方式。此類由家人與朋友照料的紀念處，也確認了亡者與特定地點之間的連結；亡者成了這些地方的一部分歷史。

最強有力的祖先紀念處的形式是：(1)包含大量人類遺體；(2)納入亡者的姓名；(3)位於死亡地點；(4)敬拜相對近代的亡者；以及(5)標示出人類強烈暴行的發生地。符合這些標準的二十世紀

---

③在埋葬於墓穴之前，這四位無名者於死後獲頒國會榮譽勳章（Congressional Medal of Honor）。二〇一三年，我與國會榮譽勳章協會的人談過，他們證實此勳章並非因這些軍人生前的服務而授予，而是作為對集體無名戰士們的一項象徵性行動。當布拉西中尉的遺體於一九九八年被確認並移走，他的家人希望讓他保有勳章的要求遭到拒絕。給越戰無名戰士的榮譽勳章被保留在墓穴下方的房間。那是唯一沒有與某個特定的人（無論活著或死去）有所連結的榮譽勳章。

④ National Highway Traffic Safety Administration, "Quick Facts 2014."

⑤ Centers for Disease Control and Prevention, "Suicide: Facts at a Glance 2015."

⑥ Centers for Disease Control and Prevention, "National Center for Health Statistics FastStats: Assault or Homicide."

集體屠殺紀念館的例子包括：波蘭的奧斯威辛集中營紀念館（Auschwitz-Birkenau Memorial and Museum）、盧安達的基加利屠殺紀念碑（Kigali Genocide Memorial），以及柬埔寨金邊的吐斯廉屠殺博物館（Tuol Sleng Genocide Museum）。這幾個紀念場所是大屠殺的一部分，沒有上萬也有成千的暴力死亡就發生在那裡。這些地點不僅是大規模的墳墓或火葬場，也是大規模謀殺的發生地。世界各地的戰場通常符合這樣的標準。法國東北的杜奧蒙公墓（Douaumont Ossuary）收藏了至少十三萬具在第一次世界大戰中身分無法確認的法國與德國戰士遺骨，那是一九一六年凡爾登戰役（Battle of Verdun）中估計超過九十萬死亡總人數的一小部分。在賓州，蓋茨堡國家軍事公園（Gettysburg National Military Park）是爲了紀念於一八六三年七月、發生在美國本土死亡人數最多的戰役，在三天的戰鬥中有超過五萬人死亡。集體屠殺與大規模的人類暴行會在土地上創造一個印記、一種那些祖先與那個地方的連結，透過文化記憶（也可能在其他層面上）而持續下去。執行完善的紀念館是開始把恐懼與苦難轉爲療癒生者、亡者，以及包含兩者的土地。

除了二十世紀前半發生的幾次自然災害之外，二〇〇一年九月十一日在紐約世貿中心發生的攻擊事件，造成了美國自南北戰爭結束以來，在一天之中與一個地方最大的死亡人數。在下曼哈頓區的那個週二早晨，兩小時內就有超過兩千五百人死亡，很多都是在恐懼與混亂的狀態下。攻擊事件之後，找到的完整屍體不到三百具，之後的十年，也只有剛好超過一半的受害者骨頭碎片得到確切的鑑定。到二〇一三年，事發現場的遺跡中仍會發現新的遺骸，世貿中心遺址的遺體存放室也仍持續分析等待被鑑定的一萬多片骨頭碎片。如同大多數這樣的場域，鑑定與恢復遺體完整所面臨的挑戰，可能加重生者的創傷，也可能是對亡者的干擾來源。

若你被賦予從零開始創建一座紀念館的責任，你會考慮哪些原則？國家九一一紀念博物館（National September 11 Memorial and Museum）最後的設計是以巨大的映照水池與瀑布的形式，大量利用了樹木與水的調和能量。爲了在高度都市化的場景中盡可能讓紀念館與大自然能量和諧一致，設計者引入了植物世界與水能恢復健康的特質，來參與這個地點需要的療癒。同樣地，透過把遺體存放室納入紀念館，設計者已認可了照料人類遺體的神聖過程。當人們花費數百萬公帑在建造與維護紀念館以及鑑定人類遺體上，我們就在某種直覺層面上確定了這些事是重要的。

祖先與自然界

地球上有些地方能強化與祖先的連結。首先、也是最重要的是，祖先會透過我們的血與骨說話。無論喜不喜歡，我們本身就是會走路、會呼吸的祖先聖壇。

祖先也會透過自然界中的特定地點說話。有生命的人類、祖先靈與物質文化如何與自然界中的特定地點以及非人類意識的更大母體連結，這已超出本書範圍的主題。部份是因爲甚至在我們考慮到人類的因素與人工的改造之前，自然界的其他部分就有著巨大的複雜與多樣性。有些原始的地方與力量或許對人類是療癒且友善的，有些可能是中立或必須謹愼對待的，也有些可能是帶有敵意的。因此對此類場域周延且尊重的考量，應該把其中非人類居民的觀點考慮進去。

有鑑於此一主題的深度，我在下方簡短探討了人類的祖先靈能與自然界中的地方保有連結的三種方式，包括從祖先那一邊以及在生者的心理上：

1. 有生命的人類利用文化上的教導，能自動把特定類型的生物（例如某些植物或動物）與自然形態（例如洞穴、瀑布）跟祖先聯想在一起。
2. 「地方」能爲過去在那些地點發生的有意義事件，扮演文化記憶中的定位角色。
3. 以緬懷祖先的方式，或許能聖化自然形態。

當我們把特定的動物或植物視爲與人類祖先的連結，其出現就能充當與祖先直接連結的觸發器或入口。此外，動植物們的棲地也可能是通往祖先領域的入口。舉例來說，地球上的許多文化會把某些樹與亡者聯想在一起。如此一來，日常景致中便有著許多觸角或連接的點，祖先能藉以在任何時刻與我們連結（或反過來）。凱爾特人會把蘋果樹與阿瓦隆（Avalon，即另一個世界），以及緬懷祖先的薩溫節聯想在一起。在羅馬文化中，墳墓上有時會種植柳樹，古希臘人會把柳樹與巫師的守護神和亡者靈魂的引導者黑卡蒂聯想在一起。在歐洲的傳說中，也經常把紫杉、杜松與其他常綠植物跟死亡與祖先連結，如格林童話裡的《杜松樹的故事》（*The Juniper*

Tree）。有什麼特定的動物或植物出現時，會使你想到祖先？若這些生命形式棲息在某些地區（例如：在附近山區的一隻熊、在某條溪流旁的一棵柳樹），你也會認爲動植物們的家是能增強與祖先接觸的地方嗎？

凱斯・巴索（**Keith Basso**）在其著作《智慧就在地方裡》（*wisdom sits in places*）中，便探討西部阿帕契人把某一類的故事教導錨定在特定地點的習俗。這些故事牽涉到包含祖先的歷史事件與情節，他們也會強調原始事件發生的地方。「沒有發生地點的事件是不可能存在的；所有的事一定會發生在某處。」⑦對得知故事的個人來說，該地的風景會因爲不同的祖先智慧、隨著時間過去而變得鮮明，每個故事都存在於其相對的地方，也都等著在需要時被啓動，以回應人生的挑戰。某個地點與源自其中的智慧可能會被人們召喚作爲一種治療，無論那個地方是否在人們附近。巴索寫道：

> 在你的腦海中遊走到一個點，從那裡去看那個剛剛被說出名字的地方。想像你站在那裡，彷彿就在你祖先的足跡上，然後回憶許久前在那個地方發生的事件經過。在你的腦海中描繪這些事件，並欣賞他們，彷彿祖先們正在直接告訴你那些故事所蘊含的知

⑦ Basso, *Wisdom Sits in Places*, 86.

識。把這份知識應用到你感到煩惱的處境中。允許過去形塑你對現在的理解。這麼做的話你會覺得好過一些。⑧

讓祖先透過地方說話，在現代西方文化中比在很多其他社會中要少見許多，但確實也會發生。由於發生在某地的事件，地名或許會成爲傳達出一組濃縮的意義，而那些意義還可應用於其他情況。舉例來說，「滑鐵盧」同時代表拿破崙在比利時的慘敗歷史性戰役名稱，以及意指即將到來的災難的詞語，還有作爲避免自尋死路的警告。

你能想到因爲過去發生在你人生中的事件，而能傳達出某種人生智慧或教導的地方嗎？若你停下來，把意識帶到「某事發生的地方」，或甚至親自造訪那個地方，你能重新與藉著事件表達出來的智慧連結嗎？若其他人記得這個連結，並在你死後傳遞下去，我們就能了解祖先的智慧是如何被錨定在某個特定地點了。

祖先敬拜的執行者也可以選擇在有助於增強與亡者接觸的自然界中建立一個聖壇。舉例來說，若你想定期敬拜與特定聖山有連結的祖先、並與他們親密互動，你可以請他們指引你到那座山中有助於進行對話的地方（例如：一棵特別的樹、一座特別的小樹林，或一顆特別的岩石）。透過回到那裡、分享供品，並在那裡與他們親密互動，你就是在爲祖先工作聖化自然界空間。這個空間不需要讓路過的人看來有任何不同。地球上有些能量最高的祖先聖壇，是只有需要知道的人才會知道，局外人是認不出來的。我就能想到好幾處位於舊金山灣區、其他人幾乎一定會忽略的神聖聖壇，還有幾座我會強烈把他們與亡者聯想在一起的山也是一樣。自然界中有哪些地方是你已經將之跟祖先聯想在一起？這些地方是如何幫助你連結的？

在舊金山北方入口的金門大橋，是世界上自殺發生率最高的地方之一。自從這座橋於一九三七年完工以來，在此了結生命的數千人當中，少數沒有死於最初撞擊的人，一般也都會溺死。為了敬拜與協助這些地方祖先，在二〇〇八年，我帶領了一群朋友在靠近金門大橋基座的柯比灣（Kirby Cove）公園，聖化一棵蒙古文中所謂的和平樹。這個蒙古式的儀式是邀請一棵有生命的樹，作為當地亡者的燈塔與療癒處。在此特定的地方建立聖壇，融合了前文探討過的所有三個要素。香冠柏與其近親（雪松、杜松）一樣，通常會被聯想到祖先與死後意識的持續性。雖然我受此類型樹吸引的原因，部分是因為常綠樹木與祖先之間的關聯，但我仍會直接向這棵特定的樹證實，弄清楚他是否想擔任和平樹。其次，如我們從巴索對西部阿帕契文化的書寫中所看見的，我們的儀式動機包含著在特定地點的人類歷史，也受其所形塑。藉著把焦點放在那些自一九三七年以來在那裡自殺身亡的靈，我們把此特定地方教導給我們的智慧，解讀為把情感上的痛苦與孤立轉化為療癒與愛。這個地方當然還有其他的智慧，你可以把焦點放在軍事史與廢棄的

⑧ Ibid., 91.

地下碉堡、一七七五年西班牙海軍軍官胡安·德·阿亞拉（Juan de Ayala）越過金門海峽的重要紀錄，或是早期海岸米沃克族的地方祖先。最後，選擇把那棵特定的香冠柏聖化爲祖先聖壇是務實的；那片在海灣旁的自然地貌，是離我們最近的儀式焦點之一，以作爲一座敬拜當地祖先、有助生態穩定的聖壇。若你對聖化一棵和平樹來敬拜地方祖先很感興趣，請參考奧迪根的著作《騎乘風馬》（*Riding Windhorses*）中的指示。⑨

敬拜地方祖先的九個建議

若你有興趣敬拜居住在你家附近的已提昇祖先靈，第一步就是要詢問他們希望你做什麼，然後照著去做（假設那沒有違反良知）。與其猜測，不如乾脆問他們，該如何才能傳遞敬意與善意。無可否認地，除非你直覺力相當強，否則此類詢問的回應通常不是那麼直接，然而也可能有意見相左的祖先發言。下列的建議將能幫助你與附近或前往造訪的地方祖先建立有意識的、令人振奮，且雙方都滿意的關係。若你碰到具衝突性或任何其他可能有害或負面的能量，要尊重你個人的侷限。

1. 了解那塊土地上的人類歷史

如果我要求你與「kudu」的靈連結，而你完全不知道那是一種南非的羚羊，這會對你的直覺工作非常不利。如果你想了解某地方的人類祖先，而你連他們歷史的基本輪廓都不知道，那麼你面對的將是一場艱難的戰役，且會有捏造事實的風險。拜網際網路所賜，只要幾小時的研究就能大幅增進你對居住地的歷史知識。你可以考慮好好學習土地上的人類歷史，直到能夠爲剛來到此區域的人設計出五到十分鐘的有趣故事；也可以開始超越事實的限制，進入該地歷史中你認爲突出、美麗、可怕與動人的部分，把遷居到此地的祖先與家人的故事穿插進去。你是怎麼住到這裡來的？你或他們來到這裡的動機是什麼？看能否找到一位願意帶著支持態度聆聽你故事的朋友。

2. 了解那塊土地的生態史

由於人類殖民主義、移民與日益增加的旅行，幾乎地球上的生態系統，在過去幾世紀都經歷過劇烈改變。這些改變在植物與動物身上經常是相同的，並能使人們對這片土地上的人類歷史有新的見解。得到生態知識的方法之一，就是對稱爲家的土地有足夠的了解，以致能描繪出五十、一百或五百年前的景觀。在那些時代，人們的生活過得如何？主要的食物來源以及日常生活與季節的節奏是什麼？

⑨ Odigan, *Riding Windhorses*, 173–77.

透過與當地的植物與動物靈建立關係，你也是在與祖先們的朋友交朋友。這可能是在物種的層面（例如：現存於舊金山灣區的紅軸撲翅鴷〔red-shafted flicker〕，是傳統歐隆族社群與西班牙人接觸之前，就與他們有關聯的撲翅鴷的後代），或者是連結單一生物（例如：在殖民前時期一定就已存在於該區域的某些橡樹與紅杉）。與這些非人類的關係者直接交流，或許是接近當地祖先的另一種方式。撲翅鴷知道什麼傳統方式？橡樹又記得什麼？在任何特定地點與石頭說話，則是另一個獲得人類長遠歷史中更多觀點的常見方式。

3. 確保你照料的家與所有房產都充滿活力

若你擁有或租賃房產，理想上你會以需要負起管理之責的身分與它產生關聯。在物質層面上，你可能需要處理所有的垃圾、污染物，或其他危害環境的物品。保持居住空間內部的整潔、活力與令人喜愛，也能增進附近區域的正面能量。要考慮所有你房產上的植物與動物會面臨的生態影響，並努力成為一股對整體（包括對你的鄰居、當地的生態系，以及地方的靈性生態）的正面影響力。若沒有先以務實的方式照料自己的家，就向外去接觸當地的力量時，會有風險。試著讓任何地方的狀況在我們離開時比抵達時要好，是適用於一週的造訪或定居一輩子的指導原則。

4. 可能的話，了解並尊敬定居在這塊土地上需遵循的古老禮節

土地本身就是許多不同古老力量活生生的聚合，其中有些形態以現代的思考方式看來，就是山岳、河流、森林、石頭等等。生物圈的生態融合是神明之舞，而許多文化都已在傳統上與這些能量保持主動、有意識的關係。因此，這些能量有能力指引人類如何長期活在與它們有意識且互惠的關係中，這包括對剛抵達該區域的人所規範的禮節。舉例來說，若你到某座聖山附近的傳統村莊旅行，按慣例可能要獻上供品，不僅是獻給接待你的家庭的祖先，也是獻給山神。在你居住的地方，有任何仍爲人所知、爲了與土地有意識地連結而存在的風俗與禮節嗎？若有，可考慮去認識它們，再判定遵守它們是否有益。

5. 把你的祖先介紹給地方祖先

在一場以地方靈爲主題的研討會中，有觀眾詢問歐隆族藝術家與教育家凱薩琳·赫蕾拉（Catherine Herrera），在舊金山灣區進行對土地的儀式工作時，非原住民要如何對原住民祖先表達敬意。赫蕾拉建議：「把你的祖先介紹給這裡的祖先。」⑩這關鍵當然在於認識自己的祖先。

---

⑩ Herrera, "Spirits of Place."

換句話說，與血親祖先合作，能讓你與地方祖先產生更深刻的連結。當人們清楚了解自己的血親祖先時，我親眼見識過此事對他們在儀式上把自己祖先介紹給地方祖先時所產生的影響。在某些案例中，一旦你認識並愛自己的祖先，當地祖先會獻上更眞誠的歡迎。你可考慮帶上一份代表和平與善意的供品，某種簡單且可生物分解、由你與親族獻給當地祖先的物品，並在大自然中找個地方留下供品，然後花點時間在那裡跟那些你想敬拜的祖先們說些好話。

6. 辨識充滿祖先活力與不安的區域，然後逐一照料

在大多數有人類眞實居住歷史的區域，都有以相對和平的方式與祖先相連的空間，以及其他承載著沉重印記的空間。對我來說，舊金山灣附近的山，是我能開心感應古老祖先的地方之一。對其他人來說，墓園、敬神的地方或歷史場所，都可能是平靜與沉思的地方。找出一個能幫助你與當地祖先協合之處。在整個範圍中較不平靜的那部分，令人不安的區域可能包括過去發生過謀殺、戰爭、壓迫或人類苦難的地點，以及曾受到褻瀆的神聖空間。在我的經驗中，墓園大都是和平的，但若受到打擾，或與其他當地能量沒有協調好，也可能造成輕微的不安。在較具衝突性的空間，或許可用基本的儀式，輕柔並逐漸地把沉重、凝滯的能量，轉化爲更適合人類生活的能量。照料所在區域中一個或更多有麻煩的地點，能幫助你與整個區域範圍的當地祖先意識更有連結感，也能帶給你有效服務的滿足感。無論如何，都要尊重你的個人極限，並保持清楚的能量界

線，特別是與麻煩的亡者連結時。因爲讓自己涉入困難、無力解決的事而感到不適，就不是一次有效的服務。

7. 把敬拜地方祖先的方式融入你原有的修行中

若你修行某種儀式，你是否曾敬拜或召喚當地祖先？教導你修行法的老師與傳統是否認可人類祖先是地方靈性生態系的一部分？即使你的祈禱中至今不曾涵蓋這些祖先，你仍可實驗看看，在你的祈禱中加入一段對附近亡者的簡單致意祈禱。這並不一定代表要呼喚他們擔任你儀式中的活躍角色（雖然無論你有沒有邀請他們，他們也可能選擇參加）；然而，這簡單的尊敬之舉，能打開新的能量與連結通道。你也可以考慮在儀式開始或結束時，對當地祖先進行一般的獻祭。試著用謙卑的方式敬拜他們，不要對他們有任何要求，並慢慢留意回音。

8. 支持當地人類與非人類鄰居的實際需要

光是在美國，就有超過一千兩百個物種確認瀕臨絕種。其中有些是廣爲人知的動物圖騰或「薩滿夥伴」。若你認爲狼、野牛或兀鷹是靈性夥伴或指導靈，支持爲這些物種的生存而努力的組織，就是有力的互惠形式。同樣地，若你能適應當地地方靈協合，並接觸到非你血親的人類祖先靈，可去了解他們在世的後代子孫們所關切的事，並問你自己，是否有辦法成爲有意識的、有幫助的盟友。任何有用的服務行動都會在你的能量體投射出來，也將有助於發展中的關係。

9. 詢問地方祖先可以如何敬拜他們

這應該是很明顯的事吧，一等到你與任何特定地方的當地祖先建立一條清楚的連結線，你就能直接問他們歡迎什麼樣的敬拜方式。要堅定地絕不承諾他們（或任何其他存有）你無法履行的事，也不要做任何違法、違反良好生態意識，或以當地標準來說太不尋常的事。對來自當地祖先那些意料之外的指引與指令保持開放，且對於任何涉入太多情感的事，一定要自我評估與徵求你既定指導靈的看法。若你眞的去執行那樣的訊息，要留意後續的漣漪效應，並與祖先在進入狀況後的數天與數週內，看看那個舉動是否有得到良好的反應。跟在任何關係中一樣，你決定投入什麼，長遠下來終究就會得到什麼。

本章以一個可用來與你住家附近的人類祖先進行初步接觸的基本儀式作結，而他們在靈性上是安好且多少是接受度高的。此練習是假設曾在你家附近居住與死去的一些（若非大多數的話）人類祖先不是你的其他血親家族成員，且可能其實是來自不同的種族與文化根源。再說一次，與自己的血親與家族祖先合作越多，就越能夠恭敬地與非你家族或種族淵源的當地祖先互動。要記得，若眞的感受到與地方祖先接觸的益處，而他們並非你個人祖先的話，那並不代表你就可以爲他們所屬的社群說話。最後，請尊重一件事：就像活人一樣，地方祖先可能涵蓋所有的樣貌，從具有高度自覺且樂於提供協助的，到麻煩且有害的都有，要分辨清楚。

練習14

問候地方祖先的儀式

- **意圖**：進行認可與敬拜某個特定地方（一般是你居住的地方）祖先的儀式。
- **你需要什麼**：到户外大自然去、天然的供品，以及該土地的知識或歷史（如果有可能知道的話）。

1. **做這個練習之前**，跟你的直覺與靈性指導靈核對一下，決定獻上一場敬拜某個特定地方祖先的儀式是否是個好主意。想一想下列這些問題：

- 去做這件事對我個人來說是個好主意嗎？現在是對的時刻嗎？
- 若是，我要聚焦在哪些地方祖先（例如：原住民祖先、早期移民）？或我是否要獻上一個敬拜他們全體的儀式？
- 我要在哪裡做這個儀式？（這有助於選擇一個你已經知道且不會受到干擾的

地方）

• 是獨自一人還是以小團體來獻上這個儀式比較好？若是團體，我要邀請誰來加入？

＊注意：若你知道其他敬拜團體已在某處舉行儀式，或用其他方式認定該處爲聖地，請選擇一個不同的地點，除非你有得到那些團體的明確許可。

2. **一旦你把上述問題都想清楚了，就為儀式做準備**。

• 自行學習關於那片土地的人類歷史。

• 走上那片土地，搜尋你要獻上儀式的地方。確定你的動機是受到歡迎的，聽見「不」的時候也要抱持開放態度。

• 若他人會陪同你，要讓他們與計畫達成和諧，以將困惑降至最低。

• 透過詢問土地祖先他們想要什麼，來決定你帶去的供品。是不是傳統的食物都可以。只帶那個空間歡迎的天然、可生物分解的供品。

• 在儀式當天，帶任何能讓你在那片土地與大自然元素中感到舒服所需的東西，不需要趕時間。

3. **在儀式當天**，要知道你在出發與到達時所做的每一件事，都可能是儀式本身的一部分。抵達大範圍的區域時，在開始走上那片土地前，先做個基本的獻祭與祈禱。在祈禱中說明你是誰、你的祖先是誰，以及你為什麼來到這裡。

4. **在你的儀式地點安頓下來，一開始先進行一段祈請**。（對這些基本儀式步驟的描述，請回頭參考第六章一三七頁。）

- 邀請指導靈與老師，包括你的祖先，與你同在，並支持這場儀式。持續發出這個意願，直到你感覺到他們在場，以及繼續進行儀式是件好事。
- 對當地祖先進行一次基本的獻祭。把大部分的供品留到稍後使用，但要獻出一些東西來邀請希望接受敬拜的靈加入你的行列。你可以說一些類似這樣的話：「如果有此地的祖先想出來接受敬拜，我現在歡迎你。」
- 一旦你感應到來自他們的回覆，就再次經由你的祖先來自我介紹。讓他們知道你是誰、為何而來，以及你是敞開心要傾聽他們的。舉例如下：「我的名字是（你的名字），是（父母的名字）的孩子，以及（祖父母的名字）的孫子；我們的家人是來自（較遙遠祖先所在的大致地點）。我來這裡是要致上敬意、傾聽，而且是帶著與你們好好相處的目的來進行獻祭。」
- 把供品呈現在他們面前，以示敬拜。從頭到尾都要很清楚，你只想與健康的地方靈連結。

5. **只要傾聽就好**。安靜地、用接納的心靜坐冥想。若是你或在場的其他人習慣藉著使用樂器或歌曲來觀想那些靈，現在就是順勢把那些音樂帶入那個空間的時刻。你可以做任何事去與他們的頻率校準。你的目的是與降臨的祖先們親密互動。你可以記在心裡問他們一些問題，包括：

- 對於這裡的這片土地與祖先，他們希望我知道與了解什麼？
- 要敬拜你們，有什麼我能做或不要做的事？有任何在此地會受到歡迎的尊重之舉嗎？

*注意：要知道，他們的訊息可能感覺並不溫暖且模糊不清。他們也可能要你去看見困難的事。要尊重你的極限，若感覺太過份了，就恭敬地表達出來。

6. **你可能會聽到來自地方祖先的某些要求**。保持開放，但同時也別承諾任何你無法實踐的事（例如：「我每個月會回來一次」或「我會帶這些特定的供品過來」，然後又沒做到）。要記得，你正處於建立信任的階段。無論你能做什麼，都要對自己與他們誠實。最好是承諾得少、實現得多，那樣比反過來要好。如果你是身在團體中，要確定沒有人做出過多承諾，因爲那會影響到每一個人。

7. **結束直接互動的時間**。詢問是否還有其他祖先想要你看見或了解的事。專注在這個問題上，直到你感覺到自然而然的結束。

8. **感謝那個地方的祖先們以及指導靈與協助者**。請求所有無益或沉重的能量留在那裡，來結束儀式。走出那個空間時，要保持在儀式的意識中。

9. **當你離開那個大範圍的空間**，對所有的存有**做最後的獻祭**，並爲任何的不敬或疏忽尋求原諒。

10. **為了整合，考慮改天再回訪一次**。若你回去了，請深思此刻在你的內心與直覺中是如何體驗那裡的土地。留意祖先們居住的空間，這樣你才會把他們納入你對那片土地的記憶圖像中。把人類祖先視爲地方生態系中的一部分，以及一股土地上活生生的能量。

*注意：這類的儀式認可，可能會帶來與地方祖先的持續關係。若是如此，記得要對該主題有文化感知度，且不要聲稱能爲非你祖先者說話（見第十一章探討「輪迴轉世與前世」的部分）。

11 特質相近的祖先、多重靈魂與輪迴轉世

許多最具啓發性與影響力的人類祖先，與我們在血緣與土地上都沒有關聯。這些其他類型祖先的概括用語就是「特質相近的祖先」，可以包括其他的家人、朋友、老師與文化英雄、靈性傳統的祖先，以及所選擇之行業領域中的先驅。在本章中，將學會思考與請求特質相近之祖先支持的方法；此外，也將提供面對多重靈魂、輪迴轉世與前世的一種思想架構。章節最後的練習，讓我們對本書中探討過的三種祖先（血親/家族祖先、地方祖先與特質相近的祖先）的經驗達到和諧。

特質相近的祖先

接下來的章節要討論四類特質相近的祖先：「朋友」、「老師與文化英雄」、「靈性傳統的祖先」，以及「行業的祖先」。在閱讀的同時，請留意你是否已與這些類別中的祖先感覺有所連結。有沒有其他類型之特質相近的祖先是對你很重要的？

親愛的朋友

正如前面章節所提及的，任何特定世系的祖先都可能逐漸認可家族挑選的、在血緣上沒有關聯的個人。這會隨著時間自然發生，或透過領養、婚姻與類似的儀式加速發生，在這些狀況下，朋友就變成了家人，而且在實質上是有兩組（或更多）祖先——有點像是在另一個世界的雙重公民身分，擁有特權與隨之而來的責任。而其他的朋友本身就不是家人，只是某些親愛的私人朋友，而剛好比我們先離世罷了。

若想跟這些祖先中的某一位連結，我鼓勵你採取與任何近代亡者連結時相同的基本預防措施。最重要的是，你要確定他們在靈性上是光明的，以及理想上狀況要跟你一樣好或比你還好。若已過世朋友的靈來探望你，而似乎狀況不太好，我鼓勵你進行祈禱、獻祭，以及代他們進行可能的修復儀式，直到他們明顯加入其祖先的行列。若你選擇以此方式協助朋友，要確定你自己的指導靈允許你這麼做、那位亡者的靈也渴望你的支持，以及你尊重自己的極限與其在世家人的感受。

偶爾，有些人會問及跟離世的朋友建立像是祖先指導靈的持續關係。假使那位朋友的靈真的充滿活力，不是為了逃避過渡而與生者維持無益的連結，我看不出這有任何問題，雖然我個人較偏好與世系祖先連結。若你想要與某位離世朋友的靈維持關係（或相信他們想與你保留此種關係），我建議採取下列步驟：

• 要完全確定他們已加入自己的親愛祖先與指導靈的行列，以及他們在靈性上是充滿活力的。這通常等他們離世一段時間之後，若無法更久的話，至少也要幾個月。

• 一旦你確定他們在靈性上是安好的，就要肯定你與這位離世的朋友都不是爲了逃避失去之慟而維持這份連結。悲傷是正常且健康的。

• 若他們在靈性上是安好的，你們倆在情感上都處於當下，而你仍感覺到規律連結的共同渴望，那就把你已逝朋友的靈介紹給你的家族祖先、其他指導靈與老師。要對你的指導靈必須說的話保持開放，然後判斷他們是否認爲這段關係會對你有益。也要對聽到「最好就此了結」，或「只與這位朋友的靈偶爾互動就好」的答案保持開放。

• 如果已逝的朋友是你唯一有連結的指導靈，請考慮另外多尋找幾種致力於你的個人覺醒與道途的指導靈。

這些建議不是想讓你打消與朋友靈親密互動的念頭。然而，從我所受的訓練與經驗中，我學會大部分時候，最好是帶著崇敬與愛偶爾與已逝朋友的靈連結就好，不一定要讓他們成爲後來被融入某人靈性家族的固定指導靈。除了對偶爾透過夢境或清醒時預視的接觸保持開放之外，要記得，你永遠都可以在每年的祖先慶典或共同的靈魂盛宴中讚頌與敬拜朋友的靈。

老師、導師與文化英雄

另一種重要且特質相近的祖先是啓發人心的導師、老師與文化英雄。他們可能單純地在身爲人類的一生中，曾以讓我們的生命歷程變得更好的方式，將偉大的愛與關懷呈現在我們面前。這些人物也包括政治領袖、藝術家，與其他能啓發人心的公眾人物。舉例來說，我青春期後期就受到艾倫．金斯堡（Allen Ginsberg）❶的詩作所滋養，並有機會在他過世前親耳聽過他的演說兩次。透過他與華特．惠特曼（Walt Whitman）❷間的連結，爲我示範了一個人在其選擇的行業中與一位祖先藝術家親密互動的可能性。我清楚記得當我得知金斯堡過世消息時的感受。我感覺到他的靈如某種觸摸得到的神奇物質般，注入他的每一句話與每一個行動中，那是靈魂與遺留之物的結合。雖然我並未在我的祖先聖壇前召喚金斯堡或惠特曼的名字，但對我來說，他們就是文化英雄與偉大亡者中的一員——這些祖先們的勇氣與創意爲我與其他無數人的生命中開啓了新的大門。

哪些個人與眾人的老師與指導者曾豐富過你的人生，且如今已是祖先中的一份子？若你從未

❶ 1926～1997，美國詩人，是二戰後美國文學運動「垮掉的一代」重要成員，最具代表性的詩作為〈嚎叫〉（Howl）。
❷ 1819～1892，美國十九世紀著名的詩人、散文家、記者兼神祕主義者，他對世界許多層面及不同創作領域所帶來的影響既深且廣，最知名的作品為詩集《草葉集》。

做過，可考慮把那些曾深深觸動你的人名列出來，然後對他們獻上簡單的儀式或眞誠的感恩祈禱。

靈性傳統與世系的祖先

幾乎所有的靈性傳統都會敬拜創建者與其他重要人物，即使這些傳統並不鼓勵明顯的祖先敬拜習俗或與亡者對話。舉例來說，在許多伊斯蘭蘇菲教團裡都能看見的傳系（silsila）或傳遞之鍊，便確定了置身於虔誠且可作爲榜樣之祖先世系的重要性。禪宗修行法通常包含唱頌法脈傳承者的名字，或一連串回溯到歷史上的佛陀或重要傳承創立者等開悟大師的法名。基督教的集會也從主教、先知與聖者的聖經故事中得到啓發與慰藉。在宗教習俗中，只要有任何人被視爲代表或受到召喚，都可構成祖先敬拜的例子。你的信仰中受到崇敬的祖先是誰？你學到什麼方法去確認與更新你與他們的關係？

即使這並非你傳統中的要素，仍可以運用祖先敬拜的原則，去深化個人的修行。當你感覺陷入困境或氣餒，你信仰中的祖先們會怎麼做？想像他們會如何建議與鼓舞你？喬安．哈利法克斯禪師（Roshi Joan Halifax）寫道：「對祖先的尊敬確認了他們在時間與空間或地方的持續存在性。而恢復儀式生活來確認這樣的持續性，世界就會回歸平衡。」① 如哈利法克斯禪師在一場僻靜活動中對參與者所說的：「修行本身，就是祖先的主體。」留意你透過分享話語和修行與世系祖先連結的方式。當你感覺正處於平衡與充滿靈感的狀態時，靈性世系的祖先會如何指引與支持你？

行業的祖先

在許多傳統文化中，神聖與世俗間的分歧較不明顯：陶藝家尊敬用陶土形塑成人類身體的神；漁夫與漁婦向河流與海洋女神獻祭；而鐵工則跟火與金屬之王密切合作。工作與生活是分不開的，每個人也都參與把原始自然元素的力量轉變爲食物、居所以及祭品（獻給人類社群與神）的工作。假設你有份職業或生意，你是否曾停下來去思考其祖先與神聖根源？某些現代的職業（例如：辦公室經理、卡車司機、電腦程式設計師）或許看來與古老行業的連結較不明顯，然而，若仔細檢視，這些職業也有其神聖的根源。現代的辦公室經理通常會利用到的技能，是早期世代的抄寫員與檔案文件管理員、商人與零售商，以及古老城邦（擁有提供食物、房屋與保護的大型居民中心）雇用之專案負責人所熟悉的。司機則是跟輪子、運貨車與馱獸一樣古老，同能感受到長途旅行的孤獨，並具備不同地點之間道路的必要知識。現代的資訊科技，像是電話與電腦系統，則是依賴精緻金屬（土元素）與電力（火元素）的創新混合物，通常還帶著資料傳送或儲

① Halifax, *The Fruitful Darkness*, 193.

存的要素。如此一來，依資訊科技工作的特定類型而定，這些職業便可被視爲鍛造之神、閃電與電火的精靈，以及溝通與交會點之神的合作。你選擇的職業所連結的特定自然界力量與古代的類比是什麼？下列的練習便是把祖先敬拜的核心原則應用在與行業有關聯之祖先的方法。

練習15

頌揚行業祖先

- **意圖**：找出能協助你的特定使命與職業的祖先。
- **你需要什麼**：一個安靜的空間與任何有助於觀想的事物（例如：鼓、供品）。

你工作的核心是什麼？誰是你行業的神聖創始者？這個練習將幫助你與行業祖先連結，他們在你之前、能幫助你珍惜與了解工作中的神聖根源。跟進行任何儀式一樣，在開始之前，先跟你的直覺與指導靈商量一下，看看此時這麼做對你來說是否有益。若得到肯定的答案，就遵循下列的儀式進程，並根據你的偏好修改細節。

1. **在儀式之前**，深思你要聚焦的是什麼行業。這可能是、也可能不是提供你收入的行業（例如：你或許很愛畫畫，但並未靠當一名畫家維生）。一旦選定，就問問自己對那個行業的歷史根源知道些什麼。

- 試著以最基本的形式來看待自己的行業（例如：卡車司機可能是位傳信人、知道不同地方之間道路的探路人，以及有孤獨傾向的人）。若你的工作涉及創造某種實質的東西，可考慮牽涉到的元素（例如：廚師與火和土地食糧合作密切；外科醫生則是與金屬、療癒技巧以及身體的奧秘合作）。調查歷史上曾被用來描述那個行業的不同名稱，以及顯示出其神聖根源的訊息。
- 詢問：歷史上的哪些人是你那一行中傑出的典範人物？即使說不出名字，令你印象深刻的是他們的哪些事？
- 明白整個情況，詢問自己能帶什麼樣的供品給這些祖先——他們會感激且喜歡的供品。

2. **建立儀式空間**。進入儀式空間時，呼喚樂於支持你的指導靈、老師與已認識的祖先。請求他們把祝福與保護帶入儀式中。一旦你得到他們說「好」的回覆，就請求你的行業祖先，以安全且適當的方式在你面前現身。要確定你只請來健康或光明的能量。

- 透過你的祖先與你的行業向他們自我介紹。讓他們知道你是來學習與尋求可能的協助。
- 一旦你感覺到他們在場，就在此時獻上所有供品。你可以對一位祖先或整個群體獻上供品。

3. **花點時間**與這些古老同儕**進行儀式互動**。在進行開放式聆聽一會兒之後，你可以問他們：

- 對他們來說，從事他們做的那種工作是什麼樣子？假設你們有類似的共同經驗，你可以聊一點公事，並分享你的工作內容。
- 他們如何看待他們的工作？他們有與其他神靈或力量互動嗎？若有，認識其中哪些會對你有幫助？

留意他們邀請你視為神聖的事物，以及那事物能如何幫助你透過工作了解自己靈魂層面的天賦，好讓工作更有效率。若你的職業是危險的，這也可能包括延伸一份保佑。

4. **當你感覺準備好的時候，就結束儀式**。感謝這些祖先們分享的事。一定要注意任何更進一步的保證或「任務」的邀請。把注意力轉回來，若有幫助的話，可以做些筆記。

多重靈魂

有兩個關於靈魂本質與死後旅程的問題，可能會形塑你與祖先建立關係的方式。一是：你的靈魂是單一還是多重的？根據我的經驗，大多數西方人都不曾考慮過靈魂或靈性不只是單一能量或存在的可能性。但已確立的祖先敬拜傳統都會以各種方式來關注多重靈魂的主題，祖先工作也不是取決於對這個主題的任何特定立場。

更常見的問題是：在你死後，靈魂（或你的不同靈魂）會以人類還是其他形式重生？你會輪迴嗎（以及你以前是否已輪迴過）？緊接著的問題則是：假設你眞的經歷了某種輪迴，你有保留任何與前世的連結嗎？

我通常會迴避有關輪迴轉世與靈魂本質的複雜問題。關於這些主題的假設性問題，我直覺的答案經常是「我不知道」、「並不是很重要」與「哪種較神奇及較全面就選哪種」。我反而偏愛對祖先採取較務實的做法。我沒有放太多注意力在前世上，也不曾聽過我在異教傳統、蒙古薩滿教、美國原住民方式，或伊法/奧麗莎傳統中的老師與長老對此主題有太多關注。這並不代表我（或他們）不考慮前世經驗的可能性；我只是沒有專注於此的動機。但我知道聚焦於前世的經驗與療法在西方受歡迎的程度，我無法在一本談論祖先的書中完全避開輪迴與前世的問題。

首先讓我們檢視一下多重靈魂這個問題。除了每一種信仰中相對較小的團體所強調的微妙深奧的教導，猶太教、基督教與伊斯蘭教都有留給後人深刻的教導，即人類擁有單一的靈魂或靈性。這並不令人驚訝，因為我們都傾向於以反射出內在或主觀層面的方式看待周遭的外在世界。這些傳統強調神的一體性或唯一性，因此這種潛在的單一性假設很容易就能擴及到人類的靈魂，特別是如果我們是「照著神的樣式而製造」。這個「一位神／一個靈魂」的假定不好也不壞，但人類的信仰差異極大，並非所有文化都強調神或人類靈魂的一體性。

事實上，許多社會與宗教都認為人類靈性是多重的——是在生命的初始就一起到來、不同能量或靈魂的聚合，並且會在死後朝不同方向離開。此類傳統的例子包括佛教、凱爾特與北歐傳統、伊法／奧麗莎的方式、古埃及宗教、安地斯人宇宙觀，與拉科塔族生活方式的某些表達。這些傳統也可能認可或不認可單一的神祇、上帝或造物主——這兩種觀點一點也不會互相排斥。

兩種看法中當然都有事實的成分，正如任何傳統中都有極度清醒的神秘主義者、預視者與醫者。若你之前對多重靈魂了解不多，請慢慢摸索這個觀點，並留意如何與你的經驗產生共鳴或差異。為了描繪某些多重靈魂觀點的概念，我在此提出一種傳統的簡介。

我在一九九九年，以及從二〇〇三年到二〇〇六年布里雅特蒙古族薩滿奧迪根去世為止，有過與她學習的經驗，她曾說明其文化是如何看待多重靈魂與祖先，我深深感激她如此慷慨分享她的傳統方式。以下簡述為了理解多重靈魂所建立的架構，請視之為理解你與祖先關係的可能方式之一。

根據部分傳統蒙古族人的說法，我們所認為的靈魂（單一的）被較精確地描述為三個靈魂的集合體，全都以不同的方式發揮活化與維持身體的功能，在蒙古文中的名稱是suld、ami與

suns，在英文中我分別稱爲骨頭（bone）、血液（blood）與星體（star）靈魂。這三個靈魂大約在受孕的時刻開始聚合，引發人生中的自我感，且一般會在死後分道揚鑣。我們基本的「我是」意識，是這三個靈魂每一刻意識的合成物。此類看法通常暗示（或明示）這些靈魂大多數或全部都會在個體死亡後繼續旅程。於是，不同類型的人類祖先出現，接近每一類祖先都需要特定的規則或方法，也會呼應我們意識的某些層面。就讓我們逐一探討奧迪根所分享的、在布里雅特蒙古模式中的三個靈魂。

骨頭與土地靈魂（Suld）

人類性格中的主導靈魂就是骨頭或身體靈魂。骨頭與土地靈魂跟其他兩個靈魂有相當重要的不同。其一，是人類獨有的，動物僅具有其他兩個靈魂。在我與奧迪根一次私下的交談中，她推測這些骨頭與土地靈魂能量大約是在十五萬年前以某種方式抵達地球，就在人類開始明顯與其他動物分道揚鑣的時候。跟其他兩者不同的是，骨頭與土地靈魂牢牢地根植在身體之內。「正如身體是此生獨有的，骨頭與土地靈魂也是如此，兩者緊密連結直到身體死去，那時骨頭與土地靈魂便會在大自然中安頓下來。若骨頭與土地靈魂離開身體，身體幾乎會立刻死亡。」② 布里雅特薩

② Odigan, *Chosen by the Spirits*, 109.

滿在帶領找出與重建個案的流浪靈魂儀式時，可能會找到另外兩個靈魂中的任何一個，但不會找到骨頭與土地靈魂。

奧迪根教導我們，在三個靈魂中，骨頭與土地靈魂對我們的性格與自我感有最大的影響。跟另外兩個靈魂不同，骨頭與土地靈魂只會降生爲人一次。這意味著這一世的經驗，包括與在世家人的經驗，對形塑人類性格經常是最具影響力的。在死後，當其他兩個靈魂（理想地）從這個次元過渡並終於準備重生，骨頭與土地靈魂則是在自然界中安頓下來，在靠近死亡地點或此位剛離世者知道的某處。許多骨頭與土地靈魂會變成像是石頭、樹木與水流之類自然形態的守護靈（蒙古文：ezen）。就像其他類型的自然靈，骨頭與土地靈魂對人類可能有幫助，也可能帶來麻煩或沒興趣。他們在死後仍繼續改變，但只會化身爲人一次。

從這個模式看來，你能想像你的骨頭與土地靈魂在死後會安頓在自然界中的哪裡呢？你靈魂最偉大的層面與大自然產生共鳴的地方又是哪裡？

之前轉世爲骨頭與土地靈魂的祖先指導靈，在蒙古族薩滿中是最受歡迎的。這部分是因爲骨頭與土地靈魂會留在自然界意識的原點中。換句話說，他們仍在我們周圍。舉例來說，奧迪根教導我們，許多來自第一民族（First Nations）③或美國原住民祖先的骨頭與土地靈魂，在過去幾千年來，都已融入現今美國領土中的自然界。她認爲這是有這麼多北美非原住民居民，會指稱原住民祖先曾在夢中與清醒時的預視中接觸到他們的原因之一。

根據這樣的理解，誰有可能是你所在地區的骨頭與土地靈魂或地方祖先呢？

奧迪根也教導我們，骨頭靈魂有時會爲生者帶來不安，特別是在發生過歷史創傷與暴力死亡的地方。在二〇〇三年初的一次交談中，我們討論到九一一攻擊事件，我與她分享那時我認識的幾位老師所持的看法，即由於來自全球人類的祈禱與流露的關懷，九一一亡者的靈魂在加入祖先行列的旅程中享有極大的支持。奧迪根同意他們的星體靈魂已經過渡，但感覺針對骨頭與土地靈魂的儀式尚未完成。她告訴我，二〇〇三年她於原世貿中心所在地附近帶領一個和平樹儀式（見第十章二八五頁）時，那些亡者的骨頭與土地靈魂在她看來就像個「爆滿的體育館」，有數千人需要照料，儀式之後她睡了一整天。

血液與呼吸靈魂（Ami）

假如骨頭與土地靈魂是跟地方祖先（第十章）緊密呼應，那麼血液與呼吸靈魂便與家族祖先和世系修復循環（第五至第九章）有關，儘管家族療癒工作也會大量利用到這一世（骨頭與土地靈魂）的經驗。奧迪根把血液與呼吸靈魂描繪成形塑人類性格的三個靈魂中最不具主導性的一個：影響力的順序分別是骨頭、星體與血液。身爲兩個會轉世的靈魂之一，血液與呼吸靈魂傾向

---

③ 指在現今加拿大境內的北美洲原住民及其子孫，法定與印地安人同義，但不包括因紐特人（Inuit）和梅蒂人（Métis）。

於跟隨血緣，因此很多文化經常會把新生兒視爲重新回來的祖先。除了血緣的關聯之外，在蒙古文中，「ami」跟代表生命與呼吸的字詞有關，也經常被聯想到鳥類與飛行。

在受孕之前，血液與呼吸靈魂便從位於世界樹的分枝由上往下行進到靈性之河多爾博（Dolbor），從母親之神烏麥（Umai）與上部世界的領域，下降進入誕生通道，並以第一口呼吸祝福新生兒。血液與呼吸靈魂可以從身體飛出去，特別是在童年時期或受創的狀況下。如果被嚇壞的血液與呼吸靈魂沒有自己回來，就可能需要儀式的介入，才能找到他並讓他回到身體中。根據奧迪根的說法，蒙古族薩滿最常執行的靈魂復原術，就是修復並歸還不受控制的血液與呼吸靈魂。在西伯利亞的某些地區，會用鳥類刺青來把血液與呼吸靈魂保護在身體裡。在身體死亡後，血液與呼吸靈魂就會變回一隻鳥，沿著多爾博河回到牠在天空領域的家。

要記得，人類並非唯一擁有血液與呼吸靈魂的生物。舉例來說，狩獵協議會要求人們崇敬捕獲的獵物，而這些尊敬的習俗部分是出於了解被捕獲獵物的血液與呼吸靈魂，在死後會向在那個地區等待出生之整個物種的集體血液與呼吸靈魂回報。當獵人對他們所獵殺的動物表現尊重，會提昇人類社群在那個動物靈社群中的聲譽。（相反地，不尊敬會降低獵人的聲譽。）這份聲譽會進而影響未來的動物決定在哪裡出生。獵人崇敬動物界的靈魂會直接影響當地的動物數量，進而支持人類社群的生存。

血液與呼吸靈魂承載著我們認爲的身體直覺、遺傳記憶，或與我們生物學上的祖先有關的前世記憶。他也把我們與呼吸和血液的奧秘，即風與水連結起來。

透過這樣的理解，有沒有什麼在你出生前就死去的親人的血液與呼吸靈魂，可能現在正在協助活化你的身體？你是否曾在清醒時的預視或夢境中，見過在你死後要返回偉大母親那邊的家時，你的血液與呼吸靈魂會變成哪一種類型的鳥？

星體與幽靈靈魂（Suns）

聚合起來創造人類意識之三個靈魂中的第三個，就是星體與幽靈靈魂。跟血液與呼吸靈魂一樣，星體與幽靈靈魂也會轉世，雖然不一定會沿著血緣走，卻使得星體與幽靈靈魂成為我們前世記憶的主要來源，而那些前世經驗是來自其他時間與地點的不同文化與同質性的人。星體與幽靈靈魂以這種方式與特質相近的祖先（那些沒有血緣或地緣關係的祖先）相呼應。星體與幽靈靈魂會在出生前進入人類身體形式，並在死後隨著靈性之河多爾博流入大地深處，靈視中通常會看見他在離開身體時是順水而去的。在不同的轉世之間，星體與幽靈靈魂會居住在下部世界，並由陰間之王鄂列格．可漢看管。奧迪根也談到星體與幽靈靈魂是跟星辰與宇宙自我（cosmis self）相連的。

在我們的三個靈魂中，星體與幽靈靈魂也最有可能成為不安、疾病與鬧鬼的來源。一九九○年，由派屈克．史威茲（Patrick Swayze）主演的賣座電影《第六感生死戀》，其英文片名

「Ghost」的蒙古文譯名就是「Suns」。解決鬧鬼或靈魂附身的薩滿修行包括護送流浪或尚未過渡的星體與幽靈靈魂，到位於下部世界與鄂列格．可漢同在的適當居住地。奧迪根將流浪的星體與幽靈靈魂視爲身體與心理疾病的共同因素。星體與幽靈靈魂在布里雅特蒙古傳統中也會被聯想到變形的能力，例如變形爲動物，他們可能會暫時居住在動物或其他人類的物質形體中（請思考長久以來把去世的所愛之人與稀有動物外型或特定動物聯想在一起的傾向）。

第八章介紹過在跟家族祖先合作時，與充滿愛與光明的祖先指導靈攜手協助麻煩亡者的方法，但這些相同的流浪鬼魂可能爲非你家人的人帶來麻煩。換句話說，每一個麻煩的亡者，都是某人的親人。假設我那飽受折磨的曾祖父仍住在我家，而某位朋友從城外來訪，若這位朋友整晚睡不著或無法解釋地從樓梯上重重跌下來，我朋友就不是受到他自己的某位麻煩祖先的影響；更確切地說，那等於是在街上偶然碰到了一個不開心的陌生人。鬼魂或流浪的星體與幽靈靈魂傾向附著於人或地方；在我的經驗中，前者更是常見。死後仍留在某處以及把焦點放在活人身上的星體與幽靈靈魂，通常是在延續生命中已建立的連結（例如：已逝的父母、孩子或配偶的靈）。與地方附著較深的星體與幽靈靈魂，一般都是生前常去那些地方、在那附近死亡，或只是發現那裡很容易與活人連結（例如酒吧鬼魂）。

當診斷出鬼魂問題或鬧鬼情形，請試著確定你並非只是偏執或妄想。有些相信自己碰到鬼魂問題的人，其實是有更系統性的心理健康問題；有些人心理相當平衡，但是眞的碰到了「訪客」；而有些人則是同時需要心理照護與協助處理鬼魂。只要有可能，請向可信賴的來源尋求針對這項評估的第二或第三意見。若你的結論眞的是某個麻煩的人類鬼魂以某種方式，把自己與你連結在一起或住進了你家，可考慮聯絡鬼魂照料專家。需要的話，眞誠的祈禱與慷慨的供品會有幫助，第八章「處理特別麻煩的亡者」那一節裡的許多元素，在處理陌生鬼魂或星體與幽靈靈魂時也適用。

因此，從布里雅特人的觀點看來，人類意識是三個靈魂的一種合成物，或是在大約出生時聚合、在死後分道揚鑣的三種獨立能量。是的，確實有輪迴轉世（血液與呼吸靈魂和星體與幽靈靈魂）；但也不是，並沒有輪迴轉世（骨頭與土地靈魂）。是的，轉世的靈魂會沿著同樣的血緣出生（血液與呼吸靈魂）；但也不是，他們不會遵循血緣（星體與幽靈靈魂）。這個多重靈魂的模式需要許多不同類型的經驗才能共存。這也意味著由親生家人撫養長大的個人，通常可以期待約三分之二的自我感（骨頭與土地靈魂和血液與呼吸靈魂）能被周遭的世界反映出來。而由寄養家庭撫養長大或跟親生家庭毫無連結的人，可以期待約三分之一的靈魂層面身分（星體與幽靈靈魂）能與原本的家人相呼應。每個人都可能有大約三分之一的靈魂能量（星體與幽靈靈魂），不一定能從自己的文化根源反映出來，雖然星體與幽靈靈魂也有可能選擇在同樣的文化、社群或家庭中輪迴。

這種理解靈魂的方式，也暗示了我們有不同類型的祖先，以及在死去之後，構成我們的不同靈魂會立刻變成不同類型的祖先。換句話說，我們在死後會在幾個不同的方向經歷意識的持續性。更進一步說，一種自我感或身分定位可能在同一時刻存在於許多不同地點（這在生命的過程中也是眞實的）。死亡之後，你——意指所有三個你——可能在同一時刻展開翅膀並「進入光中」、踏上你回到大地黑暗子宮的旅程，以及只是走出房門進入附近的森林中。若你的問題的開頭是：「是否可能……？」答案很可能是「是」，因爲這個模式並不想用盡辦法去調和多重性，或把所有部分都放在對的位置上。根據這個在原住民文化中常見的模式，我們每個人都是多重能量強有力的聚合，那些能量不僅包括人類意識，還有大地、自然元素，以及星辰。

輪迴轉世與前世

幾乎每次我聽到人們在講述祖先時所討論到的輪迴轉世與前世，假設的都是單一靈魂模式。這會引發類似這樣的問題：「如果我的祖先們已經轉世，我要如何與他們聯繫？」我探索多重靈魂的目的，就是要讓前世的主題變得較開放與寬廣、較不確定與較非線性。舉例來說，假如現在賦予你生命的三個靈魂中的兩個曾在地球上轉世，就代表今天仍活在地球上的人或許正在對你獻上供品，或甚至此刻正把「你的」一個或兩個靈魂當作祖先之一來召喚。我個人並未察覺到有任何人把我之前的轉世化身當成祖先在召喚，也沒有感覺到目前我是其他人的祖先，但我並不排除那種可能，因爲時間不是線性的，而且我在任何特定時間，也只能意識到我靈魂層次經驗的一小部分。這或許正是在布里雅特系統中，祖先指導靈通常是骨頭與土地靈魂（只會輪迴轉世一次）的部分原因。

如果你有某種透過姓名來敬拜祖先的習俗，理所當然你可能會呼喚到在死後接著轉世成爲你（即召喚者）的靈魂。這會引發一個常見的問題：「我要如何分辨我是連結到祖先指導靈還是前世記憶？」雖然奧迪根教授與撰寫布里雅特對轉世與多重靈魂的看法，但我從未聽她實際談過有關前世記憶的事、鼓勵學生去尋求前世記憶，或在療癒課程中提到這個主題。歸根究柢，我們不需在此生專注於前世，也能相信部分或完全的轉世，而那也不是我要強調的主題。爲了清楚表達我的保留意見，以下我將討論強調前世會產生的幾個風險：缺乏文化感知、自我膨脹，以及對祖先關係的簡化詮釋。

前世與缺乏文化敏感度

過去十年中數不清有多少次，人們告訴我他們在某個前世是美國原住民、非洲人或非裔美國人，但他們的近代祖先中完全沒有或只有極少數是原住民。然而，我聽過美國原住民或非裔美國人在社群主張有（任何的）前世的次數，卻用一隻手或可能一根手指就數得出來。爲什麼有這樣的區別？以超自然的角度，我認爲對人類靈魂來說，誕生在與他們前世完全不同的文化中是相當常見的狀況。我不是在爭論重生在靈性上的眞實性，而是要吸引你去注意這些主張在有著大量種族歧視、性別歧視與不平等的世界中，可能在文化與社會上發揮的作用。舉例來說，如果我這個享有特權的歐裔美國男性，跟一群非裔美國女性說我在某個前世是十八世紀早期南卡羅萊納州的女性奴隸，我能期望得到的，頂多是因我的無禮與無知而招致的冷淡反應。因為我這樣是在提出（至少）三點主張，聲稱了解我此生未曾且也將不可能經歷的經驗範圍：身為一名非洲人祖先、一名女性，以及身處不同的社經地位（在此例中是由其他人類所擁有）。諸如此類的主張通常會是一種汙辱，因為可能會輕易低估種族、性別、階級、宗教與類似的因素在此生塑造經驗的深刻方式。

我也曾聽過人們暗指，因為他們所聲稱的前世，他們應該能更快獲得身分地位，或是可以不需要經歷跟別人一樣的靈性訓練與紀律。在某個前世做過多年冥想，或許能賦予此生一些好處，但並不會讓你今天不用做冥想修練。想像你搭上一架飛機，然後在飛行中途被告知你的機長從未上過飛行學校，但對在二次大戰中駕駛飛機的前世記憶非常強烈，那會是什麼狀況。地球上最引人注目的轉世者第十四世達賴喇嘛，每天都會花好幾個小時禪修與研讀佛教教義。他的確通過測試，確認是第十三世達賴喇嘛的轉世化身，但此事實沒有給予他「免受紀律約束」卡。

若你相信自己正在體驗自身文化之外的前世記憶，我建議用以作為催化劑，促使你去學習更多自己感覺受吸引或厭惡的現存種族知識。假如你真的在這一世直接與那些人有所連結，要知道你在某個前世是來自那個文化的主張，並不賦予你任何權力，而且最好只有你自己知道。如果你是眞誠地喜愛，且帶著恭敬的態度參與，時間久了之後，該主張或許有可能在其他文化群體中廣爲人知或受到尊重——但那是因爲你是這一世的這個人，以及你現在的表現。若你能避免提出令人厭惡的前世主張，你個人的前世記憶甚至能幫助你對社群或個人的歷史苦難有更大的同理心。假如你在某個前世是位原住民酋長，那麼必要的謙卑與服務的道德感應該會自然而然降臨到你身上，就以此爲榜樣來對待你生命中的所有人吧。如果你以前是個美國南方的奴隸，那麼你的靈魂層次對正義與公平的渴望，應該會幫助你去找出需要更多社會正義與修正的當前議題。概括地說：在這一世忠於自己，並期待別人也那樣看待你。崇敬你自己的祖先與文化源起，是開啓一場與來自不同背景的個體對話的絕佳基礎。

前世與自我膨脹

自我這個不涉及價值判斷的用詞，在此指的是個人自我感。靈性與心理成熟，有部分是包括培養健康、有韌性且大小剛剛好的自我或自我感。認爲我們比別人好或差是自我中心與自大的一種形式（認爲我們比別人差已被形容爲負面的自我膨脹）。兩種狀況全都是關於「我們」——意思是太專注於個人自我。那麼前世是如何助長這個問題的呢？前世的主張有時會強化關於我們是誰與過得如何的無益故事。舉例來說，如果我極度缺乏安全感，因此想要在他人眼中看來是重要的，我可以聲稱自己在某個前世是重要的領導者。若我試圖平衡或控制膨脹的自我感（而這個過程通常是無意識的），我可以聲稱自己在某個前世曾是受害者（例如：納粹大屠殺的受害者、遭火刑燒死的女巫、因保護族人而被殺害的美國原住民）。第二種主張是一種較微妙的自我中心，因爲那意味著作此聲稱的人是謙卑、被迫害，甚至是受害的，雖然在這一世不曾經歷那種經驗（至少不是以他們聲稱的那種形式）。在兩個例子中，都在正面與負面形式的自我膨脹之間擺盪。我不是說法老王與被燒死的女巫的靈魂不會重生，而是重要的是，要對這些前世記憶的主張如何在心理與社會上發揮作用，有所覺知與批判性的反省。

以自我反省的方式運作的前世記憶，可能成爲整合自我與個人療癒的催化劑。若長期自尊低落，身爲重要領導人的前世記憶或許能幫助你在個人生活中啓動領導特質。要是這一世難以了解個人的痛苦，與前世身爲受害者的記憶合作就能幫助你開始感受到哀傷。跟前世記憶合作就像跟一場夢境或清醒時的預視合作，也能鼓勵更有彈性的身分認同感，並增強存取不同觀點的能力。在此我提供與前世記憶合作的兩項指導方針——首先，要願意問你自己：在這麼做之前，「我與他人分享這件事的動機是什麼？」或許之所以想在一次心理治療的療程中分享，是爲了表達治療旅程中其他難以觸及的見解。相當常見的是，有某種創傷歷史的人會描述前世的創傷記憶，而非談論這一世更難以承受或還不會說話前所受的創傷。另一種情況是，在某個靈性圈子分享前世，動機或許是想得到那個圈子其他成員更大的接受與認可，然而可能適得其反。較可能達到該目的的方式，是透過說些更直接與誠實的話，像是：「我眞的很看重你們所有人，而現在我知道你們對我的看法有多重要，這令我感到很脆弱。你們願意說一些你們欣賞我的地方嗎（在這一世）？」其次，與前世素材合作的重點不是要強化以前的故事，而是要用能在目前的人生中引發更大整合的方式，去解決之前的經驗。這裡的問題可能是類似：「這個前世記憶要我在這一世顯化的是什麼？以及最後，我能如何實踐這個教導？」用這種方式，與前世記憶合作便有助於在當前達到平衡的自我整合，也能避免自我膨脹與迷失在前世輪迴的故事迷宮中。

前世成為接觸祖先的障礙

我遇見過許多人，他們與前世記憶合作的經驗豐富且深入，卻對與祖先連結毫無興趣。所有無法在這一世的經驗中查出的影像、感受與印象，都會被認爲是來自前世。假設有兩個並存的事實：輪迴轉世確實會發生，以及祖先是「眞實的」、是一種超出自我的能量，你要如何分辨兩者的不同？你如何知道，你對祖先的經驗是否眞是接觸到在自身之外的能量，還是一次觸及某個前世記憶的狀況？

在我試著回答這個問題之前，我必須澄清這一點爲何如此重要。在前世經驗中，是沒有人我關係的；全部都是自我。那跟前一天或前一年的經驗沒有什麼差別。如果你把其他存有都只視爲某個層面的自我，這些存有可能會覺得不受尊重與在關係中沒有被看見，而你會用可能造成問題的方式，把他們融合到你的自我感當中。這通常會發生在人們試圖透過心理治療或整合陰影，來解決有害鬼魂的附身或靈魂入侵的問題。「有些事不是你」，以及無法認出那個根本的事實，爲精神崩潰、自我膨脹或身體疾病設置了舞台。另一方面，若你表露出自我的一些層面，包括來自之前轉世的自我，那麼在本質上就可以花一些時間跟自己對話。但這樣的後果，通常不會像試圖把外來能量融入你的個人身分認同那麼有害。

區別前世記憶與祖先接觸的基礎，就是培養對兩者差異的意感與身體感受力。我的預設立場是假設任何特定的意識流(1)不是由來自這一世的記憶所組成，以及(2)強度高於單純的白日夢或想像，可能就是接觸到某位明顯的非我靈魂的狀況。通常只要停下來問：「這是自我的層面、或這是『他者』？」就有助於釐清狀況，因爲其他存有不大會希望被認爲只是自我的層面。在你選擇把注意力投注在一位祖先靈身上的時候，可考慮詢問你已建立關係的指導靈，你面對的是否是個明確的靈魂，或是自我尚未整合的一個層面。跟有生命的人類一樣，其他靈魂可能會來到我們的生命中一段時間，只爲了幫助我們整合他們所象徵的事。換句話說，即使是祖先或其他有益的力量，也都無可避免地會反映出我們自己的某個層面。

跟家人、地方與特質相近祖先的整合工作

布里雅特多重靈魂的血液、骨頭與星體靈魂模式，大致對應到血親、地方與特質相近的祖先或靈魂。布里雅特傳統中有讓這三個靈魂的能量在身體中協調一致的習俗。如果此文化架構對你

有吸引力，請去看看奧迪根的著作。至於其他人要如何開始協調自己與這些不同類型祖先的關係呢？

視生活環境而定，一開始這些類型的祖先或許不是特別清晰可見。舉例來說，我過世的叔公唐納以前在賓州貝德福的一處家庭農場工作。在貝德福的地方祖先包括紹尼族人（Shawnee）與其他原住民，還包括唐納之前三到五代的福爾家族、克拉克家族（Clarks）、山姆家族（Sams）、比奎斯家族（Bequeaths），以及唐納與我共同的其他血親祖先。不僅唐納的血親與地方祖先之間有相當高的一致性，而且自從十七世紀末以來，福爾世系中有許多男人與女人都曾在靠近貝德福的土地上務農。而跟許多爲賓州引進了荷蘭文化的早期德國西南部移民一樣，唐納也是路德教派信徒。他的行業祖先與靈性世系祖先也跟血親與地方祖先一致。撇開身爲一名腳踏實地的路德教派信徒，先不論唐納可能會認爲祖先的話題有一點太「古怪」，以他的狀況，協調不同類型祖先，根本是沒有必要且多餘的。

另一個協調不同類型血親祖先的例子，是發生在有承諾的關係與養育子女中。我們每個人都是許多世系的聚合，親密關係也不例外。即使你和伴侶或伴侶們沒有生孩子，理想上你們各自的祖先會爲了你們關係的幸福而達成協調。當然，孩子會把他們自己擁有的祖先神奇力量帶入家庭。當父母撫養領養的小孩或之前伴侶留下來的小孩時，可能因與個人家族祖先以及小孩的親生祖先合作而受益。設置簡單的共同聖壇來敬拜不同的世系，能幫助整合與促進家庭和諧。

下列的練習可以作爲結合不同祖先工作的起點。要確定你已完成練習十一「協調四個主要世系」與練習十四「問候地方祖先的儀式」。若是需要，可以把下列的練習分成幾段，一次完成一個步驟。對夢境保持開放，並記得在接近祖先時投注創意與直覺。

練習16

協調家族、地方與特質相近的祖先

- **意圖**：介紹並溫和地協調家族、地方與特質相近的祖先。
- **你需要什麼**：一個儀式空間，裡面有三個基本聖壇或敬拜位置，三個新杯子或裝水用的儀式容器、大一些的第四個空容器。還有爲三種類型的祖先各自準備的簡單、自然的供品。

這個練習是以一種儀式的方式，把你持續在合作的三種不同類型的祖先聚集在一起。在繼續進行之前，要確定你已讀完第二部並做完之前章節裡的練習，因爲這個較進階的練習需建立在之前的工作基礎上。正如所有儀式，在你開始之前，請教一下你的直覺與指導靈，看看此時進行這項工作對你來說是否有益。你可能會得到跟三個祖先群體中的兩個合作沒有問題的訊息（例如：只有家族與地方祖先，或只有家族與世系祖先）。下列練習描述的是如何協調三種類型的祖先，但如果需要，可以修改為只針對三種當中的兩種。信任你自己的節奏；分階段進行也沒有關係。

1. **建立一個儀式空間**。用三個不同的敬拜位置來建立你的儀式空間。可以用簡單的方式：例如，用三塊不同的布鋪底，三根蠟燭，以及其他供品與象徵物，來敬拜這三種不同類型的祖先。接著，擺上一個儀式用的碗或杯子，倒入乾淨的水，每個敬拜位置放一個，第四個空杯則放在靠近你的地方。我建議把敬拜家族祖先的位置設在中央，地方祖先與特質相近的祖先設在兩邊。第四個空的容器可以放在靠近你的地方，在你與家族祖先的敬拜位置之間。

2. 用一段全面性的祈請或祈禱來**開啟儀式**。與每一個祖先群體連結，從你的家族與（或）血親祖先開始。

- 邀請你的家族祖先降臨，並確定你只與那些靈性上已經安好且光明的祖先連結。進行一次表達感激與尊敬的簡單獻祭，並留意此刻他們是否有給你什麼訊息。給他們一個說話的機會之後，再次確定他們願意參與。若是的話，請求他們在那杯水中注入他們的祝福。與他們一起耐心地坐著，直到感覺這個過程完成爲止。

- 把你的身體與注意力轉向第二個敬拜的位置，並呼喚特質相近或靈性世系祖先降臨。再一次地，確定你在做這個練習之前，已經按照他們的意願建立關係。展示你的供品，然後留意此刻他們是否有給你什麼訊息。用心傾聽片刻之後，確定這些祖先也願意參與。若你聽到肯定的答覆，就請求他們在那杯水中注入他們的祝福。與他們一起耐心地坐著，直到感覺這個過程完成爲止。

- 把你的身體與注意力轉向第三個敬拜的位置，並邀請地方祖先降臨。同上，確定你已與他們建立關係，並且只呼喚你已經建立關係的祖先。展示你的供品，並再次確定他們事實上眞的願意參與。若你聽到肯定的答覆，就請求他們在那杯水中注入他們的祝福。再一次地，與他們一起耐心地坐著，直到感覺這個過程完成爲止。

3. **回到你的中心**，到一個中立的位置，並留意這三個祖先群體在場，每一個都分明且存在於這共同的儀式空間中。

- 當你有所感動時，就把家族祖先那杯已被注入祝福的水倒進第四個空杯中。接下來，選擇另兩個裝了祝福水容器中的一個（從地方祖先或特質相近的祖先那邊），把其中的水加入第四個容器中。結合這兩杯水之後，就把兩個祖先群體留在你的意識中，想著他們會喜歡一次合宜的介紹。你可能會受到感動想大聲說出來、或只是聆聽。無論如何，允許這種相聚有發生的空間。
- 當你的家族祖先與第二個祖先群體感覺安定且和諧，就繼續把第三個群體涵蓋進來。一等到你把他們的祝福水加入第四個容器，就把所有三個祖先群體留在你的意識中。大聲說出來或在內心無聲地說，想著他們會喜歡一次合宜的介紹。讓這種相聚有上演的時間，並留意在此階段他們是否給你任何訊息。
- 拿起有著來自三個群體合併祝福的第四個容器。留意在你參與之前，是否有任何他們想進一步表達或想加入這些祝福中的訊息，然後等對的時候到了，就把他喝完。顯然地，若你現在已喝下一大杯水，就不用覺得你需要完成每一件事。若你很習慣在儀式與酒精靈合作（例如：琴酒、伏特加、蘭姆酒），可以考慮用裝有這些物質的烈酒杯取代那些裝水的容器。只要確定那些液體同意與其他液體結合。

4. **安靜地坐著沉思**。接受結合的祝福之後，花些時間沉思一下。留意你的家族祖先與特質相近祖先之間的動態。把兩者同時留在你的意識中。關於他們的關係，這兩個祖先群體有什麼想跟你溝通的？對你的家族與地方祖先做同樣的事。他們有沒有想表達什麼？把這兩個群體留在意識中的感覺如何？最後把三個群體都留在意識中，有沒有任何緊繃或不和諧的區域？他們之間有任何令你驚喜的連結或自然的一致性嗎？

5. 以對你的所有祖先**表達謝意來結束儀式**。承諾會敬拜每一位祖先的差異與共同的人性。他們是不同的靈魂與世系，但也可以把他們當成一個綜合且（多少是）和諧的能量、你個人與更大的人類靈魂接觸的介面來體驗。

12 加入祖先的行列

最後一個與亡者有關、仍待處理的部分就是：從這一世過渡到下一世的過程。在本章中，我將邀請你深思自己有限的生命，以及你死後想要被敬拜的方式。你將得知自然界元素（火、水、風與土）在照料遺體的儀式中，以及圍繞著來世的象徵意義中所扮演的角色。本章最後會有在葬禮中提供協助的方法、通過死後各階段的方式，以及敬拜摯愛的人死亡週年忌日的建議。

爲死亡作準備

有人邀請我們深思自己的死亡時，我們都會忍不住想像自己在漫長的一生結束時身邊圍繞著所愛之人，且帶著極少的痛苦，平靜地把自己從身體中釋放出來。有些人確實能享受到某種童話版本的結局，即典型的「好死」。就個人而言，我並不相信有做內在功課以及做個有覺察力與有道德的人，跟我們離開這個世界的時間與方式有任何特別的關聯。這樣想，就是在激起一種你跟別人不一樣、可以控制自己的死亡時間與命運的幻覺。但壓倒性的證據顯示，善良健康的人有時很早就去世，也會以激烈、令人訝異且痛苦的方式死去。對我們許多人來說，死亡將伴隨著痛苦與恐懼的突然降臨，而且是在一點都不清醒的狀態下。死亡與我們應得的事物無關，而死亡的經過（至少在大多數的情況下）也與懲罰無關。不過，接下來的章節是假設一種最理想的狀況，即擁有幾個月較不痛苦的時間，可以爲死亡做準備。

最後幾個月

若你相信自己在接下來的幾個月內會死去，在去玩跳傘或到遙遠地方進行靈性朝聖之旅前，請先考慮照料好你的私人事務與關係。這包括處理法律問題與金融資產，以及決定私人物品的去處。只要立定遺囑就能相當簡單地處理好這些事，然而，眞正會準備好遺囑的美國人卻不到一半。那些被迫要在哀悼的過程中同時處理摯愛的法律與財務複雜問題的人，都能證明預立遺囑的好處。在深思私人物品的去處時，哪些物品是你希望一起埋葬或火化的？有沒有什麼儀式用品需要傳給遵循傳統的其他奉行者，或是需要某種特別的照料？當我的朋友奧迪根在二〇〇六年突然過世時，我還記得在照料他的祭祀工具和靈性植物花束過程中，所出現的混亂與情緒騷動。針對重要事項的法定遺囑，通常用網路資源在幾個小時內就能立好，遺囑能在摯愛突然過世的事件中，爲家人帶來莫大的心靈平靜。最起碼那也對人生現況很有用處。

事先計畫的話，也能依照你的選擇來進行最後的儀式。你希望他人在你離世後如何處理你的遺體？你想捐出器官供醫學使用，或捐出遺體用於科學研究嗎？若你要被埋葬或火化，你想要遺體先以某種方式被清洗或裝扮嗎？你希望摯愛們在你死後的幾天之內為你守夜、或舉行任何其他敬拜儀式嗎？可考慮跟你信任的某人分享這些與你覺得重要之問題的答案，或寫下一份葬禮計畫，納入你的遺囑、或一份用來補充遺囑的「後事」文件中。後文談及「死後的喪葬儀式與遺體」的章節，或許有助於釐清各個選項。

實際事務安排就緒後，還有什麼留給生者的重要事項嗎？正如在第八與第九章所討論的，在這世上留下未竟事務，可能會成為我們前進旅程上的累贅，也可能對需要在內心做個結束的在世家人與朋友造成不利影響。就現實而言，解決情感問題有助於我們成為祖先。如果你在死前有幾個月或只是幾天的清醒時刻，可考慮親自與你人生中重要的人見面，以及用某種方式，與其他可能會因聽到你的話語而受益的人溝通。要是無法辦到，書面信件是具體呈現重要心情的絕佳方式，即使必須由他人幫你代寫，或是你希望在去世後那些信件才被拆開閱讀。許多傳統中的習俗都鼓勵我們去面對自己的死亡並與之和解，做好任何時候都能死去的準備。這項準備工作絕對包括盡可能與我們生命中的人們保持密切接觸。

除了跳傘之外，當你把其他事項都照料圓滿了，在你的「願望清單」中，有令你靈魂歡唱的重要項目與經驗嗎？若有，何不盡可能去實現？雖然幾個月的生命不會抹煞之前多年的經驗，但靈魂仍是個充滿活力、能快速變動與轉換的造物。當跨越死亡的門檻，我們的心與腦對接下來會發生的事至少會有一些影響，而花時間做些讓靈魂充滿活力的事，對之後的旅程只有幫助。在深思你想在最後幾個月擁有的經驗之後，就問問你自己，是否現在就有可能實現這些計畫與願景，即使你沒有理由相信自己正在邁向死亡。

最後幾天

若你得以用沒有痛苦且希望的方式度過生命中的最後一週，你會在最後幾天做什麼事？你會設鬧鐘還是睡到自然醒？你會想待在家裡、出去待在大自然中，還是到某個你最喜歡的公共場所？你在世上的最後幾天，會有多少獨處與反省的時間？是否有某種靈修法是你願意開始以更專注的方式去進行的？若你還沒有進行任何修行，但對某種傳統有所共鳴，不妨要求那個傳統的奉行者來陪伴你，或爲你帶領一場儀式。舉例來說，牧師可以在你家舉行祈禱禮拜，佛教法師可以分享佛法對死亡過程的引導，拉科塔傳統的奉行者或許可以舉行菸斗（拉科塔語：chanunpa）儀式，或甚至是爲你的離世舉行清除障礙的汗屋淨化儀式（拉科塔語：inipi）。大多數靈性導師與社群對於在死亡過程中提供支持的請求都會有正面的回應。這對在世的家人與面對死亡的人來說是一種安慰；對正在進入下一世的靈魂來說，是支持的來源；而對提供這份協助的人來說，當然也是一份珍貴的禮物。

通常將死之人會選擇在死前幾天，至少花部分時間尋求與摯愛之間的圓滿。如果彼此的關係一直是衝突或疏離的，在死亡終結之前，這會是個時機，來尋求原諒與分享因感覺太複雜而無法表達的敏感資訊。就像我臨死的外祖母跟我母親說的：「不要等到妳快死了，才告訴人們妳對他們的感受。」你最後幾天要陳述的驚人訊息（例如：「我不是你的親生父親」、「你有個從未謀面的姊妹」）越少，就越能享受到親友們的陪伴。隨時留意狀況，也能爲摯愛們可能與你分享的任何情緒炸彈（無論是正面或具挑戰性），保留更多空間。不迴避道別的這個潛在困難面向，將有助於一次美好的死亡、一個對生者來說較不那麼糾結的哀悼過程，以及一次加入祖先行列較順利的過渡。

當最後的儀式以及與摯愛們的相聚都完成，你與下一個世界之間就沒有什麼阻礙了。你還記得在重大的旅行或人生轉變之前，你會把注意力投射到新的現實中，想像著去到那邊時會是什麼樣子的時候嗎？或許這麼做在改變的時刻會是一種安慰——把部分的自己先送去迎接抵達時的自己。當你知道自己即將死去，做出同樣的預期性思考是很自然的。陪伴臨死之人的照顧者與其他摯愛經常描述祖先與瀕臨死亡者之間的對話，彷彿那些亡者就在房間裡一樣。

於是這個大問題出現了：「你死去時會發生什麼事？」不是對一般人，而是特別針對你來說。在身體不再運作之後的幾分鐘、幾小時與幾天，對你來說會是什麼感覺？你最後會去到不是地球的地方嗎？去天堂、某個其他的次元，還是重生？或許是以某種方式與自然元素或大自然融合？有沒有什麼神靈或能量正等著要幫助你經歷這些接下來的步驟？

那些對即將來臨的實相有強烈信念的人，會比較容易想像前方的道路。如此一來，相信的人更能沒有恐懼地走向過渡，因為他們擁有可以把部分的自己投射上去的信念，部分的他們會先去偵查前方的道路。進行某種冥想練習或對未知事物有直覺鑑賞力的人，也比較可能帶著興趣而非恐懼來看待死後的靈魂旅程。即使你沒有固定的信仰或靈性修行，也不要讓恐懼把對死亡的重要省思拖延到最後時刻。試著把你的注意力轉往下一個實相，並在你的頭腦與心中召喚勇氣與熱誠的精神。如果你已做完本書的練習，可考慮請問你親愛的祖先與指導靈們是否想跟你分享任何有關死亡過程的事。若你這麼做，請對自己溫柔一點，並說清楚你只想知道在此時對你剛剛好有幫助的事。而且要記得，即使是公開承認的無神論者，許多瀕死或暫時死去的人回來後描述的經驗，都是遼闊的愛、至喜，以及與祖先們的歡喜團聚。

最後的時刻

在這個「好死」版本中，讓我們想像你在凌晨三點從安詳的夢境中醒來，而你知道自己將隨著日出、在幾小時之內離世。如果親友就在隔壁房間裡睡覺，你會把他們叫醒，還是你比較想獨自度過最後的幾個小時？你親愛的祖先們有出現與你同在嗎？若你在生前跟祖先培養出正面的關係，他們很可能會在你死亡的時候歡迎你到達他們的位階。有沒有其他你已建立長期關係、且想邀請的神祇、神靈或能量（包括神）呢？假設你的最後幾小時，有部分是包含邀請某類來自看不見的世界（例如：祖先、指導靈、神祇、神／女神）的支持，而且你有能力接收這份支持，並享受他們的指引。

佛教對於死亡那一刻的引導，總是令我覺得特別完整、有用且鼓舞人心。身體的死亡被視爲絕佳機會，部分是因爲那是一種臨界狀態，是一種意識形式結束、另一種意識形式開始的時刻。想像你自己踏上一場經歷許多世的旅程，在某個沒有月亮的晴朗夜晚抵達一座郊區的火車站，那是從一條路線到下一條路線的轉運點。在走下火車到登上等待發車之間所需的時間中，佛教鼓勵我們暫停在月台上，抬頭看看星星，直接目睹暫時變得更無遮蔽的實相本質。那個教導建議，如果我們能抓住機會，這死去或剛剛死去之後的瞬間，對靈魂來說可以是一個巨大的敞開時刻。要增加你在剛剛好的時刻記得往上看星星的機會，就要試圖帶著清晰與臨在感進入死亡的入口，即使沒有佛教修行的經驗。這也與佛教教導中一般都會鼓勵把覺知帶到過渡的時刻（例如：睡睡醒醒、接受麻醉、開始與結束密集的冥想中）一致。什麼樣的修行能幫助你在進入死亡那一刻保持最覺察的狀態？

要記得，在這個世界的死亡，從另一個世界與祖先們的角度看來，就像是誕生與回家。當我們離開另一個世界，跨越人類誕生的入口，就代表跟看不見領域的同伴道別；那對他們與對我們都算是某種死亡或失去。同樣地，在人世間死亡就象徵一位祖先的誕生。如同靈魂長途旅行中一個章節結束，另一個章節開始。

死後的喪葬儀式與遺體

人類不是唯一會以刻意且儀式化的方式與祖先遺體連結的物種。在西班牙東南部一處五萬年前的尼安德塔人墳墓遺址顯示，我們已滅絕的靈長類親戚會以有意義的象徵性方式來敬拜其亡者。①大象對其他大象的骸骨會表現出興趣，還可能花好幾天的時間密切注意大象或人類的遺體。其他現存的靈長類動物（鯨魚、狗、貓與某些鳥類）也都會以類似人類的哀傷方式與死去的親人遺體連結。即使你並非特別具宗教傾向，但你可能對他人應該如何與你的遺體連結有某種直覺的偏好。在介紹接下來的素材時，我的假設是身體的死亡會開啓一場重要的過渡儀式，這儀式會在靈魂抵達祖先領域時，或是在稍晚一點的階段、等靈魂確立成爲一位能幫助他人的祖先時結束。

接下來的章節要探討根據火、水、風、土四個元素而生的喪葬習俗。閱讀時請好好思考一下你目前對死後旅程的信念，如何讓你選擇處理遺體的方式？透過檢視各種在死後數天內處理遺體的方式，我探索了自然元素在許多喪葬習俗與死後旅程的相關象徵意義上，如何扮演重要的角色。

世界各地最常見的兩種處理人類遺體方式，就是埋葬與火化。然而，也有已廣受認可的海葬、天葬、木乃伊製作，與其他儀式化的天然分解形式等喪葬傳統。有時必要性會勝於個人選擇（例如：燃料不足以提供火化所需的火力、在海上死亡、爲減少疾病傳染而必須燃燒遺體）。同樣地，文化地位與協定也會規定不同的死後處理方式，即使是來自相同文化與信仰的人。其他相關因素還可能包括健康法規、缺乏埋葬空間，以及對減少生態影響的做法。

在此探索的過程中，請記得生者與死者間經常包含一種互相對照的關係。這個人類化身（例如在人世間的生命）的感覺、觸覺經驗，是一種對看不見的世界、靈界或天堂的動態反映或呼應。伊法／奧麗莎傳統的長者有時會把這種在較大整體中的對照狀態，以兩個半邊組合而成的葫蘆或瓜類來表達：物質世界或人間，以及看不見的世界或天堂。身體的誕生與死亡是兩個世界中間的出入口，而生者與亡者的土地就是一個協調整體的兩半。同時也請記得，亡者的領域、靈界或天堂，不一定代表在任何空間方向裡某個如實存在的地方，也可能意指看不見的世界。天堂不僅是在太陽與星辰之中，也是遍及、重疊與交叉於我們在地球的生命中，包括這些遺體。把亡者埋葬在土地裡，好讓離去的靈魂穿越到地底下看不見的神秘領域，並不會切斷靈魂與星辰的連結，反而會把天堂領域延伸到土壤與植物覆蓋下的地方。

火葬與因火而死

火是一種熱力作用的結果或過程，是以光、熱，以及藉著把燃料從一種狀況改變到另一種狀

① Viegas, "Did Neanderthals Believe in an Afterlife?"

況的化學反應。每年大約有一百萬名、將近每天有三千名美國人，是透過火的媒介力量展開祖先旅程。如今有將近百分之五十的美國人口偏愛火葬。鼓勵這種做法的主要宗教傳統包括印度教、佛教、耆那教與錫克教。許多世界各地的原住民傳統，以及古希臘、羅馬，與其他歐洲異教文化，都曾經或至今仍實行火葬。大多數基督教教派如今也接受火葬作爲葬禮的選項。火化後的骨灰與骨頭碎片可以被埋葬、由親人保存，或灑在大自然中。對許多人來說，把所愛之人的骨灰灑在有意義的地方，是強化祖先與特定自然元素及地點連結的方式。如果你選擇走這條路，就一定要在撒落骨灰之前做過法律、文化與靈性上的查核。人類居民與其他地方靈或許不歡迎你把火化後的遺物引進某些神聖地點或水域。此外，視地方法律而定，這種做法可能是非法的。

有些人也會因火而死亡。經由火的死亡可能是自願的（例如自焚），或者更常見的是意外或非自願的（例如：房屋火災、爆炸、觸電而死、核爆、火山爆發）。部分經由火的死亡則是因過熱（例如發燒、中暑、過敏反應、某些傳染性疾病）或是電流、代謝之火太少（例如心臟衰竭、大腦停止活動、體溫過低）而導致的醫療問題。死亡的方式可能會也可能不會對死去的人來說具有靈性上的重要性，但在已與火元素建立有意義關聯的案例中，死亡方式就可能在祖先化的過程中扮演有用的角色。舉例來說，我朋友的三個外甥女死於一場房屋火災，於是她爲每一位摯愛點一根蠟燭，觀想她們轉化成天使之光，作爲年度祈禱式的一部分。從十五到十六世紀，在歐洲大陸的大部分地區，有四到六萬名女性、男性與孩童遭到處決，一般都是因遭指控犯下巫術罪行而被活活燒死。現代的異教徒有時會試圖找回這份祖先與火的關聯，作為一種力量根源，與這些受到迫害的祖先連結。

火山是經由火元素死亡的中心。古羅馬人視西西里島極度活躍的埃特納火山（Mount Etna）為火與工匠之神赫菲斯托斯（Hephaistos）的鍛冶場所在地，而他在羅馬的對應人物伏爾坎（Vulcan），則在遍及整個帝國的火山活躍地區受到崇敬。西元七十九年的八月二十四日，剛好是每年敬拜火與火山之神的火神祭隔天，義大利東南部龐貝城附近的維蘇威火山爆發，造成超過一萬五千人死亡。那些死於火山爆發的靈魂是否仍保留與火元素或地方靈的連結？若是，可以請求這些元素力量協助這些靈魂過渡到祖先領域嗎？

即使火沒有在死亡方式中軋上一角，遺體也沒有火化，你仍可以與火合作來提昇、使亡者成為祖先。連結火與祖先的四個常見主題包括：淨化、釋放、轉化與光明。在猶太教、基督教與伊斯蘭教中，較不幸靈魂的來生（較普遍的說法是地獄）有時會被描繪成一座熾熱的淨化火爐。神學家與神秘主義者則對於地獄意味著永恆的懲罰，或是有限的淨化階段、之後靈魂就會被釋放或提昇，有不同的看法。歐洲煉金術與冶金術也確定，透過燒掉較沉重的元素，火的力量可以淨化或提煉基本金屬。

有些聲稱與剛離世亡者溝通的靈媒說，亡者在完全加入祖先行列之前，會面臨一次在人間生命的回顧或報應。如果你感覺到離世的摯愛正在見證在人間所做所為的後果，你若很想協助他們，介入前要猶豫一下。這份報應或許對他們的旅程來說是重要的。你可以在遠處祈禱他們在自己的贖罪過程中被賦予勇氣和謙卑，在數週或數月之後，你可以回頭看看他們是否在前往祖先領域的旅程中有所進展。

印度教與佛教傳統經常強調，火葬之火的力量是要切斷對世間生命不必要的執著，並協助靈魂脫離最近的化身。就身體遺骸能作爲與這個次元的一種靈魂層面的連結而言，火化比土葬更能迅速將遺體分解成灰。火能儀式性地摧毀身體的居所，讓靈魂幾乎毫無選擇，只能面對下一個世界的實相。這儀式上的結束可能伴隨著悲傷與失落，但也可能迎來解脫與釋放，特別是在人間的生命特徵是受苦時。在火葬過程中最能直接邀請與火相關的釋放特性。若可能的話，在火化之前或過程當中，可考慮進行個人或家族的祈禱，祈求你摯愛的亡者釋放對他們已不再有用的今世執著。

此外，火在本質上就是轉化的過程。這部分可以在火葬儀式中加以祈求，或只是帶著鼓勵他們從一種狀態（在世間的化身生命）快速轉變到下一種狀態（成爲一位無形的祖先）的目的點燃一根蠟燭。梭梅是這麼描述火與祖先領域的連結：「達格拉語是用同一個字『di』（發音爲「迪」）來代表燃燒、消耗與吃。然而，其中的關聯不是毀滅，而是轉化。」②他把內在之火歸類爲一種結合我們與祖先和另一個世界的能量，「一條繩索，連結了我們與出生爲人時所離棄的世界。」③太陽、星辰和天空之光與祖先的關聯，是火元素與亡者領域連結的另一種方式。以此方式，火便同時是轉化的能量，也是祖先本身有形的表達。

無論是閃電、岩漿、火焰或星光，火也會發光。這種光可能很微弱，像是協助指引亡者靈魂的一盞燈光；或是較明亮的，像是恆河沿岸的集體火葬柴堆發出的強烈火光。印度教的火神阿耆尼（Agni，梵文意指「火」；拉丁文的同源詞是：ignis；英文則是：ignite，意指點燃）在數千年前的經典《梨俱吠陀》中占有極大篇幅，並仍在許多包括火葬在內的重要過渡儀式中扮演著重要角色。你可以邀請火元素擔任一位傳信者，協助指引靈魂抵達下一個目的地，並讓亡者的生命能量變成一種開悟與呈放射連結的狀態。當你想像此生之外的那個世界，那裡有沒有明亮與光明的品質？若有，可考慮在你的祈禱中邀請那份明亮的品質。

海葬以及因水而死

甚少文化偏好將遺體沉入水中作爲過渡儀式。某些太平洋島嶼的文化，傳統上會把經過挑選的人回歸到海中，雖然這些習俗在近幾個世紀已經消失。在北歐的溼地與沼澤地帶，被發現的自然木乃伊化的遺體，其確定年代，是從西元前九千年到第二次世界大戰的時候。這些沼澤遺體

② Somé, *The Healing Wisdom of Africa*, 213.

③ Ibid., 209.

中，有許多看來是死於死刑或獻祭，其他遺體身上則是裝飾著豐富的儀式祭品。

雖然海葬通常不是首選，但在海上死亡，就必須恭敬地將亡者棄置或接受它沉入水中。有鑑於這樣的現實，世界上多數主要宗教以及現代海軍，都已為海上環境修改喪葬儀式。二戰期間的情勢便需要在太平洋上的航空母艦舉行美國海軍人員的海葬儀式。二〇一一年，美國與沙烏地阿拉伯安排奧薩瑪．賓拉登的最後儀式要在阿拉伯海北方的某處舉行，以避免焦點放在實體墓地上。他的遺體被清洗，也遵守伊斯蘭教的禮節進行最後儀式，然後才把遺體沉入海中。

其他因水而死的形式包括：溺斃、自然災害（例如洪水、海嘯），以及人類公共工程的失敗（例如堤岸與水壩的潰決）。諸如內出血或腫塊、脫水與其他血液與循環的併發症之類的醫療問題，也可被視為經由水的死亡。謀殺案的受害者有時是被淹死或被棄屍於水中，好讓遺體不容易被發現。被淹死或把遺體回歸水流中，是否意味著亡者與水元素的一種連結呢？在特奧蒂瓦坎（Teotihuacan）❶文明與之後的阿茲提克（Aztec）傳統中，特拉洛克（Tlaloc）神管轄暴風雨、生育力與水。他也接收被淹死、被閃電擊中，以及因水傳播的疾病而死的人。在特拉洛克照料下的人傳統上是土葬，而非火葬，埋葬時他們的臉上會被放置種子，手上則是放置一根種植作物用的挖掘棍。

來自西非約魯巴語文化的耶歐．薩拉米（Ayo Salami）❷寫道：

在溺斃的案例中，必須進行占卜來決定要實施的喪葬類型。必須調查清楚，才能知道應該把屍體帶回家，還是「河神」會接手。必須知道亡者的靈是否已成爲水的一部分。若確認他已是那條河流或湖泊的靈性組成要素的一部分，據信把屍體帶回家可能會爲目前的家人帶來不幸。因此這類的遺體會被埋葬在河邊。④

亡者與水神之間若無重要的連結，爲何處理與水相關的死亡在儀式上會有所不同？與水元素合作能如何協助亡者成爲祖先？

許多文化在喪葬儀式中都涵蓋了眞正的與象徵性的水。一些反覆出現的主題包括淨化、神聖的哀悼、前往祖先領域的旅程，以及經由血液的連結。由於死亡通常是骯髒凌亂的，在最後的儀式前清洗遺體，在西方醫學做法與許多靈性傳統中都很常見。與這最後的清洗相關的象徵意義包

❶是一個曾經存在於今日墨西哥境內的古代印地安文明，大致上起始於西元前兩百年，並在西元七百五十年時滅亡，約與馬雅文明同期。關於特奧蒂瓦坎人的起源，迄今仍是個謎，沒有任何證據證實該文明曾擁有文字並留下資料記載。「Teotihuacan」這個名稱也是這個文明滅亡後，出現在該地的另一個文明托爾特克人（Toltec）用納瓦特語（Nahuatl）取的名字，意思是「衆神誕生之地」。

❷知名約魯巴文化與伊法/奧麗莎傳統作家，也是一位伊法占卜系統的高階術士。

④ Salami, *Yoruba Theology and Tradition*, 208.

括：清除沉重或麻煩的能量、解除對這個世界的執著，以及免除過往的傷害。若你有幸清洗一位摯愛的遺體，作爲他們最後儀式的一部分，可考慮先在水中注入祈禱或其他神聖草藥。讓傳統與直覺指引你要加入什麼植物來協助你的祈禱（例如：雪松、杜松，或淨化用的月桂）。藉著在清洗過程中爲亡者進行祈禱，你就能幫助他們準備好踏上即將來臨的旅程。

爲臨死之人流下的眼淚，也是水的供品，是對祖先最親密的奠酒。允許哀傷與其他情緒以健康的方式表達，能促進個人的幸福與熱誠，並爲你所愛的亡者加入祖先行列提供有形的支持。知道他們的生命是重要的、有人記得且愛著他們，能幫助亡者對此生放手，並擁抱他們作爲祖先的新形態。除了淚水這帶有鹽份的供品，你還可以對你的祖先供奉冷水、茶、咖啡、氣泡水，或任何其他能令他們開心的飲料。你可以在家族神龕、墳墓或任何大自然中接收力強的地方，把液體供品放在戶外或如奠酒般灑在地上。若你用眼淚或其他液體來作爲奠酒，可考慮加上隨性的祈禱、歌曲，或其他發自內心的好話。

許多文化會把亡者的旅程描述爲搭船航行在河流上，或穿越巨大的水流，以到達祖先的領域。中世紀早期的北歐文化會火葬大多數的亡者，但會埋葬其他亡者，無論是用眞正放著供品的船，或用石頭與泥土做成類似船的構成物。在古埃及，銀河與尼羅河都被視爲人類靈魂的重要通道，有身分地位者的墓地附近，也會埋入精心製作的葬禮用船，以幫助他們在夜空與祖先之河上航行。希臘的靈魂引導者荷米斯有時會帶領流浪的靈魂去接受凱龍的管理，他是阿克戎河

（Acheron）上的擺渡人與冥王黑帝斯（Hades）的守門人。亡者的靈魂一定要越過水流才能進入或離開。普萊克特寫到馬雅傳統：「蘇杜旭族人相信亡者是坐在『用眼淚製成的獨木舟，配上用悅耳的古老歌曲製成的槳』，載著自己划向另一個世界。我們的悲傷提供亡者靈魂能量，讓他們能完整無缺地抵達星辰海灘，亡者會在那裡前往海的另一邊，那片海洋，就是在我們與下一個世界之間翻騰洶湧的祖母海洋。」⑤再往北，某些加州原住民認爲人類靈魂是往西朝著日落與海洋方向前進的。即使是在印度教的傳統中死後會先用火來淨化遺體，仍可能會把骨灰倒入一道水流中（例如恆河），作爲沿著連接不同世界的水道從此生到下一世旅程的儀式演繹。亡者航行在這個世界與下一個世界之間的水道上是搭乘什麼船？沿途的引導者與守門人是誰？

對詩人、科學家與薩滿之類的人來說，血液是與祖先意識直接且有效的連結。我們骨髓中的幹細胞製造出血管中的血液，而兩者都包含了我們親生祖先的遺傳信息。在華生與克里克發現DNA的分子結構之前十年，德國詩人里爾克（Rainer Maria Rilke）就在他延伸探討祖先影響的第三首〈杜伊諾哀歌〉（Duino Elegy）開頭寫道：「歌詠所愛之人是一回事。但是啊！召喚那隱身的、有罪的血之河神是另一回事。」⑥歐洲異教的一位導師歐萊恩．法克斯伍德（Orion

---

⑤ Prechtel, *Long Life Honey in the Heart*, 7.

⑥ Rilke, *Selected Poetry*, 163.

Foxwood）在他的著作《魔法樹》（*The Tree of Enchantment*）中寫道：「這份工作第一個要接觸的就是祖先的事，沒有其他方法。與祖先接觸能喚醒你的血液，血液再喚醒你的骨髓與肌肉。通往祖先智慧的途徑，就在你的血液中。」[7]下列這首由療癒師兼詩人阿莉斯．德爾蘭．青（Elise Dirlam Ching）所寫的詩，便優美地召喚血液之河，作爲祖先領域的來往通道。

當雨開始落下

我說，不用擔心
有一年會沒有收穫
有一天土地會支離破碎
如一頭病鹿的肚腸
有一刻，我在月亮的眼中
看見自己
我很害怕
連她都被天空的黑暗吞噬
而她身旁的這個生命

只是支燃燒的乾燥小火柴
一年，熊瘋狂衝向我們
撕裂許多生命
之後箭結束了牠的痛苦
我爲我們與熊哭泣
一天，海水淹沒陸地直達我們門前
帶走一些人去餵養他的生物
把剩下的我們送入山中
在我們之中留下新的神
有一刻，我往下看著過往的深淵
進入我誕生的紅色河流
準備好離開
我的孩子與他們的孩子

⑦ Foxwood, *Tree of Enchantment*, 84–85.

我老了
太陽在我臉上留下抓痕
土地讓我的脊骨彎折
我的雙眼是被烏雲遮蔽的月
我的雙耳聽不見歌聲與驚恐

把我放在一艘簡樸的獨木舟上
不用儀式
當雲遮蔽了月亮
雨開始落下
請把我送入河中
進入石頭與水流的律動
以及一道猛烈的翻騰中
那是自然且合適的

——阿莉斯・德爾蘭・青

天葬與因風而死

與風、空氣與天空相關的死亡象徵意義，通常包括淨化、呼吸、轉化與飛行。在土耳其東南方靠近敘利亞邊界的哥貝克力石陣（Göbekli Tepe），年代確定是在約西元前一萬年，也是地球上所知最古老的人類宗教建築。這個遺址與其他位於地中海東部地區的遺址（例如：恰泰土丘〔Çatalhöyük〕、耶利哥〔Jericho〕）爲「天葬」展示了強有力的證據，包括抬高的平台以及將儀式注意力放在作爲死亡過程催化劑的禿鷹。在祆教（Zoroastrian）傳統與藏傳佛教中，可看到當代兩個建構最完善的天葬傳承。在西藏，天葬早在中國占領者於一九六〇年代予以禁止之前，就已跟火化一併執行了至少八百年。馬丁・史柯西斯（Martin Scorsese）的電影《達賴的一生》（*Kundun*）中著名的一幕，便描寫了現任達賴喇嘛的父親以儀式的方式被肢解並餵食禿鷹的景象。一九八〇年代，中國政府放寬了對天葬的限制，此習俗才得到了某種程度的恢復。

爲何這些古老祖先偏愛把亡者獻給鳥群？禿鷹是地球上飛行高度最高的鳥，牠們能以很少動物辦得到的方式，把腐敗中的肉轉變成有用的能量。牠們的胃酸具有高度腐蝕性，而牠們沒有羽毛的頭部也反映出牠們對清理屍體工作的專長。❸目前在世界上禿鷹吃掉的大多數人類腐肉，是

---

❸禿鷹在吃腐屍時，屍體的血會黏在頭頸上，但這些位置清潔不到，無羽毛的頭部即方便讓太陽光消毒被屍肉污染的皮膚。

居住在印度西北部的帕西人（Parsi）或祆教徒。可惜的是，所有九個品種的印度禿鷹如今幾乎都因雙氯芬酸中毒而瀕臨絕種，❹現在的禿鷹數量太少，因而無法及時消耗掉傳統祆教的「寂靜之塔」（印度文中的 dakhma 或 cheel ghar）❺上的屍體。如果家族與數百個世代的禿鷹已建立清理與照料祖先遺體的合作關係，不妨想像一下被迫打破這個傳統會帶來的衝擊。除了禿鷹之外，渡鴉與烏鴉也是惡名昭彰地喜愛在戰役或自然災害之後啄食人類眼球與其他搜尋得到的碎塊。你對鳥群吃掉屍體在亡者身上會發生的效應，直覺是什麼？食腐動物或「吃死人」的鳥，能幫助中和與淨化亡者生命中的沉重能量嗎？假如在文化上是可接受、可負擔與不影響生態的，你會比較想進行天葬嗎？

即使鳥不會清理你的骨頭，我們也都會停止呼吸，而對許多人來說，停止呼吸是主要的死亡方式。空氣傳播的病原體、呼吸道病況，以及意外或故意的窒息，或許也可被視爲經由空氣或風的死亡形式。大規模的窒息事件包括火山灰雲、礦坑與潛水艇意外、被覆蓋的二氧化碳往上湧出（例如：喀麥隆與剛果的湖），以及過度使用化學武器。受歡迎的電影與文學作品經常出現靈魂在最後一口氣後離去、或在說完遺言之後離開的畫面。英文的「靈」（spirit）這個字是源自拉丁文的「spiritus」，直接就是意指死亡。猶太傳統中的「ruach」這個字，字面上指的就是活人的呼吸，也是指靈與有活力的生命能量。在伊法/奧麗莎傳統的風神歐伊亞（Oya）便是透過自然災害、風與暴風雨來說話，他的名字在約魯巴文的字面意義是「撕裂」或「劃破」。他與人類祖先以及祖先的儀式有很密切的關聯。身爲風之女神，歐伊亞與每個人的第一口呼吸一起進入身體，並隨著每個人的最後一口呼吸回到她的完整中。若你曾陪伴某人經歷嚥下最後一口氣的過程，你注意到呼吸與靈魂間的關聯是什麼？你有任何與最後一口呼吸相關的信仰或習俗嗎？

作爲所有自然元素中最反覆無常也最強有力的一種，風元素通常也會被聯想到突然而深刻的轉化。暴風雨和強風傳達了這種力量，航行的風險也是。因風的力量而造成的突然死亡包括飛機失事，以及颶風、龍捲風與暴風雨中的死亡。在二次大戰期間，大約四千名日本與許多盟軍的飛行員，以美國與英國在太平洋的海軍軍力爲目標的故意自殺任務而死。日本領導人向神風特攻隊的飛行員保證，他們的靈魂在死後會被迎接到靖國神社，靖國神社是座以供奉爲天皇戰鬥而死的神或靈聞名的神社（見彩頁圖十七）。想必至少有部分神風特攻隊飛行員在被撞擊的瞬間，有感受到這種與風的神靈以及祖先家鄉的結合感。在空中死亡並相信你與風之神靈是一體的，會影響接下來發生的事嗎？除了因戰爭英年早逝的悲劇，以及扭曲傳統神社價值觀以支持可疑的帝國主義目標之外，接下駕駛一架神風特攻隊戰機的任務，會影響這些男人祖先化的過程嗎？

---

❹雙氯芬酸（diclofenac）是一種非類固醇消炎藥，有消炎止痛功效。此藥本是牲畜用藥，但死去的牲畜體內仍殘留大量藥劑，禿鷲吃到被棄置於荒野的屍體時，便會直接吸收雙氯芬酸，導致腎衰竭，甚至死亡。

❺即祆教的天葬台。

如果有任何你的摯愛是經由風元素而失去性命，可考慮爲這些祖先的快樂與福祉，向風與天氣的能量進行祈禱與獻祭。若他們是被火化，而你持有他們的部分骨灰，看看是否把他們的一小撮身體灑在空中會增強你的祈禱力量。或者更簡單地，可以透過爲祖先的提昇供奉一炷香或其他儀式用的煙，來讓你的祈禱與風之神靈結合。

人類靈魂被比喻爲鳥的機會或許比其他生物要多。⑧鳥除了是人間與天堂的媒介以及自由與飛行的表達之外，也會被援引用來表達死後靈魂從身體的「牢籠」釋放出來。古埃及人相信「巴」（ba）（組成人類的至少五個靈魂之一）在我們獨特的人格中扮演著一個重要角色，而象形文字也把「巴」描繪成一隻人頭鳥。在布里雅特蒙古族傳統中，血液與呼吸靈魂也被認爲會在死後起飛，回到上部世界棲息，等待未來的轉世。知名波斯神秘主義者菲利德·亞丁·雅爾岱（Farid ad-Din Attar）在他的十二世紀敘事詩〈群鳥的集會〉（The Conference of the Birds）中，也講述靈魂透過鳥的語言去認識神的渴望。

請留意在朋友與家族成員要離世的時刻前後，是否在夢境或生活中有特定的鳥出現。要長期對你摯愛的亡者與家族世系跟特定鳥類之間的關聯保持開放，因爲我們那有翅膀的親戚，是這個世界中常見的祖先信差。

土葬與因土而死

雖然已知尼安德塔人也會埋葬他們的部分亡者，但人類土葬最古老可靠的證據，確定是始於十萬至十三萬年前，在如今的以色列。⑨許多原住民的生活方式仍偏好土葬，包括部分基督教之前的歐洲傳統。而伊斯蘭、基督教與猶太教也都鼓勵土葬甚於火葬。與許多其他工業化國家（例如：英格蘭、日本、澳大利亞）的狀況不同，大多數在美國的亡者（大約百分之六十）都是土葬而非火葬。在二十一世紀初期，地球上每天大約有十五萬人死去（大約一年五千四百萬人）。雖然火葬與土葬的比例在不同文化間有很大的差異性，但這些近代亡者中，每天至少有一半是被放入冰冷黑暗的土中。對每一天被埋葬的大約七萬五千具人類遺體來說，自然腐敗的速度會根據當地土壤與水文狀態、遺體的容器類型（若有的話），以及對屍體的化學處理方式（若有的話）而有所不同。就連塗上防腐劑、密封在金屬棺木並以混凝土覆蓋的遺體，也可能在不超過一年的時間就化爲牙齒、骨頭與剩餘組織。在棺木或其他土葬環境中保存十年或更久的案例，是例外而非常態。

與火葬、海葬或被禿鷹啄食相較之下，土葬更大程度地確定了亡者與埋葬地之間的連結。純粹就物質層面而言，牙齒與骨頭幾乎一定會留在埋葬地點。每年埋葬的大約三千萬具人類遺體

⑧ Cirlot, *A Dictionary of Symbols*, 26–28.
⑨ Pettitt, *The Palaeolithic Origins of Human Burial*, 59.

中，絕大多數都將留在原地，直到肌肉與骨頭都成了地景的一部分，也不再有人記得亡者。跟石頭一樣，骨頭的碎片能持續存在數個世紀，在某些環境下還能存在數千年。在埋葬地點舉行敬拜祖先以及與他們親密互動的儀式，能強化祖先靈魂與最後安息之地間的關係。若你曾造訪已知祖先的遺骨，你對那些遺骨與埋葬地之間的關聯有什麼感覺？請參考第十章「家就是遺骨所在之處」（二六三頁）章節中對遺骨與地方之間關聯的說明。

有些死亡方式似乎特別與土元素有連結。「因土而死」的例子包括雪崩、山崩與地震；建築物倒塌；地底礦坑意外；或其他任何由土地與石頭所導致的死亡形式。在加州西耶拉（Sierra）的山麓上，前往悲鳴洞穴（Moaning Cavern）的入口處，特別呈現了一個能輕鬆俯瞰驟降兩百英呎、到達主穴室地面的景觀。一八五〇年代第一批發現這些洞穴的歐洲人描述，有數百具人類骸骨堆積在洞穴入口的下方，其中一層遺骨的年代可能超過一萬年。無論是被刻意丟入洞穴，還是意外身亡，我們都可以問：死亡的方式與地點是否會形塑這些靈魂的死後經驗？那些遺體後來被移到洞穴更深處的祖先，是否仍與那個洞穴維持任何連結？比跌落巨大洞穴常見許多的另一種死亡形式，則是暴露在可能是致命重金屬與其他從土壤中萃取的物質之下，而且通常經歷數年的時間。你還能想到什麼其他死亡方式，可能會創造亡者跟土元素、金屬與石頭的重大關聯呢？

靈魂死後旅程的故事，通常與自然界的循環相同（例如：太陽的運行節奏、水的循環、植物的生長、動物的遷移）。我們可以透過植物生長的三個階段來思考土葬的象徵意義：種下種子（身體）、在看不見的地方萌芽，以及新的成長出現。在呼吸不再賦予身體生命力之後的幾天內，大部分人會被植入土中，然後以儀式覆蓋於地底。而當在世家人把新土丟灑在剛被放下的棺木上，進入人間的前門便於剛離世的亡者身後關上，同時期待他們以祖先身分邁入下一個實相的期望也浮現。在許多文化中，剛離世的靈魂會旅行到地球的地底，而非到星星或天堂。另一個世界與祖先領域可能位於神靈在地底的居所，因此我們把摯愛的遺體放入這充滿生命力的奧秘中，像種下一顆種子般地把他們植入土中。

土葬的第一個敬拜階段，要想著所有放在地上的供品是要獻給大地母親與這個神聖星球。這些東西包括遺體、棺木（如果有的話）的內容物，以及其他與亡者一起埋葬的物品。可惜「綠色土葬」在美國仍不普遍，但盡可能保持土葬對生態的低度衝擊，是尊敬地球的神聖性與土地的福祉。

如果遺體本身是種子的核心，那麼與遺體一同埋葬的一切物品，就等於種子的表皮、肥料，以及對下一個生命循環的支持成分。什麼樣的祈禱、供品或儀式用品會如一位光明且充滿愛的祖先般幫助亡者在黑暗的土壤中發芽？如果親友願意提供你想要的「墳墓用品」，你會把什麼涵蓋進去？參加一場葬禮時，你可以把爲此位剛離世者祈禱的種子或穀類放入棺木中。那些種子（祈禱）可以被視爲爲前方旅程準備的養分與動力；它們有靈魂的繁殖力或延續性，並終將回到地面與陽光中。你也可以在某位摯愛過世後的第一個月到一年之間，用種子進行祈禱，把這些祈禱儲存在你的祖先或家庭神龕上的一個種子罐中，並在適合的時候把他們回歸到大地。

紀念樹與紀念花園，是一種絕佳的方式，來敬拜祖先以及他們與植物和大地週期之間相近的特色。如果種一棵樹或獻上一座花園並不實際，可考慮在祖先神龕或家中放入一株新的植物。若已選擇火化，埋葬骨灰就能利用到跟火與土兩者相關的象徵意義與儀式。如今，可生物分解的骨灰罈能讓已火化的摯愛骨灰爲一棵種下的樹提供肥料，若能普及，此一具啓發性的觀念將在任何實行火葬的地方形成紀念森林與樹叢。⑩火化後的骨灰可以供奉在有生命的樹與花園的底部，以確定身體與靈魂能重新融入更大的自然元素能量流與大地之中。木屑也是在土葬時的絕佳供品，因爲木屑中的鉀、碳酸鈣與其他成分能作爲新植物生長的肥料。

葬禮象徵意義中的第二階段開始在最初的葬禮儀式完成之後（通常是在一或兩週之內）。就生者與亡者間的接觸而言，這通常是相對安靜的時刻。新的種子在大地裡發芽的時間週期，對應的正是夜晚與白天週期中的寒冷黑夜。「對某些原住民文化來說，正好就是在這穿越地表的旅程中，太陽用火一般的生命讓土地變得肥沃，創造了在地表快速成長的大量生物——包括人類與非人類。」⑪生命如同太陽般消失在地平線，深植於大地，我們暫時無法感知到它的光與新生。假設亡者的靈魂如今正在通往祖先領域的路上，我們哀悼的不只是失去他們的物質存在，也包括他們的注意力暫時離開了生者。

眞誠的哀傷與眼淚是死亡後數月內的絕佳供品，特別是如果結合了爲摯愛的幸福與成功過渡而進行祈禱與祝福。直接對大地獻上眼淚能澆灌在埋葬時種下的種子，並傳達愛與懷念，爲靈魂轉化成光明而健康的祖先提供動能。可能的話，不妨在家人與朋友的支持下盡情流露你的悲傷，而且是以能對亡者表達放手與祝福的方式。要敬拜生者與亡者之間這段各自轉身離開的日子，爲了剛離世亡者的利益，可考慮把所有額外的儀式供品，轉去供奉樂於協助的神祇與已經變得光明的祖先，而非直接供奉給那位亡者。

在黑暗沃土中得到滋養之後，新芽的第一片葉子接觸到了這個世界的光，生者得知了靈魂的活動，生者與剛確立的祖先間的聯繫通常便會恢復（或變得可能）。剛剛到來的祖先當中，有些可能對生者的領域比較感興趣，有些則會比較專注在祖先領域本身。正如在第十一章論及多重靈魂的章節所探討的，亡者的靈魂或靈魂們，可能同時成爲受到承認且樂於助人的祖先，並再度於生者之中誕生。幾次我個人到奈及利亞森林州的歐德雷莫朝聖時，可以很明顯地看到這種情況。二〇一三年七月，受人敬仰的長老與族長阿瓦巴·阿德薩恩亞·阿沃亞德（Àràbà Adésànyà Awoyadé）以九十九歲高齡逝世，前往祖先領域。按照約魯巴文化的習俗，他被埋葬在自家住所的下方，而我們團體於他死後幾週第一次前往造訪時，阿瓦巴墳上的土還很新鮮。長老們那時也

⑩ 例如，可以參考傑拉德與羅傑．莫內利環保骨灰罈公司的網址：https://urnabios.com/。

⑪ Abram, *The Spell of the Sensuous*, 221.

要求我們克制自己，不要在他過世後這麼短的時間就以祖先的身分召喚他（也就是說：不要干擾剛剛種下的種子）。我們造訪之後不久就收到消息，阿瓦巴的兒子、也就是招待我們的主人歐魯沃・法洛魯，已迎來了一個剛出生的兒子。占卜結果確認這個孩子，即離世不久的阿瓦巴的孫子，就是阿瓦巴的轉世，他也被取名爲拔巴土恩德（Babátúndé，字面意思爲「父親歸來」）。我們在二〇一四年二月第二次造訪歐德雷莫時，人們站在阿瓦巴墳前讚揚他，同時他的兒子歐魯沃・法洛魯在一旁抱著他的小嬰兒（轉世的阿瓦巴），對那些人而言，成爲祖先與重新誕生在人間一點也不矛盾。阿瓦巴以受到高度尊敬的祖先身分得到儀式上的供養；同一天，他的轉世，即在世的孫子——拔巴土恩德，正換著尿布。

這個世界的光可能會促使祖先們前來協助人世間的事務，他們也可能比較受到祖先的太陽，即另一個世界的光所吸引。無論哪一種狀況，一旦確立了祖先的身分，他們就時刻準備著要重新投入、參與偉大的意識開展。敬拜祖先化過程的第三階段最重要的方式，就是在生活與心中，爲更新的祖先關係騰出空間。需要建議的話，請見第三章〈自然發生的祖先接觸〉以及下列「死後一年內的儀式照料」的章節。一旦感覺到逝去的摯愛在靈性上是安好的，且已加入充滿活力的世系祖先行列，與他們直接互動應該就是安全的。

練習 17

有意識地參與一場葬禮

• **意圖**：以靈性盟友的身分參與一場土葬的儀式過程。

這個練習將提供參與一場葬禮與（或）土葬的基本建議。下列的進行順序是爲與亡者至少是一等親以外的參與者（即：不是主要的哀悼者）設計的。

1. **為儀式做準備**。跟其他重大改變一樣，家庭中有人死亡會激起沉重且困難的能量。在前往參加葬禮或土葬之前，要做好你所需的、在能量上保護自己的事。這可能包含：落實在身體中、呼喚指導靈到你身邊，以及攜帶或配戴一些保護用的護身符。目的是要受到保護，同時能提供他人情感上的支持。

2. **在你抵達時**，不用覺得你必須與那位剛離世者接通頻率。不需要對他們伸出援手或做任何事去幫助他們成爲祖先。你在那裡只是要見證與支持一個自然的過程。與其試著讓某事發生，你可以進行祈禱，祈禱這位剛離世者光明且摯愛的祖先在適當的時候前來迎接他們。

3. **支持其他正處於悲傷中的人**。要記得，悲傷能爲亡者的過渡提供動能。允許你自己的悲傷自然流露，並在你覺得內在能量豐沛時，隨時準備好支持他人。這可能包含向難以表達悲傷的人確定他們的痛苦與眼淚是受到歡迎的，這通常不需言語。正感到強烈悲傷的人，會從一種穩定的存在中知道他們並不孤單，因而獲益。以此方式，你就能溫和地協助調整悲傷之流，進而對過渡中的亡者有所助益。

4. 在土葬地點，你可以向墓園的守護靈致意，更重要的是，要直接向大地與土地致意——感謝大地接收這位亡者。若有需要，此事可以不引人注目的方式進行，也能以微妙的方式改變葬禮的能量。一旦遺體被放入墓穴，你可以在墳墓中獻上花朵或其他自然的供品。信任任何感覺起來能表達敬意的做法。

5. **在儀式或土葬結束之前**，加入一次祈禱，祈禱亡者能釋放所有對身體的無益連結。想像充滿愛的祖先與任何其他樂於幫助的指導靈前來迎接亡者的靈。這或許是這個練習最重要的部分——呼喚充滿愛的祖先與其他助力來迎接亡者。這並不代表在葬禮中會發生什麼特別的事，因爲過渡的時機並非由生者決定。然而，眞誠地祝福亡者能得到迎接眞的很重要。能以自然且謙卑的方式抱持這個想法的人愈多愈好。

6. **儀式之後**，爲你自己與他人做個淨化與照料自我的儀式。你可以換掉原本穿的衣服，然後用藥草或油爲自己做個淋浴。讓自己釋放一天的能量，並讓淨化結束這場儀式。

記得要信任你對敬拜這些神聖過渡的直覺。死亡是混亂、無法預料的，且經常交織著強烈的痛苦與情緒。死亡也是極爲個人的事。上述的象徵與練習只是鼓勵以愛、創意與熱誠，面對這「大秘密」的建議與催化劑。

死後一年內的儀式照料

若你曾經歷過一位家庭成員的死亡，就會知道對頭腦與心來說，重大的失去需要時間來代謝。緊接著事情發生之後，照顧個人的健康是最重要的，而堅持照顧好自己，加上對親友的信賴，會使一切大爲不同。同樣地，歡迎來自心理治療師、療癒師、神職人員與其他專業人士的幫助，一點都不羞恥。書籍、錄音、電影與社群團體等形式中絕佳且通常免費的資源，也能幫助你順利行過深刻悲傷之流。利用任何能幫助你感覺受到支持與照料的人事物，並且記住，即使我們可能永遠無法停止對摯愛亡者的思念，但通常歲月確實會漸漸緩和悲傷的強度。

雖然每一種宗教傳統對死後旅程的分類不盡相同，但可考慮許多文化中都能找到的三段基本進程：道別、轉身離開，以及恢復聯繫。每一個階段都伴隨著某種鼓勵與警告，而了解這些能幫助你安然度過摯愛過世後的第一年。閱讀的時候，請想想你與離世的摯愛們連結的經驗，以及自己死後等著的會是什麼狀況。

道別

大多數靈性傳統都認可，在身體死亡之後，緊接著有一段時間靈魂是仍在附近的。這段時間通常持續幾天到兩星期。一般會包括主要的葬禮儀式，以及儀式性地結束遺體。無論是丟一把塵土在棺木上、目睹摯愛的遺體進入火化爐，或只是接下他們的骨灰，確定身體不再提供靈魂居住，通常在道別的過程中扮演重要的角色。但在那之前的日子該怎麼辦呢？這在傳統上是一個讓生者與亡者雙方道別的時刻。想像你剛剛死去。在你最親密的親友要舉行大型送行會之前，你怎麼會想離開呢？考量到許多剛離世的亡者所經歷的驚訝、震驚或迷惘，你便能看出挑戰不在於太快離開，而是完成道別之後確定要出發前往祖先領域。

在此第一個階段，親友們要如何考量敬拜祖先的基本教導呢？首先要記得，並非所有亡者在靈性上都是安好的，因此即使在死後，或許維持界線都是重要的。當一位會傷人或麻煩的親戚死去，或是在突發、悲慘的死亡案例中，剛離世者可能會耗費太多心力在自身的困惑上，因而無法慈祥地參與真誠的道別。甚至在他們真的想跟你有所互動的狀況下，你可能也會想維持一道界線，並以其他方式來引導你情感上的結束。那是你的選擇，而尊重自己與你的極限是件好事。在這種情形下，你還是可以爲亡者的福祉祈禱，並想像他或她的提昇與充滿愛的祖先們帶來大量的支持，也爲旅程的下一階段開路。

當你眞的覺得與剛離世者的靈直接互動很棒，而他們也有餘裕進行這種類型的接觸，就允許自己在一場死亡後不久的時間內去品嘗這有品質的時光。如果你身處空間裡的人不會覺得太奇怪，就大聲對離世者說話。讓你的眼淚盡情流下。對這位近親說出在世時沒有對他說的話，並對雙向的寬恕互動保持開放（需要建議請見第八章與練習八）。全然熱切地愛他們，並了解一切很快就會有所不同。當葬禮儀式結束，祖先們也準備好要陪伴亡者進入新的狀態，就讓他或她走。如果你是正準備死去的人，要記得，與生者的道別完成之後，就到了把你的注意力轉到下一個世界、並擁抱親愛祖先的時刻。

轉身離開

在許多文化中，土葬或火葬的儀式標示了一段時期的開始，通常爲期幾週到一年，此時生者會把注意力從剛離世者的身上移開。在許多佛教徒的傳承中，「四十九天」是大多數靈魂經歷中陰身的過渡狀態，到終於適應新輪迴之前大約所需的時間，這期間生命是祖先靈或某種其他的非物質形式。猶太傳統指定一段儀式哀悼期爲一年，特別是在雙親之一過世後。這是在爲墓碑或紀念碑揭幕前指定的標準間隔期。至於蘇杜旭族馬雅人的觀點，普萊克特則寫道：「在開始進入下一階層所需的四百天後，這些亡者將慢慢成爲祖先。他們能以新形式在這個世界中幫助我們。」⑫

如《新約聖經》中所記載，知名的耶穌死後旅程即遵循此一靈魂從這個世界到下一個世界的古老進程。在遺體被植入寒冷黑暗的墳墓之後，他又復活面對生者。耶穌被釘死在十字架之後的第三天，福音書記載他離開墳墓，從死裡復活。對於耶穌以血肉之軀或以一種有形的靈體形式復活的程度，有各種不同的詮釋，但無論是兩種形式的哪一種，大多數基督徒都相信，耶穌在接下來的四十天內現身在許多不同信徒面前，之後提昇到天堂。在這四十天的時機當中，耶穌現身在抹大拉的瑪利亞前，說道：「不要摸我，因我還沒有升上去見我的父。」⑬這段文字賦予的印象是，自墳墓中復活之後，耶穌仍處於兩個世界之間，他的新身分是脆弱或處於過渡狀態，以及在加入他天堂的同伴們之前，他正在做最後的道別，並與他的親人和虔誠信徒們說話。

暫時轉身離開的習俗承認，過早把剛離世的亡者喚回生者的世界，可能會擾亂他們的轉化。當家人朋友選擇轉身離開亡者一段時間，就是在表示對轉化的信任。除非你與亡者在恢復聯繫之前要等待多久有共同的特定傳統做法，否則可考慮讓完整的一年時間過去。即使我們沒有試著把他們的注意力喚回這個世界，亡者仍可能選擇在這段過渡期透過夢境與清醒時的相遇來與我們互動。若他們眞的來找你，請尊敬這份接觸。試著不要對他們有所要求，或鼓勵他們待在附近不走，除非你確定亡者已在光明的祖先行列中取得了位置。如果他們暗示正在受苦或尚未加入光明祖先的行列，就試著去了解你可以在幫助他們前行的路上扮演什麼角色（如果有的話）。需要的話，請尋求協助。一等到祖先們明確接走了亡者，就繼續實行給予空間的做法，並尊敬地轉身離開，直到他們適應自己的新身分爲止。若你個人正在爲死亡做準備，記得當你完成道別時，前往祖先領域的旅程會需要愛、勇氣，以及信任你自己在這更大實相的巨流中航行的能力。要記得，你並不孤單，安好的祖先正在爲你加油，並帶著無比的善意等著迎接你。

恢復聯繫

在此第三階段，剛離世的亡者已充分適應另一個世界，可安全地重新與生者互動，或者從另一個世界的角度而言，是資深祖先們授予剛確立身分的祖先探視的特權。這些剛畢業的祖先們可能主動向你伸出援手，或者在生者透過祈禱、冥想與祖先儀式聯繫到他們時給予溫暖的回應。若恢復了聯繫且感覺很正面，特別留意要在充滿光明與愛的世系脈絡中去感受這位祖先，去崇敬他或她成爲眾多祖先之一的新身分。看看是否有他或她會喜歡的供品，或者是否有其他崇敬這份連結的方式。在這份關係找到一種新的平衡的同時，要允許空間的延續與改變。

⑫ Prechtel, *Long Life Honey in the Heart*, 7.
⑬ John 20:17 (Authorized King James Version).

所有在世的親人並不會因爲亡者適應了新身分，就立刻做一個重新與祖先連結的強烈夢境，或當他們摯愛的亡者眞正降臨時就一定知道。發生這種聯繫不上的狀況有無數原因，即使是亡者在靈性上是安好的時候，也不一定是麻煩的徵兆。祖先可能比較專注在另一個世界，而非人世間的事務。他們或許尊重生者的感情，不希望打擾生者。他們可能還在學習如何透過夢境、同步性與清醒時的預視來與生者聯繫。或許生者仍處於深刻的哀傷中，使得重新恢復聯繫較具挑戰性。而且，在世的親人可能缺乏與祖先建立持續關係的工作架構，也可能對重新恢復聯繫並不特別抱持開放心態。

下列練習方法介紹的是敬拜摯愛的週年忌日。

練習 18

第一個週年忌日的儀式

- **意圖**：請求與某位摯愛的祖先在死去一年後重新連結。
- **你需要什麼**：一個安靜的空間、供品，以及任何有助於你與祖先連結的事物。

這個練習將引導你敬拜某位摯愛的一週年忌日。這也是讓你評估他們在靈性上是否安好；以及如果他們尚未安好，可幫助你決定在協助過程中要扮演什麼角色。如果你的宗教傳統教導你如何與祖先恢復聯繫，請尊崇那份指引，只要應用此練習中有幫助的部分就好。

同時也要記住，可能要在第一個週年忌日之後，才有助於重新與亡者互動。相反地，被提及的祖先可能在一週年之前許久就已好好安息。這個練習是假定在一週年紀念之前，你尚未跟祖先有固定的聯繫，以及你尚未確定這位祖先的健康狀態。

1. **在確定你將進行儀式之前**，留出一段時間專心進行祈禱，運用你的直覺，並請求指導靈支持。詢問這位亡者在靈性上是否絕對安好，或者他是否仍處於過渡階段。需要的話，可參考第五章的練習四「深入了解四條主要血脈」（一二五頁），去學習如何安全地詢問。若你的結論是這位祖先在靈性上已經安好，就繼續進行第二步。

若你判定這位祖先在靈性上尚未安好，就請教指導靈們，他們希望你在這個過程中扮演什麼角色（如果有的話）。可能的行動包括：向有能力的修行者尋求支持；如果有需要的亡者是祖先的話，可以開始進行一個循環的祖先修復工作（見第五章到第九章）；爲他或她向光明且充滿愛的指導靈們獻上供品；並單純地爲他或她的幸福進行一次祈禱，同時給予更多時間與空間。信任指導靈們告訴你的話，並尊重他們的評估。

2. 確定重新連結了指導靈的支持之後，就要**安排儀式的實際層面**。思考下列問題時，請信任你的直覺與指引：

- 你會獨自獻上這個儀式，還是有想邀請的人？若有，可考慮先獲得指導靈們對邀請的認可。
- 你會在何處獻上這個敬拜儀式？在墓地？祖先神龕？大自然中某個寧靜的地方？或只是在安靜而有利儀式進行的室內空間？
- 你會帶什麼東西？可以包括花、薰香或鼠尾草、菸草、蠟燭，或某些你的祖先會喜歡的食物與飲料。
- 要在情感上照料好自己，你會需要什麼？你對盡情流淚以及與你的祖先眞誠對話，抱持著開放的態度嗎？

3. 以任何你喜歡的方式**開啟儀式空間**。呼喚你充滿愛的祖先與其他協助靈和指導靈。展示所有供品，並允許安靜聆聽片刻。跟安好的祖先們再次確認你想重新連結的摯愛在靈性上確實已經安好。

當你覺得準備好的時候，**邀請指導靈們為你守護這個空間，好讓你直接與摯愛的亡者聯繫**。一開始先聆聽這位新來的祖先想傳達的訊息，然後在有所感動時大聲跟他們說話。歡迎重新連結時所引發的眼淚。**留意資深的祖先與指導靈在守護著一個讓所有需要的事情發生的空間**。

在此刻或稍後皆可，請求更了解這位新來的祖先對他或她摯愛亡者的世系的感受如何。這位祖先會喜歡你帶給他的供品是什麼？若你能提供這些供品，可考慮在此時進行第二輪的獻祭，當成重新連結儀式的一部分。如果感覺對了，你可以請這位祖先爲你祝福。

4.

以感謝這位祖先並看著他或她重新加入安好祖先的更大社群，來**完成這個敬拜與重新連結的儀式**。感謝他們所有人，讓他們知道你已完成這次聚焦於他們的工作，也照料了所有的結束儀式。回想你的經歷，並考慮記下任何訊息或請求。

在儀式後的幾個小時，要注意能幫助你整合並感到清醒的事。若你需要從儀式中進一步的轉換，可考慮換掉你在儀式中穿著的衣服。許多人也會用水來做爲一種在靈魂接觸時刻之後的淨化與重置方式（例如：清洗雙手與臉部、用藥草或油來做淨化沐浴）。若你需要感覺身體更清醒，吃一頓飽足、健康的餐點。

儀式之後，請對夢境中的祖先接觸保持開放。

5. **儀式之後的數天與數週內，反思一下，你感覺與這位祖先進行何種程度的接觸對你來說是恰當的**。不要只因爲你能直接與他們互動，就以爲那代表你應該這麼做。你與有些人在生前就沒有很多互動，因此死後也沒有很多規律的聯繫。那沒有關係，也沒有問題。其他近代祖先對於協助我們在人間的生活是很興奮的。在這些狀況下，只要對你有好處，就盡可能常常跟他們親密互動。也讓任何夢境中的接觸來形成連結，並保持良好狀態。若你不確定想多久邀請這位祖先一次，可計畫在隔年舉行敬拜儀式。

【附錄】辨別與靈對話和精神病的不同

身為一名臨床心理學博士與領有執照的心理治療師，同時又是一位土地敬拜傳統的奉行者，我知道這兩種實務領域的方式偶爾會無法一致。現代心理學傾向懷疑能與亡靈對話的人，甚至視為疾病的證據。這很可惜，因為無論是眞實或想像，大多數與祖先的接觸跟精神病一點關係都沒有。處於精神錯亂的人，一般會經歷某種喪失現實感，以致損及正常運作能力。這種改變對其他親近他們的人來說，幾乎都很明顯。

人們眞的經歷臨床上的精神病（暫時或持續的）時，可能會聲稱與亡靈有聯繫，但這並非一種特別普遍的精神病特徵。在美國、迦納與印度對精神分裂患者的研究顯示，當地文化強烈形塑了個人對自己聽見的聲音的感受，而其他文化通常有更大意願去理解與處理靈魂接觸的事。西方心理學不鼓勵把所謂的幻聽與眞正的靈連結在一起，是害怕這會強化幻想症；但較古老文化的治療形式卻顯示，願意去處理、特別是處理有益的聲音，會讓已經聽到那些聲音的人感覺得到支持。

較常見的現象是，接收到祖先們主動接觸的人會認為自己「瘋了」，只是因為他們缺乏與靈聯繫的工作架構。這些人通常沒有（其他）精神病症狀，或喪失現實感，他們只是無法解釋自己經歷的事，因而懷疑自己是否發瘋了。處於這種狀況的人，通常可以從認可、善意與支持中得到助益。因為並非所有亡者在靈性上都是安好的，感覺不適的人受到麻煩亡者接觸的風險可能很高。在這些狀況下，傳統療癒師、祭司與靈性工作者可能會受邀與心理治療師和精神科醫師合作，釐清那種接觸的本質並減輕其強度。

個案在尋求心理健康專業人員的協助時，有權尊重自己的靈性信仰與經驗，包括與祖先眞實或感知到的接觸。多數治療師可能會對此好奇與尊重，即使可能無法認同。如果你的經驗並非如此，可以邀請專業人員自行去了解祖先敬拜的實務，或者需要的話，可以去尋求另一位較有同理心的執業者。根據我身為心理治療的個案兼婚姻與家庭治療師的經驗，我相信許多心理健康專業人員試圖治療的痛苦，可被當作跨世代模式、家族業力，或祖先的影響來加以處理。我們充滿愛的祖先有能力、有空，且曾致力於讓家族與個人療癒得到好的結果，也有愈來愈多心理健康專業人員對透過各類靈性經驗去協助客戶抱持開放態度或接受過訓練。

若你有精神病在內的心理疾病史，而你開始擔心症狀又出現了，或者若你信任的人告訴你，你並未以平衡的方式與祖先連結，請考慮詢問其他人的意見。可能的話，請尋求尊重神靈接觸可能性的心理健康專業人員的指引。慢慢來，直到你能清楚理解發生的事。儘管有所挑戰，與祖先連結都應該是你人生中祝福、美好與療癒的泉源。

參考資源

ABC News. "Up to 100,000 Killed in Sri Lanka's Civil War: UN." Last modified May 20, 2009.www.abc.net.au/news/2009-05-20/up-to-100000-killed-in-sri-lankas-civil-war-un/1689524

Abrahamian, Ervand. *A History of Modern Iran.* Cambridge, United Kingdom: Cambridge University Press, 2008.

Abram, David. *The Spell of the Sensuous: Perception and Language in a More-Than-Humarn World.* New York: Vintage, 1997.

Anderson, M. Kat. *Tending the Wild.* Berkeley, Calif.: University of California Press, 2005.

Basso, Keith. *Wisdom Sits in Places.* Albuquerque, N.ftex.: University of New Mexico Press, 1996.

BBC News. "Bosnia War Dead Figure Announced." Last modified June 21, 2007. http://news.bbc.co.uk/2/hi/europe/6228152.stm

BBC News. "Rwanda: How the Genocide Happened." Last modified ftay 17, 2011. www.bbc.com/news/world-africa-13431486

Blain, Jenny. *Nine Worlds of Seid-Magic.* London: Routledge, 2002.

Centers for Disease Control and Prevention. "National Center for Health Statistics FastStats: Assault or Homicide." Accessed ftarch 7, 2016. www.cdc.gov/nchs/fastats/homicide.htm

———. "National Center for Health Statistics FastStats: Deaths and ftortality." Accessed ftarch 7, 2016. www.cdc.gov/nchs/fastats/deaths.htm

———. "Suicide: Facts at a Glance 2015." Accessed ftarch 7, 2016. www.cdc.gov/violenceprevention/pdf/suicide-datasheet-a.pdf

Chief FAMA. *Sixteen Mythological Stories of Ifa.* San Bernadino, CAlif.: Ile Ò. rúnmìla Communications, 1994.

Ching, Elise Dirlam. "When the Rain Begins." In Elise Dirlam Ching and Kaleo Ching, *Faces of Your Soul: Rituals in Art, Maskmaking, and Guided Imagery.* Berkeley, Calif.: North Atlantic, 2006.

The Church of Earth Healing. "The Church of Earth Healing." Accessed March 5, 2016. www.church-of-earth-healing.org

Cirlot, J. E. *A Dictionary of Symbols.* 2nd ed. Translated by Jack Sage. Mineola, N.Y.: Dover, 2002 [1962].

Earth Medicine Alliance. "Voices of the Earth: Adapting Ceremonies over Time and Ancestors (Part 4/7)." Last modified April 19, 2011. www.youtube.com/watch?v=Wszu9aKXa1Q

———. "Voices of the Earth:Malidoma Somé Interview, Part 3 of 6." Last modified February 17, 2013. www.youtube.com/watch?v=zGKf-tSAK4M &list=PLF03504E0C350F15B&index=3

Epega, Afolabi A., and Philip John Niemark. *The Sacred Ifa Oracle.* San Francisco: HarperSanFrancisco, 1995.

Fischer, Peter, Anne Sauer, Claudia Vogrincic, and Silke Weisweiler. "The Ancestor Effect: Thinking about Our Genetic Origin Enhances Intellectual Performance." *European Journal of Social Psychology* 41, no. 1 (2011): 11–16.

Foxwood, Orion. *Tree of Enchantment: Ancient Wisdom and Magic Practices of the Faery Tradition.* San Francisco: Red Wheel/Weiser, 2008.

Halifax, Joan. *The Fruitful Darkness.* New York: HarperCollins, 1993.

Harvey, Graham. *Animism: Respecting the Living World.* New York: Columbia University Press, 2005.

Herrera, Catherine. "Spirits of Place." Presentation at the Annual Conference of Earth ftedicine Alliance, San Francisco, October 22–23, 2011.

Hetherington, Renée, and Robert G.B. Reid. *The Climate Connection: Climate Change and Modern Human Evolution.* Cambridge, United Kingdom: Cambridge University Press, 2010.

Highman, Tom, Tim Compton, Chris Stringer, Roger Jacobi, Beth Shapiro, Erik Trinkaus, Barry Chandler,

Flora Gröning, Chris Collins, Simon Hillson, Paul O'Higgins, Charles FitzGerald, and Michael Fagan. "The Earliest Evidence for Anatomically Modern Humans in Northwestern Europe." *Nature* 479 (2011): 521–24.

Horn, Maryphyllis. *Ancestral Lines Clearing.* Self-published, 1996.

Huffington Post. "Spooky Number of Americans Believe in Ghosts." Last updated February 8, 2013. www.huffingtonpost.com/2013/02/02/real-ghosts-americans-poll_n_2049485.html

Ingerman, Sandra. *Soul Retrieval: Following Your Soul's Journey Home.* New York: HarperOne, 1994.

Jung, C. G. *The Archetypes and the Collective Unconscious.* Translated by R.F.C. Hull. Princeton, N.J.: Princeton University Press, 1968.

———. *Synchronicity: An Acausal Connecting Principle.* Translated by R.F.C. Hull. Princeton, N.J.: Princeton University Press, 1973.

Kellermann, Natan P.F. "Epigenetic Transmission of Holocaust Trauma: Can Nightmares Be Inherited?" *The Israel Journal of Psychiatry and Related Sciences* 50, no. 1 (2013): 33.

Luskin, Frederic. *Forgive for Good: A Proven Prescription for Health and Happiness.* New York: HarperCollins, 2002.

Mayell, Hillary. "When Did 'Modern' Behavior Emerge in Humans?" National Geographic News,

February 20, 2003. http://news.nationalgeographic.com/news/2003/02/0220_030220_humanorigins2.html.

Moore, Robert L. *Facing the Dragon: Confronting Personal and Spiritual Grandiosity.* Wilmette, Ill.: Chiron, 2003.

National Highway Traffic Safety Administration. "Quick Facts 2014." Accessed ftarch 7, 2016. http://www-nrd.nhtsa.dot.gov/Pubs/812234.pdf

National Society of Genetic Counselors. "Your Genetic Health: Patient Information." Accessed ftarch 5, 2016. http://nsgc.org/p/cm/ld/fid=51

Odigan, Sarangerel. *Chosen by the Spirits: Following Your Shamanic Calling.* Rochester, Vt.: Destiny Books, 2001.

———. *Riding Windhorses: A Journey into the Heart of Mongolian Shamanism.* Rochester, Vt.: Destiny, 2000.

Paxson, Diana. *Esssential Asatru.* New York: Citadel Press, 2006.

Pettitt, Paul. *The Palaeolithic Origins of Human Burial.* New York: Routledge, 2011.

Prechtel, ftartín. *Long Life Honey in the Heart.* Berkeley, Calif.: North Atlantic Books, 1999.

———. *The Unlikely Peace at Cuchamaquic.* Berkeley, Calif: North Atlantic, 2011.

Rilke, Rainer Maria. *The Selected Poetry of Rainer Maria Rilke.* Translated and edited by Stephen ftitchell. New York: Vintage, 1989.

Salami, Ayo. *Yoruba Theology and Tradition: The Man and the Society.* Self- published, 2008.

Sehee, Joe. "Green Burial: It's Only Natural." *Property and Environmental Research Center Report* 25, no. 4 (2007). Accessed ftarch 7, 2016. www.perc.org/articles/green-burial-its-only-natural

Somé, Malidoma. *The Healing Wisdom of Africa.* New York: Jeremy P. Tarcher/ Putnam, 1998.

———. *Of Water and the Spirit.* New York: Jeremy P. Tarcher/Putnam, 1994.

United Nations. "World's Population Increasingly Urban with More Than Half Living in Urban Areas."July 10, 2014, www.un.org/en/development/desa/news/population/world-urbanization-prospects-2014.html.

Viegas, Jennifer. "Did Neanderthals Believe in an Afterlife?" Discovery News,

April 20, 2011. http://news.discovery.com/history/archaeology/neanderthal-burial-ground-afterlife-110420.htm.

橡樹林文化◆◆衆生系列◆◆書目

JP0001	大寶法王傳奇	何謹◎著	200元
JP0002Y	當和尚遇到鑽石（二十週年金典紀念版）	麥可・羅區格西◎著	380元
JP0003X	尋找上師	陳念萱◎著	200元
JP0004	祈福DIY	蔡春娉◎著	250元
JP0006	遇見巴伽活佛	溫普林◎著	280元
JP0009	當吉他手遇見禪	菲利浦・利夫・須藤◎著	220元
JP0010	當牛仔褲遇見佛陀	蘇密・隆敦◎著	250元
JP0011	心念的賽局	約瑟夫・帕蘭特◎著	250元
JP0012	佛陀的女兒	艾美・史密特◎著	220元
JP0013	師父笑呵呵	麻生佳花◎著	220元
JP0014	菜鳥沙彌變高僧	盛宗永興◎著	220元
JP0015	不要綁架自己	雪倫・薩爾茲堡◎著	240元
JP0016	佛法帶著走	佛朗茲・梅蓋弗◎著	220元
JP0018Y	西藏心瑜伽	麥可・羅區格西◎著	300元
JP0019	五智喇嘛彌伴傳奇	亞歷珊卓・大衛一尼爾◎著	280元
JP0020	禪　兩刃相交	林谷芳◎著	260元
JP0021	正念瑜伽	法蘭克・裘德・巴奇歐◎著	399元
JP0022	原諒的禪修	傑克・康菲爾德◎著	250元
JP0023	佛經語言初探	竺家寧◎著	280元
JP0024X	達賴喇嘛禪思365	達賴喇嘛◎著	400元
JP0025	佛教一本通	蓋瑞・賈許◎著	499元
JP0026	星際大戰・佛部曲	馬修・波特林◎著	250元
JP0027	全然接受這樣的我	塔拉・布萊克◎著	330元
JP0028	寫給媽媽的佛法書	莎拉・娜塔莉◎著	300元
JP0029	史上最大佛教護法一阿育王傳	德千汪莫◎著	230元
JP0030	我想知道什麼是佛法	圖丹・卻淮◎著	280元
JP0031	優雅的離去	蘇希拉・布萊克曼◎著	240元
JP0032	另一種關係	滿亞法師◎著	250元
JP0033	當禪師變成企業主	馬可・雷瑟◎著	320元
JP0034	智慧81	偉恩・戴爾博士◎著	380元
JP0035	覺悟之眼看起落人生	金菩提禪師◎著	260元
JP0036	貓咪塔羅算自己	陳念萱◎著	520元
JP0037	聲音的治療力量	詹姆斯・唐傑斐◎著	280元
JP0038	手術刀與靈魂	艾倫・翰彌頓◎著	320元
JP0039	作為上師的妻子	黛安娜・J・木克坡◎著	450元

JP0040	狐狸與白兔道晚安之處	庫特・約斯特勒◎著	280元
JP0041X	從心靈到細胞的療癒	喬思・慧麗・赫克◎著	300元
JP0042	27%的獲利奇蹟	蓋瑞・賀許伯格◎著	320元
JP0043	你用對專注力了嗎？	萊斯・斐米博士◎著	280元
JP0044	我心是金佛	大行大禪師◎著	280元
JP0045	當和尚遇到鑽石2	麥可・羅區格西◎等著	280元
JP0046	雪域求法記	邢肅芝（洛桑珍珠）◎口述	420元
JP0047	你的心是否也住著一隻黑狗？	馬修・約翰史東◎著	260元
JP0048	西藏禪修書	克莉絲蒂・麥娜麗喇嘛◎著	300元
JP0049	西藏心瑜伽2	克莉絲蒂・麥娜麗喇嘛◎等著	300元
JP0050	創作，是心靈療癒的旅程	茱莉亞・卡麥隆◎著	350元
JP0051	擁抱黑狗	馬修・約翰史東◎著	280元
JP0052	還在找藉口嗎？	偉恩・戴爾博士◎著	320元
JP0053X	愛情的吸引力法則	艾莉兒・福特◎著	300元
JP0054	幸福的雪域宅男	原人◎著	350元
JP0055	貓馬麻	阿義◎著	350元
JP0056	看不見的人	中沢新一◎著	300元
JP0057	內觀瑜伽	莎拉・鮑爾斯◎著	380元
JP0058	29個禮物	卡蜜・沃克◎著	300元
JP0059	花仙療癒占卜卡	張元貞◎著	799元
JP0060	與靈共存	詹姆斯・范普拉◎著	300元
JP0061	我的巧克力人生	吳佩容◎著	300元
JP0062	這樣玩，讓孩子更專注、更靈性	蘇珊・凱瑟・葛凌蘭◎著	350元
JP0063	達賴喇嘛送給父母的幸福教養書	安娜・芭蓓蔻爾・史蒂文・李斯◎著	280元
JP0064	我還沒準備說再見	布蕾克・諾爾＆帕蜜拉・D・布萊爾◎著	380元
JP0065	記憶人人hold得住	喬許・佛爾◎著	360元
JP0066	菩曼仁波切	林建成◎著	320元
JP0067	下面那裡怎麼了？	莉莎・瑞金◎著	400元
JP0068	極密聖境・仰桑貝瑪貴	邱常梵◎著	450元
JP0069	停心	釋心道◎著	380元
JP0070	聞盡	釋心道◎著	380元
JP0071	如果你對現況感到倦怠……	威廉・懷克羅◎著	300元
JP0072	希望之翼： 倖存的奇蹟，以及雨林與我的故事	茱莉安・柯普科◎著	380元
JP0073	我的人生療癒旅程	鄧嚴◎著	260元
JP0074	因果，怎麼一回事？	釋見介◎著	240元
JP0075	皮克斯動畫師之紙上動畫《羅摩衍那》	桑傑・帕特爾◎著	720元
JP0076	寫得快樂比寫得好更重要！	茱莉亞・卡麥隆◎著	400元

JP0077	願力的財富	釋心道◎著	380元
JP0078	當佛陀走進酒吧	羅卓・林茲勒◎著	350元
JP0079	人聲，奇蹟的治癒力	伊凡・德・布奧恩◎著	380元
JP0080	當和尚遇到鑽石3	麥可・羅區格西◎著	400元
JP0081	AKASH阿喀許靜心100	AKASH阿喀許◎著	400元
JP0082	世上是不是有神仙：生命與疾病的真相	樊馨蔓◎著	300元
JP0083	生命不僅僅如此—辟穀記（上）	樊馨蔓◎著	320元
JP0084	生命可以如此—辟穀記（下）	樊馨蔓◎著	420元
JP0085	讓情緒自由	茱迪斯・歐洛芙◎著	420元
JP0086	別癌無恙	李九如◎著	360元
JP0087X	什麼樣的業力輪迴，造就現在的你	芭芭拉・馬丁&狄米崔・莫瑞提斯◎著	420元
JP0088	我也有聰明數學腦：15堂課激發被隱藏的競爭力	盧采嫻◎著	280元
JP0089	與動物朋友心傳心	羅西娜・瑪利亞・阿爾克蒂◎著	320元
JP0090	法國清新舒壓著色畫50：繽紛花園	伊莎貝爾・熱志－梅納&紀絲蘭・史朵哈&克萊兒・摩荷爾－法帝歐◎著	350元
JP0091	法國清新舒壓著色畫50：療癒曼陀羅	伊莎貝爾・熱志－梅納&紀絲蘭・史朵哈&克萊兒・摩荷爾－法帝歐◎著	350元
JP0092X	風是我的母親	熊心、茉莉・拉肯◎著	350元
JP0093	法國清新舒壓著色畫50：幸福懷舊	伊莎貝爾・熱志－梅納&紀絲蘭・史朵哈&克萊兒・摩荷爾－法帝歐◎著	350元
JP0094X	尋訪六世達賴喇嘛的生死之謎：走過情詩活佛倉央嘉措的童年和晚年	邱常梵◎著	450元
JP0095	【當和尚遇到鑽石4】愛的業力法則：西藏的古老智慧，讓愛情心想事成	麥可・羅區格西◎著	450元
JP0096	媽媽的公主病：活在母親陰影中的女兒，如何走出自我？	凱莉爾・麥克布萊德博士◎著	380元
JP0097	法國清新舒壓著色畫50：璀璨伊斯蘭	伊莎貝爾・熱志－梅納&紀絲蘭・史朵哈&克萊兒・摩荷爾－法帝歐◎著	350元
JP0098	最美好的都在此刻：53個創意、幽默、找回微笑生活的正念練習	珍・邱禪・貝斯醫生◎著	350元
JP0099	愛，從呼吸開始吧！回到當下、讓心輕安的禪修之道	釋果峻◎著	300元
JP0100	能量曼陀羅：彩繪內在寧靜小宇宙	保羅・霍伊斯坦、狄蒂・羅恩◎著	380元
JP0101	爸媽何必太正經！幽默溝通，讓孩子正向、積極、有力量	南琦◎著	300元
JP0102	舍利子，是甚麼？	洪宏◎著	320元
JP0103	我隨上師轉山：蓮師聖地溯源朝聖	邱常梵◎著	460元
JP0104	光之手：人體能量場療癒全書	芭芭拉・安・布藍能◎著	899元

JP0105	在悲傷中還有光： 失去珍愛的人事物，找回重新連結的希望	尾角光美◎著	300元
JP0106	法國清新舒壓著色畫45：海底嘉年華	小姐們◎著	360元
JP0108	用「自主學習」來翻轉教育！ 沒有課表、沒有分數的瑟谷學校	丹尼爾・格林伯格◎著	300元
JP0109X	Soppy愛賴在一起	菲莉帕・賴斯◎著	350元
JP0110	我嫁到不丹的幸福生活：一段愛與冒險的故事	琳達・黎明◎著	350元
JP0111X	TTouch®神奇的毛小孩身心療癒術——狗狗篇	琳達・泰林頓瓊斯博士◎著	320元
JP0112	戀瑜伽・愛素食：覺醒，從愛與不傷害開始	莎朗・嘉儂◎著	320元
JP0113	TTouch®神奇的毛小孩按摩術——貓貓篇	琳達・泰林頓瓊斯博士◎著	320元
JP0114	給禪修者與久坐者的痠痛舒緩瑜伽	琴恩・厄爾邦◎著	380元
JP0115	純植物・全食物：超過百道零壓力蔬食食譜， 找回美好食物真滋味，心情、氣色閃亮亮	安潔拉・立頓◎著	680元
JP0116	一碗粥的修行： 從禪宗的飲食精神，體悟生命智慧的豐盛美好	吉村昇洋◎著	300元
JP0117	綻放如花——巴哈花精靈性成長的教導	史岱方・波爾◎著	380元
JP0118	貓星人的華麗狂想	馬喬・莎娜◎著	350元
JP0119	直面生死的告白—— 一位曹洞宗禪師的出家緣由與說法	南直哉◎著	350元
JP0120	OPEN MIND！房樹人繪畫心理學	一沙◎著	300元
JP0121	不安的智慧	艾倫・W・沃茨◎著	280元
JP0122	寫給媽媽的佛法書： 不煩不憂照顧好自己與孩子	莎拉・娜塔莉◎著	320元
JP0123	當和尚遇到鑽石5：修行者的祕密花園	麥可・羅區格西◎著	320元
JP0124	貓熊好療癒：這些年我們一起追的圓仔～～ 頭號「圓粉」私密日記大公開！	周咪咪◎著	340元
JP0125	用血清素與眼淚消解壓力	有田秀穗◎著	300元
JP0126	當勵志不再有效	金木水◎著	320元
JP0127	特殊兒童瑜伽	索妮亞・蘇瑪◎著	380元
JP0128	108大拜式	JOYCE（翁憶珍）◎著	380元
JP0129	修道士與商人的傳奇故事： 經商中的每件事都是神聖之事	特里・費爾伯◎著	320元
JP0130	靈氣實用手位法—— 西式靈氣系統創始者林忠次郎的療癒技術	林忠次郎、山口忠夫、 法蘭克・阿加伐・彼得◎著	450元
JP0131	你所不知道的養生迷思——治其病要先明其 因，破解那些你還在信以為真的健康偏見！	曾培傑、陳創濤◎著	450元
JP0132	貓僧人：有什麼好煩惱的喵～	御誕生寺（ごたんじょうじ）◎著	320元
JP0133	昆達里尼瑜伽——永恆的力量之流	莎克蒂・帕瓦・考爾・卡爾薩◎著	599元

JP0134	尋找第二佛陀・良美大師——探訪西藏象雄文化之旅	寧艷娟◎著	450元
JP0135	聲音的治療力量：修復身心健康的咒語、唱誦與種子音	詹姆斯・唐傑斐◎著	300元
JP0136	一大事因緣：韓國頂峰無無禪師的不二慈悲與智慧開示（特別收錄禪師台灣行腳對談）	頂峰無無禪師、天真法師、玄玄法師◎著	380元
JP0137	運勢決定人生——執業50年、見識上萬客戶資深律師告訴你翻轉命運的智慧心法	西中　務◎著	350元
JP0138X	薩滿神聖藝術：祝福、療癒、能量——七十二幅滋養靈性的靈性畫	費絲・諾頓◎著	480元
JP0139	我還記得前世	凱西・伯德◎著	360元
JP0140	我走過一趟地獄	山姆・博秋茲◎著 貝瑪・南卓・泰耶◎繪	699元
JP0141	寇斯的修行故事	莉迪・布格◎著	300元
JP0142	全然接受這樣的我：18個放下憂慮的禪修練習	塔拉・布萊克◎著	360元
JP0143	如果用心去愛，必然經歷悲傷	喬安・凱恰托蕊◎著	380元
JP0144	媽媽的公主病：活在母親陰影中的女兒，如何走出自我？	凱莉爾・麥克布萊德博士◎著	380元
JP0145	創作，是心靈療癒的旅程	茱莉亞・卡麥隆◎著	380元
JP0146X	一行禪師　與孩子一起做的正念練習：灌溉生命的智慧種子	一行禪師◎著	470元
JP0147	達賴喇嘛的御醫，告訴你治病在心的藏醫學智慧	益西・東登◎著	380元
JP0148	39本戶口名簿：從「命運」到「運命」・用生命彩筆畫出不凡人生	謝秀英◎著	320元
JP0149	禪心禪意	釋果峻◎著	300元
JP0150	當孩子長大卻不「成人」……接受孩子不如期望的事實、放下身為父母的自責與內疚，重拾自己的中老後人生！	珍・亞當斯博士◎著	380元
JP0151	不只小確幸，還要小確「善」！每天做一點點好事，溫暖別人，更為自己帶來365天全年無休的好運！	奧莉・瓦巴◎著	460元

橡樹林文化❖❖成就者傳紀系列❖❖書目

JS0001	惹瓊巴傳	堪千創古仁波切◎著	260元
JS0002	曼達拉娃佛母傳	喇嘛卻南、桑傑・康卓◎英譯	350元
JS0003	伊喜・措嘉佛母傳	嘉華・蔣秋、南開・寧波◎伏藏書錄	400元
JS0004	無畏金剛智光：怙主敦珠仁波切的生平與傳奇	堪布才旺・董嘉仁波切◎著	400元
JS0005	珍稀寶庫——薩迦總巴創派宗師貢嘎南嘉傳	嘉敦・強秋旺嘉◎著	350元
JS0006	帝洛巴傳	堪千創古仁波切◎著	260元
JS0007	南懷瑾的最後100天	王國平◎著	380元
JS0008	偉大的不丹傳奇・五大伏藏王之一 貝瑪林巴之生平與伏藏教法	貝瑪林巴◎取藏	450元
JS0009	噶舉三祖師：馬爾巴傳	堪千創古仁波切◎著	300元
JS0010	噶舉三祖師：密勒日巴傳	堪千創古仁波切◎著	280元
JS0011	噶舉三祖師：岡波巴傳	堪千創古仁波切◎著	280元
JS0012	法界遍智全知法王——龍欽巴傳	蔣巴・麥堪哲・史都爾◎著	380元
JS0013	藏傳佛法最受歡迎的聖者—— 瘋聖竹巴袞列傳奇生平與道歌	格西札浦根敦仁欽◎藏文彙編	380元
JS0014	大成就者傳奇：54位密續大師的悟道故事	凱斯・道曼◎英譯	500元

橡樹林文化❖❖蓮師文集系列❖❖書目

JA0001	空行法教	伊喜・措嘉佛母輯錄付藏	260元
JA0002	蓮師傳	伊喜・措嘉記錄撰寫	380元
JA0003	蓮師心要建言	艾瑞克・貝瑪・昆桑◎藏譯英	350元
JA0004	白蓮花	蔣貢米龐仁波切◎著	260元
JA0005	松嶺寶藏	蓮花生大士◎著	330元
JA0006	自然解脫	蓮花生大士◎著	400元
JA0007/8	智慧之光1＆2	根本文◎蓮花生大士／釋論◎蔣貢・康楚	799元
JA0009	障礙遍除：蓮師心要修持	蓮花生大士◎著	450元

眾生系列　JP0154X

祖先療癒

連結先人的愛與智慧，解決個人、家庭的生命困境，活出無數世代的美好富足！

Ancestral Medicine: Rituals for Personal and Family Healing

作　　者／丹尼爾．佛爾（Daniel Foor, Ph.D.）
譯　　者／林慈敏
責任編輯／廖于瑄
業　　務／顏宏紋

總 編 輯／張嘉芳
出　　版／橡樹林文化
城邦文化事業股份有限公司
104台北市民生東路二段141號5樓
電話：(02)2500-7696＃2736　傳真：(02)2500-1951
發　　行／英屬蓋曼群島商家庭傳媒股份有限公司城邦分公司
104台北市中山區民生東路二段141號5樓
客服服務專線：(02)25007718；25001991
24小時傳眞專線：(02)25001990；25001991
服務時間：週一至週五上午09:30～12:00；下午13:30～17:00
劃撥帳號：19863813　戶名：書虫股份有限公司
讀者服務信箱：service@readingclub.com.tw
香港發行所／城邦（香港）出版集團有限公司
香港灣仔駱克道193號東超商業中心1樓
電話：(852)25086231　傳眞：(852)25789337
馬新發行所／城邦（馬新）出版集團 Cite (M) Sdn Bhd
41, Jalan Radin Anum, Bandar Baru Sri Petaling,
577000 Kuala Lumpur, Malaysia.
電話：(603) 90563833　傳眞：(603) 90576622
Email：services@cite.my

內頁排版／歐陽碧智
封面設計／兩棵酸梅
印　　刷／韋懋實業有限公司

初版一刷／2019年3月
二版一刷／2023年3月
ISBN／978-626-7219-23-2
定價／550元

城邦讀書花園
www.cite.com.tw

國家圖書館出版品預行編目（CIP）資料

祖先療癒：連結先人的愛與智慧，解決個人、家庭的生命困境，活出無數世代的美好富足！ / 丹尼爾．佛爾 (Daniel Foor, Ph.D.) 著；林慈敏譯. -- 二版. -- 臺北市：橡樹林文化，城邦文化事業股份有限公司出版：英屬蓋曼群島商家庭傳媒股份有限公司城邦分公司發行，2023.03
面；　公分. --（眾生；JP0154X）
譯自：Ancestral medicine : rituals for personal and family healing
ISBN 978-626-7219-23-2（平裝）

1.CST: 祭祖 2.CST: 靈魂論 3.CST: 祖先崇拜

216.9　　112002199

104 台北市中山區民生東路二段 141 號 5 樓

城邦文化事業股份有限公司
橡樹林出版事業部 收

請沿虛線剪下對折裝訂寄回，謝謝！

|橡|樹|林|

書名：祖先療癒

連結先人的愛與智慧，解決個人、家庭的生命困境，活出無數世代的美好富足！

書號：JP0154X

橡樹林文化
讀者回函卡

感謝您對橡樹林出版社之支持，請將您的建議提供給我們參考與改進；請別忘了給我們一些鼓勵，我們會更加努力，出版好書與您結緣。

姓名：＿＿＿＿＿＿＿＿ □女 □男 生日：西元＿＿＿＿年

Email：＿＿＿＿＿＿＿＿＿＿＿＿

●您從何處知道此書？

□書店 □書訊 □書評 □報紙 □廣播 □網路 □廣告 DM □親友介紹

□橡樹林電子報 □其他＿＿＿＿＿＿

●您以何種方式購買本書？

□誠品書店 □誠品網路書店 □金石堂書店 □金石堂網路書店

□博客來網路書店 □其他＿＿＿＿＿＿

●您希望我們未來出版哪一種主題的書？（可複選）

□佛法生活應用 □教理 □實修法門介紹 □大師開示 □大師傳記

□佛教圖解百科 □其他＿＿＿＿＿＿

●您對本書的建議：

＿＿＿＿＿＿＿＿＿＿＿＿

＿＿＿＿＿＿＿＿＿＿＿＿

＿＿＿＿＿＿＿＿＿＿＿＿

＿＿＿＿＿＿＿＿＿＿＿＿

＿＿＿＿＿＿＿＿＿＿＿＿

非常感謝您提供基本資料，基於行銷及客戶管理或其他合於營業登記項目或章程所定業務需要之目的，家庭傳媒集團（即英屬蓋曼群商家庭傳媒股份有限公司城邦分公司、城邦文化事業股分有限公司、書虫股分有限公司、墨刻出版股分有限公司、城邦原創股分有限公司）於本集團之營運期間及地區內，將不定期以 MAIL 訊息發送方式，利用您的個人資料於提供讀者產品相關之消費與活動訊息，如您有依照個資法第三條或其他需服務之業務，得致電本公司客服。

我已經完全瞭解左述內容，並同意本人資料依上述範圍內使用。

＿＿＿＿＿＿＿＿＿＿（簽名）

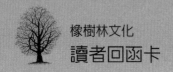